蜀山劍俠傳 第七卷

《世紀前百大文學系列作品》

I0438219

Legend of Zu Vol 7

李善基 著

ISBN-13:978-1548920784

ISBN-10:1548920789

李善基 / Sanji Lee

作者簡介

　　李善基在一九零二年出生於重慶市長壽區，官宦世家，幼時隨父宦游南北，飽覽各地風光。其父李元甫曾任蘇州知府，後因不恥官場腐敗，棄官職而去，返回故鄉，以教私塾為業。

　　李善基十歲時，在塾師引導和講解下，遍遊峨眉、青城二山，對其後來創作作品起了極大影響。其後問世的《蜀山劍俠系列作品》，其中大量寫景造境，多姿變幻、奇花競放，皆可溯源至此。

　　十二歲時，李善基喪父，母親周家懿帶著他和兩個弟弟、一個妹妹前往蘇州投奔親友。在蘇州，他認識了大自己三歲的文珠姑娘。朝夕相處，二人漸生感情。

　　因家境敗落，作為長子，李善基必須挑起生活重擔。一九二四年，二十二歲之際，他被迫與文珠姑娘分手，北上謀生。臨別時二人互表衷情，別後依舊書信往來，傾訴思念。

　　可惜天不遂人願，文珠姑娘不知何因卻墮入風塵，從此音信不通。這一變故讓李善基留下了沉重創傷，卻在其後來創作上高度融合了神話、志怪、劍仙、武俠於一爐，並體現出了中國哲理、傳統文化、自成邏輯體系的宏觀藝術世界。自然風光的文筆描寫，絢爛雄奇，更體現出了作者之淵博學識。其作品影響了新派武俠的金庸、梁羽生等人，並被譽為現代武俠小說之王。

《目錄》
～世紀前百大文學系列作品～

第一〇八回　藏珍無分　寒萼怨偏私　敵愾同心
金蟬急友難

　　諸葛警我道：「你又呆了，斬妖除害，乃是我等應為之事，雖說助你，也是為公，不過你身任其難罷了。祇一對他們說，除非另奉師命，有事在身，都是義不容辭。峨嵋與我等一家手足，俱是同門，分什麼男女和交情深淺？我代你打算，這些同門當中，別看小師弟金蟬本領不如你，還就數他是第一福人，畢生永無凶險，又最得妙一夫人和諸同門愛護，難得他又和你交好，約他相助，最為妥當。你如不好意思請師姊妹們相助，一約他去，師姊妹們也決不袖手，縱然自己不去，必借法寶助你成功。

　　「我聽說他們所有法寶，除朱文有朱師伯的天遁鏡，專破妖氣毒氣外，如李英瓊的紫郢劍，秦家姊妹的彌塵旛，還有申若蘭借用半邊老尼的紫煙鋤也未送還。他們現時俱聚集在峨嵋山凝碧崖洞天福地之內，前門法術封鎖，初去不易找尋。你可往髯仙李師叔飛雷洞對過後洞入內，祇須約去小師弟，再借得兩件法寶，悄悄偷上百蠻山，用隱身法入洞，去斬文蛛，金蟬與你接應，縱不手到成功，也不致失陷妖人手內。事要縝密，

6

不可再似前時大意。我將師父給我的九轉真元再造神丹給你兩粒，以防不測，少贖我力不從心，不能分身相助之罪，如何？」

笑和尚知那仙丹經三仙多年道法煉成，因念諸葛警我頻年採藥勞苦功高，戒律謹嚴，從無過犯，同門中祇他一個得蒙恩遇，賜了七粒，有此在身，不啻多得一條生命，連忙跪謝，又謝了指教之情。因為事不宜遲，大功未成，師父不許見面，諸葛警我又忙著檢配新採靈藥，事已商量停妥，無可留戀，將那火靈珠與諸葛警我看了，又商談了一些別的事，便別了諸葛警我，逕往峨嵋飛去。

雖聽說飛雷洞在峨嵋後山，有危峰峭壁圍繞，人跡罕到，但是從未去過。照諸葛警我所指的路徑，在空中飛行，尋了好一會，才看見山陰峰巒聳聚之下，有一片平崖，上面有一座洞府，背倚崇岡。一面孤峰拔雲，一面廣崖上洪波浩浩，急流洶湧。到崖盡處，直落千尋，飛沫噴雪，銀濤幻彩，聲如雷轟，震動山谷。洞府對面，又是一座洞府，洞門似較稍小，白石如玉，映日生光。洞前有畝許方圓平石，突伸出去，左右各有一根白玉石柱對列。兩崖中斷，下有百丈深潭，寒波澎湃。兩洞相去並沒多遠，到處都是奇花異卉，古木靈石，允稱仙境，

笑和尚算計這兩座洞府，必有一處通著凝碧仙府。正待收

劍下落，忽聽一聲鵰鳴。定睛一看，從洞內高視闊步地走出一個金眼大黑鵰，出洞便縱向洞旁石柱上面，鐵羽神駿，顧盼威猛。緊接著洞中又縱出一個比人還高的大猩猿，手中拿著兩柄長劍，出洞便在平崖上舞將起來，光華閃閃，縱躍如飛，雖不能與身合一，已宛然峨嵋家數。

笑和尚看著希奇，暗想：「前日聞得凝碧崖有一個仙緣極深的女同門，名叫李英瓊，得了白眉禪師的神鵰佛奴，甚是通靈。卻不想還有這麼一隻大猩猿，居然也得了峨嵋傳授。諸葛師兄說不久有許多妖人來此侵犯，有這兩個靈物守洞，尋常異教還難擅入雷池一步呢！」

正想看那猩猿舞完了劍再行下去，忽見空中飛過一群大山鳩，那時猩猿正舞到疾處，倏地將足一點，連人帶劍，直突高空。那群大山鳩飛逃不及，早被衝入鳩群，劍光過處，穿殺了好幾個，縱下地去。收了雙劍，便作人言，叫那黑鵰去吃。那黑鵰偏著頭看了牠兩眼，嘴裡叫了兩聲，想是不肯領情。那猩猿一賭氣，提起幾隻死鳩，便往崖溪中丟去，零毛碎羽，落了一地。

笑和尚心最仁慈，暗罵：「扁毛畜生！才學了多少本領。既會人言，必已通靈，如何行事還這般殘忍？前輩師伯叔從不

收異類為徒，金蟬比較淘氣，說不定就是他所豢養。這東西已學會峨嵋劍法，又有這兩口好劍，現時見牠為惡，不加懲治，異日多事殺生，再要野心不退，歸入旁門，豈不貽羞峨嵋門戶，害他主人為他受過？何不下去懲治牠一番，就是牠主人知道此事，也難怪我。」想到這裡，故意鬧個玄虛，收了無形劍遁，從空中似斷線風箏般，飄飄蕩蕩往下墜落。神鵰得自白眉和尚佛法點化，笑和尚無形劍遁須瞞不過去，早看出來人是峨嵋一家，存心給袁星一點苦吃，才有袁星吃虧挨打之事。

笑和尚連打帶鬧，戲耍了袁星一陣，已斷定這裡定是凝碧仙府的後洞無疑。正待邁步往前行走，忽然鼻孔聞著一股子異香，見洞口裡石頭上放著三個朱紅如火的果子。拿起一看，清香撲鼻，以為是洞中仙果，被袁星盜來。嘗了一個，非常香甜好吃，順手揣起，往裡便走。

原來袁星委實心高志大，自見主人為余英男逃走莽蒼山之事每日焦急，想到與神鵰同立奇功，將英男尋回，以搏主人歡心。背著眾人，和神鵰商議。神鵰也因日前尋英男無著，覺著有負使命。先因奉命看守後洞，不敢擅離。禁不起袁星一再慫恿，說牠自幼生長莽蒼山，洞穴甚熟，又有許多子孫，可以相助找尋，除非英男不在那裡，否則沒有尋不著之理。你飛行又快，哪有這麼巧，就會出事？何況對門還有兩位大仙相助，決

無妨礙。倘如尋著，其功非小，也省得主人著急。

袁星又從腦後拔下幾根長毛，交與神鵰。說：「莽蒼山同類中，凡年代深遠一點的都通鳥語，可將此毛帶去，用鳥語說了英男相貌。你如當時尋不見英男，祇管回來，明日再去，他們自會幫你找尋，隨到隨回，不過幾個時辰。我再故意絆著對面兩位大仙，在此說話學劍，即使有警，由二位大仙抵敵，我回去送信，也不至於誤事。如此既可立功，又可不廢職守，豈不兩全其美？」

神鵰被牠說動，又因深通靈性，能預知警兆，預料目前不會有事，便由袁星先將石、趙二人請出，借學劍為由，幫助防守，逕往莽蒼山飛去。那裡千山萬壑，大小洞穴不計其數，自不能一一遍尋，僅在空中盤旋下視，全山尋遍，倒見了不少大馬熊。除此之外，雖遇見幾個小猩猿，俱是年齡尚輕，靈氣毫無，一見神鵰飛來，嚇得亂抖亂叫。一一抓住，問了問，哪裡通什麼鳥語。將袁星長毛與牠們看，倒似乎有些認得，也沒有什麼特別表示。

神鵰便捨了這些小的，再去空中尋找，休說英男，連大點猩猿一個都無。記掛後洞，不敢久停，祇得回飛。飛過一處山崖，見地下有幾個朱果，神鵰自然識貨，飛身下去抓起。四外

細看，祇有幾十匹馬熊，在那裡吃草，餘無朕兆，便飛回來。到家先埋怨袁星所言不實，頗為嗔怪。袁星不住指天發誓，表明心跡。更擔心同類子孫又被什麼木魃之類的妖物所害，苦於不能分身前去，好生難受。

那朱果共是五個，因未稟命而行，人未尋回，不敢向主人們呈奉，和神鵰商量分吃。神鵰昔日承主人賜過好幾個，祇吃了兩個，多分一個給袁星。袁星想自己吃一個，偷偷送兩個給芷仙，報她得劍之恩。因那仙果清香撲鼻，聞一會，看一會，放在石上，不捨就吃。卻被笑和尚跑來拿去，如何肯捨，大叫一聲，拔出劍來，拚命就追。

笑和尚何等迅速，身又隱去，順著洞中路徑，到了凝碧崖，見著金蟬，同往無人之處，把來意告知，問金蟬可肯幫忙。金蟬自是一口應允。又說起責罰袁星經過，金蟬聽了大笑。笑和尚問出袁星也是女同門李英瓊豢養的神猿，深悔適才不該處治過分。雖說同門一家，自己初來，到底是客，祇顧一時高興，舉動太以放肆，不好意思去見眾人，好生躊躇。

金蟬笑道：「笑師兄，你又太迂了。我們年輕道淺，本不應收門徒，何況異類。無非李師妹仙緣太好，又是在未入門以前收下，得了掌教夫人默許。大師姊早就慮牠野性難測，異日

11

在外生事。偏牠當了我們，又非常恭謹，不能無過相責。不料背地卻敢放肆，得你做戒一番，再好不過。就拿這兩個朱果說，聞得李師妹說，祇莽蒼山才有，並且不是年年結實，叫牠把守後洞，牠卻不知偷往哪裡弄來，也不稟報，多麼可惡！

「適才我們來時，聽李師妹在後呼喚，想必有事。我們且先回去，和大家見了面。好在時間還早，索性留你盤桓些日，到時她們即使不去，好歹也借幾件法寶。日前髯仙李師叔曾派仙禽傳書，說不久凝碧崖還有妖人侵犯呢！」

笑和尚強不過金蟬，祇得隨他同往太元洞內，請新舊諸同門一一見禮，紅著一張臉，又向英瓊道了歉。金蟬便說袁星任意妄殺，咎由自取，責牠乃是為好，並不過分。說還未了，英瓊記著英男，也未暇計及別的，搶著問道：「袁星一個畜生，做錯了事，本應責罰，豈能介意？倒是笑師兄所持朱果，乃莽蒼山之物，笑師兄必從莽蒼山來，可曾見著一個孤身女子？」

笑和尚自來不善和女同門應對，未及開言，金蟬早將朱果取自袁星說出。英瓊一聽，忙要去喊袁星來問。袁星適才聽英瓊和靈雲等談說朱果，早恐少時事要洩漏，滿腹鬼胎，等在外面，不等呼喚，入內跪下，戰兢兢說了經過。

牠這種行為，正合英瓊的心意，拿眼望著靈雲，並不作聲。芷仙、朱文也先代牠說情。靈雲道：「妄戮飛禽，已有笑師弟責罰過了。把守後洞，何等重要，豈可遠離？連神鵰佛奴俱有放棄職守之罪。姑念為主心切，從寬免罰。下次再若故犯，輕則追回寶劍，逐回莽蒼，重則飛劍斬首，決不寬容。速往後洞，小心防守去吧。」袁星聞言，喜出望外，連忙叩頭謝了眾人，起身出去。金蟬為友心切，便將笑和尚現奉師命，要往百蠻山陰風洞斬妖除害，將功折罪，祇因綠袍老妖厲害，人單勢孤，來請同門相助之事說了。

這一班小輩同門，除了靈雲、秦紫玲、吳文琪幾個素來持重外，餘下都是急功喜事，好幾個都願前往。笑和尚當然滿口稱謝，金蟬更是興高采烈，不住的商量怎樣去法。靈雲看了，甚是好笑，插口說道：「蟬弟你就是這火爆性子，也不知亂些什麼。你先不要打岔，聽我來說。」

金蟬見靈雲臉色似不贊同，心中大為不快，鼓著一張嘴，搶著說道：「姊姊，這還有什麼說？我們既然以劍仙自命，斬妖除害，乃是天職。何況笑師兄受了苦行師伯重責，獨肩千斤重擔，我和他情同骨肉，你們不肯幫他，也得幫我。莫非這義不容辭的事，也要稟命而行麼？我不管你們，誰要怕事，祇管不去。適才文姊姊和李師妹、申師妹、秦二師姊都說去的，想

必不會說了不算，再連我一同⋯⋯」

還要往下說時，靈雲見他一面激將，一面挾制，又好氣，又好笑，不等說完，喝道：「蟬弟住口，休得胡言！這凝碧仙府，乃本派發揚光大之基。我以微末道行，奉師父前輩之命，暫行主持。以後同門日多，都似你這樣放肆狂妄，言行任性，如何能行？昔在九華，念你年幼無知，處處寬容。如今年齡與學識俱應竿頭日進才是，一言一動，都似這般浮躁，豈是修道人的體統？外人為妖孽侵害，我等遇見，尚難袖手，何況同門至契。祇是凡事須有個條理章法，大敵當前，尤須慎重，豈是隨便張皇，便能了事的？」

金蟬原有些畏懼靈雲，祇因激於一時義憤，疑心靈雲不肯相助，才說了那一番話。被靈雲義正詞嚴地數說了一頓，早羞了個面紅過耳。

英瓊、朱文一知來意，就首告奮勇。寒萼、若蘭也相繼說是要去。英瓊素來天真，最得全體同門鍾愛，誰說她也不計較。朱文與靈雲姊弟又是生死患難之交，更不在意，反看著金蟬受屈好笑。若蘭得依峨嵋，引為深幸，平素本極敬重靈雲，反認為自己冒昧，不該也搶著說去。其餘自紫玲起，沒一個不佩服靈雲的。笑和尚自不便有何表示。祇寒萼一人生來不曾受過拘

束，自負甚高，又係初來，聞言好生無趣。

靈雲心中明白，轉向笑和尚道：「前者成都眾同門分手，掌教師尊原有飛劍傳諭，命我等分頭建立外功。彼時正值護送朱師妹往福仙潭求取仙草，歸來開關仙府，接著又破青螺，未能下山歷練。如今遇見這種事，不但相助師兄，如能僥倖成功，將綠袍老妖除去，正是我等積修外功機會，為公為私，俱無坐視之理。

「偏偏仙府正值多事之秋，靈峰飛走，靈藥恐生變化。日前藏珍出現，也不知是何寶物，化成一道光華，破空飛遁。適才第二口飛劍又要遁走，多虧師兄趕來，用分光攝影之法，才得收住。現在不知穴中寶物還有多少。算計這兩日寶物飛化，都有一定時間，我等法力有限，封鎖無效，要到明日，才能分曉。封既不能，祇有事先預防，通力合作，等它一出便收。要是寶物還多，須留兩位本領較大、能收寶物之人在此防守，以收盡為止，免致化形飛去，落於異派之手。時日甚難預料。最重要的，還有李師叔仙鶴傳警，說不久有異派來滋擾。

「此間根本重地，師祖昔年貯藏的靈藥異寶甚多，芝仙也移植在此，稍有失陷，非同小可。李師叔祇說為期不遠，並未指明時日。全數在此，尚恐抵敵不過，再如分開，其力更微。

15

李師妹有一姓余姊妹，異日也是本門中人，如今孤身獨走莽蒼山，雖知她決無凶險，總在磨難之中，李師妹幾番要約人前去尋訪，我也在為難，尚未決定。

「百蠻山除妖，為期尚有半月，如在此期中妖人來犯，正好借師兄大力相助禦敵。事完之後，酌留數人守護仙府，餘者隨著師兄同建奇功，豈不是好？祇恐妖人遲遲不來，我等難以兼顧。蟬弟福厚，畢生無什凶險，誠如諸葛師兄所言，令他一人同去還可，其餘同門祇好到時再定行止了。」

這一席話，自是解釋盡情。笑和尚早知師父以重責相委，必有磨難，決無容易之理，原在意料，倒也泰然，能得金蟬相助，於願已足。金蟬雖不甚樂意，想起目前仙府中實多礙難，祇有盼望妖人早來侵犯，決一勝負罷了。

商議停妥，笑和尚便將適才接的那口飛劍交還靈雲。又將束封外面註明赴百蠻山日期，與眾人看了。靈雲見那口飛劍形式特別，連柄長祇尺許，劍身三稜，青芒耀眼，寒氣疹人毛髮。眾人正在傳觀，笑和尚猛地心中一動，對金蟬道：「藏劍寶穴現在何處，發現以後，既然未能封鎖，各位師姊師兄可曾入內觀察？」

一句話將靈雲提醒，忙答道：「這幾日，一則仙府多故，二則初回時因未看見飛走的法寶形象，恐能力有限，不敢妄入。今日見這第二柄寶劍化成青蛇飛去，才猜寶物是按時飛行。又因師兄新來，忙於接談，竟未及想到入穴窺探。現被笑師兄一提，才想起若論我等本領功行，本不該冒昧擅窺師祖的寶藏。但是穴中寶物既要次第飛遁，先已失去一件，再不先事防範，如有遺失，後悔無窮，自以冒險入內試探為是。

「不過穴中寶物深淺難知，時聽裡面金鐵交鳴，我等是否能收尚不可料。稍一失措，便有殺身之危，此事不能大意。所幸笑師兄無形劍遁，妙術通玄，更有朱、李、秦三位師妹各有至寶。我等不求有功，先求無過。入內人不須多，祇由我與笑師兄二人，借了三位師妹的紫郢劍、天遁鏡、彌塵旛，連那九天元陽尺四樣寶物，入內觀察，以作防身之用，得便將穴中法寶收住。餘人各駕劍光，在穴外防守，以防寶物遁走，最為穩妥。」

當下便向三人要過三樣寶物，將新得飛劍帶在自己法寶囊內，佈置好了眾人，將彌塵旛交與笑和尚，元陽尺藏在袖內，一手持著天遁鏡，一手拿著紫郢劍，領了眾同門，走到寶穴前面峭壁之下。先和笑和尚飛劍上去，在穴口側耳一聽，裡面金鐵交鳴之聲又起，祇不如先前響亮。靈雲道：「先時每值寶物

飛去以前片時，響聲甚大，寶物一經飛出，便即停息。據這兩次聞聲觀察，這穴必甚深廣。現在就要進去，笑師兄可有什麼高見？」

笑和尚道：「師姊道法通玄，為同門表率，無須太謙，就請下手吧。」

靈雲便將手一揮，峭壁下除了英瓊已將紫郢劍借與靈雲，芷仙不能身劍合一，祇在下面旁觀外，餘人各將劍光放起，連人帶劍，十來道光華，沖霄而上，似五彩匹練起在半空，神龍天矯，略一遊轉，齊往寶穴上空會合。寒光寶氣，耀目生輝，雜以雷電之音，穿織成一盤光網，籠罩穴頂。

靈雲料無疏虞，對笑和尚道得一聲：「有僭！」揭開石穴蓋，用手中天遁鏡往下一照。見裡面是一個井一般的深穴，從上到下，約有二十餘丈，比穴口約寬三倍。內壁上面有一個石門，餘外三面俱是平滑如玉的石壁，一無所有。才知寶穴原是兩層，寶物正藏在石壁以內。略一端詳，看出穴中並無異兆。回頭招呼笑和尚，一前一後，飛身下去。

到了穴底，走向石門前一聽，果然金鐵之聲出自門裡，空穴傳音，分外清晰，鏗鏘悅耳。見那石門竟似天然生就，僅略

看出一絲輪廓，無法進去。二人商量了一會，先用笑和尚的飛劍，往縫隙裡試了試，竟不能削動分毫，也不知以前寶物怎能破壁飛去。猜這石門定有仙法妙用，不然何致笑和尚的飛劍都破它不開。又用彌塵旛試了試，以為彌塵旛能隨心所至，穿金入石，必能連身入內。誰知彩雲起處，仍不能飛入雷池一步，祇在石門之上迴旋。才知仙法厲害，越發不敢大意！

連忙收了彌塵旛，取出英瓊紫郢劍，向門縫裡刺去。先以為飛劍、寶旛失效，紫郢劍也未必成功，姑且試試。誰知紫光到處，立刻一道白煙一閃，石門不見，石門以內金光耀眼，夾著一團彩氣，疾若閃電一般盤旋，阻住去路。二人不禁吃了一驚，先以為這是寶物。猛聽出金鐵交鳴之聲，出自光層裡面，才悟出這是仙法封鎖寶物的妙用。

靈雲將天遁鏡交與笑和尚，要過彌塵旛，叫笑和尚持鏡遠照，相機進退，自己決意冒險入內一探。一手持著紫郢劍，用彌塵旛護體，再與自己飛劍將身合一，試探著往光層裡穿去。

笑和尚在光層外面瞭望，眼看一道紫光，會合一幢彩雲，穿入光層以內。頃刻之間，便見靈雲帶著一條青光，重又穿光而出，落地收了法寶、飛劍，口中連稱好險。

笑和尚忙問究竟，靈雲道：「我用法寶、飛劍護身，僥倖入了寶穴，裡面地方甚是深廣，玉柱瑤階，如同仙闕。盡頭處見有五道光華，互相糾結盤繞，其形不一，色彩各異，光華照眼，也辨別不出是什麼寶物。我正尋思一人決難下手收取，腳才著地，便覺適才師兄所收那形如青蛇的三稜飛劍，在百寶囊中跳動，未及檢看，便化成一條青蛇，破囊而出，虧我手快，才得將它收回。百寶囊已破，無法收藏，祇得連彌塵旛拿在手內。

「這青蛇才一照面，五道光華之中，倏地一道形如蜈蚣的紅光，往我手上撲來，這青蛇也好似要在我手上掙脫，同時那餘外四道光華也紛紛飛到。我恐措手不及，仍用前法遁出，才保無恙。那五道光華，好不厲害。那頭一道紅光飛到時，若非紫郢劍敵住，險遭不測。就這樣，還將百寶囊損傷，連玉清師太所贈的烏雲神鮫網，以及我自己煉的兩樣小法寶，俱都失落在內，還不知能保原壁與否。

「幸喜九天元陽尺藏在袖內，不曾失落。那尺不用真言，不能發揮妙用。要是失陷損傷，不但見了凌師伯無法交代，日後還有不少用它之處呢。不過我已看出一些下手之法，至少還得三位有本領的同門，才能前去收寶。若祇你我二人，決難勝任。」

　　正說之間，忽見一道光華從空飛降。來人正是輕雲，手中拿著兩封柬帖，標明拆看次序。那柬帖正是妙一夫人的飛劍傳書，先是金蟬接到。因金蟬霹靂劍僅比紫郢劍稍次，勝過眾人，可以幫助防守。又因有一封柬帖標有取寶之法，才請輕雲下來，交與靈雲。靈雲先朝柬帖跪拜，打開第一封一看，不由心中大喜。顧不得先說別的，忙請輕雲將那青蛇形飛劍帶了上去，交與寒萼代收。再約秦紫玲與朱文，連她本人一同下來，相助收寶。餘人仍在上面防守。不一會，輕雲將朱、秦二人約到，靈雲才將收寶之法說出。

　　原來那寶物乃是長眉真人採五行精英，用九九玄功，按七真形相，煉就的七口飛劍。深藏在凝碧崖旁天波壁中腰青井穴中元洞內壁上七個玉石劍囊之內，總名七修，分龍、蛇、蟾、龜、金雞、玉兔、蜈蚣七種，各有象形，專破異派五毒，乃是峨嵋至寶。長眉真人飛昇之時，因火候尚未純青，未傳門下。用法術將洞穴一齊封閉，由七口飛劍各依生剋，晝夜三次，在洞中自相擊刺磨煉。僅留了一封柬帖，交與妙一真人。昨日妙一真人算計時日已到，打開柬帖，才知這七口飛劍來歷和收用之法。

　　柬帖上並說因為那日母猿袁星身上來了周甲天癸，五靈脂

污了青井穴的法術封鎖，也正值寶物該是出世之期，穴外法術雖然被污，內洞還有兩層封鎖：頭一層便是那石門，第二層是一面六陽玦。這六陽玦如遇午年午月，每日午時陽盛陰衰，物極必反，轉致失了效用。

同時那七口寶劍在洞內互相擊刺，因有生剋關係，較弱的一口，必乘此時被迫穿出，石門阻隔不住，自然隨它本身靈性飛遁。內中有一口玄龜劍，首先化形飛去。第二口蛇形的青靈劍，也在次日相繼飛出。雖然當時收住，如不會運用，仍要飛逃。頭一口玄龜劍飛出之後，落在一個未入門的弟子手內，不久自會珠還。其餘六口，務要早日下手，以免失落異派之手。

妙一真人因為與玄真子、苦行頭陀輪流合煉一樣純陽至寶，不能分神，恰好妙一夫人到東海看望，也因有事他去，才用飛劍傳書，命靈雲率領輕雲、朱文等，照長眉真人所傳收劍之法，即時下手。收劍之後，由靈雲收藏，等真人回山，再行分派。

靈雲吩咐好了眾人，傳了咒語，手舉九天元陽尺，念動真言，朝洞門內旋轉的光華一指，金光閃處，光華全斂，一面玉玦，隨著飛入靈雲手內。眾人入內一看，洞中五道光華仍在閃轉騰挪，互相糾結，鬥個不息。正待往裡進步，門外六陽玦一收，寶物好似有了覺察，倏地相次分散，向外便飛。靈雲早有

防備，手中九天元陽尺往上一起，先化成一道金虹，往那五道光華圍去。餘人早各按分派，念動收寶真言，照預說的方位，往左右四壁一指，那五道光華也各依眾人指處，掉轉頭，疾如閃電往壁上飛去，晃眼鑽入壁中不見。

靈雲收了元陽尺，見適才遺失的烏雲神鮫網等寶物仍在地上，因未使用與劍相敵，並未損傷，便取來收好。同了眾人近前一看，果然有大小七個玉囊嵌在壁上，色如羊脂，與壁相平，僅看出周圍細縫。囊形也與劍形相類，注有古篆劍名：龍名金鼉，蟾名水母，雞名天嘯，兔名陽魄，蜈蚣名赤蘇。除去玄龜、青靈二劍外，俱在囊內。

眾人各用真氣將七個劍囊一齊吸出，忽見金光閃處，壁上空穴全都生長還原，並無縫隙，俱都驚嘆仙法妙用不置。再看手上玉囊，竟是透明如晶，囊中劍形，俱與名稱相符。各人高高興興捧了出洞，駕劍光上升穴頂，招呼洞外諸人，同往太元洞內。又向寒萼要過青靈劍，藏入囊中。

眾人見那七個劍囊，祇龍、蛇二劍最大，約有尺許，小的祇三四寸大小。聽靈雲說起收劍經過，才知竟有若干妙用，互相稱賀了一陣。靈雲便將這天嘯劍取來帶在身上。其餘五劍，金鼉交與紫玲，水母交與輕雲，陽魄交與英瓊，赤蘇交與朱文，

青靈交與若蘭，玄龜劍空囊交與芷仙暫時佩帶，靜等教祖回來定奪。

靈雲原意，七修劍乃是靈物，三次峨嵋鬥劍破異教五毒囊的至寶，劍數太多，既不能全數隨身攜帶，供在室內又恐疏虞，不如分給眾人佩帶，較為穩妥，既非私情贈授，又未傳用法，不過是暫時分著保存，並非有所厚薄。

不料隨意一分，引起寒萼許多不快，心中好生怏怏。紫玲從旁看出，知道靈雲事出無心，寒萼塵孽本重，深恐她倚強任性，入門未久，得罪同門，大是不便，覷著眾人不注意時，偷偷用目示意。寒萼明白乃姊用心，祇微微笑了一笑，面容轉趨和藹，仍和往常一樣，尋著若蘭說笑，好似依了紫玲暗示一般。紫玲才放了心。這時靈雲已將妙一夫人的第二封柬帖打開，與眾人傳觀。

原來妙一夫人未到東海以前，路遇諸葛警我。諸葛警我知道妙一夫人道行高超，性情尤其寬厚，同門仙俠無不尊崇，若求她向苦行頭陀緩頰，必蒙允准。上前參謁之後，便稟明笑和尚獲罪之事。並說綠袍老妖何等厲害，笑和尚獨入虎穴，決無倖理，務求夫人援手說情。

妙一夫人道：「笑師姪九世苦修，厚根獨具。苦行道友不久功行圓滿，要用他承繼法統，縱然稍犯清規，不過藉此懲戒，使他早完三劫，磨煉身心，以備異日付託衣缽之重。此去雖當凶險，定能因禍得福。你既關心同門，且待我到了東海，見了諸位道友，問明前後因由，再作區處。」說罷，別了諸葛警我。到了東海，見三仙正在丹房內輪流交替，用自身三昧真火煉一件純陽之寶，祇在便中與妙一真人晤談，除命靈雲照長眉真人遺柬收取七修劍外，順便談起笑和尚之事。

妙一真人道：「你來了正好。我同玄真、苦行兩道友因煉這件純陽之寶，大干許多邪教禁忌，雖不畏妖人破壞搶奪，總恐他們得信準備，一切都不可不防。又因此寶煉時頗耗元氣，寧願多延時日，凡事謹慎。自煉寶之日起，我等三人以二人對著丹爐，運用玄功，發動真火；一人休息，化身照護，隱蔽寶光，以免妖人發覺。似這樣每隔三日輪流接替，還有八九之期，便可煉成。現時不但斬除文蛛，消滅妖人未煉成的惡蠱，事關緊要，峨嵋也在多事之秋。

「靈峰飛去，有恩師遺留仙陣封鎖，尚可等我回山，再取靈藥。祇是三英行即同歸門下，內中英男為往莽蒼山尋找李英瓊，現受黑霜陰霾之厄，凍僵在莽蒼山陰寒晶之內，已有數日。幸得她未遭難時，因腹中饑餓，從幾個大猩猿手中奪了幾個以

25

前英瓊採遺的朱果吃了，藉著仙果之力，周身氣血雖已凍凝，惟獨心頭方寸尚是溫熱，苟延殘息。

「那莽蒼山冰凍萬丈，如此高寒之所，祇為山陽藏有萬年溫玉精英，亙古不凝冰雪，四時皆春；所有陰寒之氣，萃於山陰。英男年幼無知，被一妖道利用，想借她一身仙骨，幾世純陰，去盜取寒穴玄晶之內的冰蠶。他又本領不濟，未算準日時生剋化用。英男去時，正值寒風歸穴之際，入穴數步，便被寒風吹倒。妖道眼看別人為他僵死洞內，他卻袖手而去。如今英男骨髓皆化成寒冰，縱有我等靈藥，救活之後，非得到萬年溫玉，不能回溫復原。

「峨嵋不久又有許多妖人來盜芝仙精血，眾弟子不能遠離。英瓊仙緣最厚，多服靈藥仙草，元陽充沛，又有神鵰、靈猿為她輔助，神鵰頃刻千里，靈猿莽蒼原是故里，眾弟子中，祇她一人可以前去。趁寒風出穴之際，入內將人救轉峨嵋，再敵守五妖尸，盜取萬年溫玉。笑和尚百蠻山除妖之日，也正是妖人侵犯峨嵋之時。若論力敵，眾弟子皆非對手，此事全仗臨機應變，舉動縝祕，人多反不相宜。可著金蟬借了朱文天遁鏡，助他前往便了。」

妙一夫人便照妙一真人意思及應如何行事，寫了兩封柬帖，

用飛劍傳書，命靈雲等依次行事。大家看完了妙一夫人柬帖，頭一個英瓊悲喜交集，當下便要帶了一鵰一猿，趕往莽蒼山去，將英男救回。

靈雲道：「瓊妹先不必如此急躁。既有掌教夫人之命，去是一定由你前去，不過你初次獨身遠行，雖有神鵰相助，也須慎重。按說，救人祇須尋到了地頭，並非難事。祇是那冰蠶和溫玉兩樣寶物，一個有妖道覬覦，一個有妖尸守護。那妖道處心積慮，想得冰蠶，他見英男妹子失事，決不就此干休，必要另想法兒。你救人時，難保不會遇上。

「若論你的劍術，雖然入門未久，仗你資稟穎異，苦功練習，造詣已非常人。加以紫郢劍又是師祖煉魔之寶，如會運用，無論正邪各派飛劍，俱非敵手。可惜你應敵閱歷稍差，青螺兩次遇險，皆由於臨事疏忽，並非此劍能力不濟。此去如遇妖人阻攔，切忌貪功輕敵，務須記住守多攻少。若用劍光護身，無論對方如何厲害，至多不能取勝，萬無一失的。還有柬上所說寒風洞穴，約在丑末寅初，現在時辰已過，去也無益。神鵰頃刻千里，何必如此亟亟？為防萬一起見，可將紫玲師妹彌塵旛借去一用，在今晚課完時起身，將人救回以後，再商盜玉之策便了。」

英瓊答道：「師姊之言極是，祇是妹子與英男姊姊情同骨肉。昔日她在解脫庵失陷，彼時妹子能力太差，各位師姊有事在身，又斷定她藉此可學崑崙劍術，並無凶險，延擱至今，累她受了多少氣苦，可憐她盼望妹子接她回來，猶如望歲。現在又為尋找妹子，奔走逃亡，受盡艱辛，凍僵在寒穴之內。雖說吃了朱果，苟延殘息，但是身已凍僵，不能轉動。每日尖風刺骨，其苦更甚於死。妹子讀完恩師柬帖，心如刀割。不知蹤跡，還打算明日稟明師姊，拚著命不要，上天入地，也要尋她回來。

「今既知道她受苦之處，哪能再作遲延？即使時辰已過，寒風厲害，此乃有形之物，不比妖法難於防範，如見不能前進，自會知難而退，但求早早見著她的本人，寸心才安。而況袁星雖是畜類，自隨妹子，業已離鄉甚久，適才聽牠說起莽蒼情形，牠的子孫多半失蹤，想有妖物侵害，情甚可憫。提前趕去，既可代牠除害，又可觀察情形，先事準備。妹子定遵師姊吩咐，倘遇妖人，決不冒昧從事便了。」

靈雲起初原恐英瓊早去不能救人，遇見妖人怪物，又去貪功吃虧，才命她算好往返時辰前往。及見英瓊秀目紅潤，慷慨陳詞，眷言倫好，誠摯悲壯，不禁為之動容。又因莽蒼山面積甚大，柬帖祇說風穴在山之陰，並未說明地址，縱然神鵰飛行迅速，目光銳利，早去探尋，也不為無理。祇得請輕雲、文琪

二人暫代神鵰守洞。再三囑咐小心，不可大意。

　　紫玲將彌塵旛遞過，英瓊道謝收下，別了眾人，與輕雲、文琪二人逕往後洞，連袁星同跨神鵰，直飛莽蒼山而去。

第一〇九回 彩縠撐空 萬頃金波飛惡蠱 陰風入洞 一團紅肉走妖蠶

　　話說英瓊走後，靈雲便問笑和尚，對金蟬同去，意下如何？笑和尚道：「來時諸葛師兄早料及此。既有掌教夫人傳諭，不久便有妖人來盜芝血，諸位師姊不能分身，除妖之事，孽由自作，無可推委。能得蟬弟同去，又承借用朱師姊的寶鏡，已屬萬幸了。除妖日期相隔還有十多天，本想在此暫住，倘如妖人早來侵犯，還可從旁少效微勞。

　　「現觀柬上所言，百蠻山除妖之日，正是妖人來犯凝碧之時，兩地同時發動，勢難兼顧，在此暫住，並無用處，還是同了蟬弟先行為便。一則可以早日趕到，先觀察好了情勢，商量如何下手。二則就這十來天空閒，往成都去見見玉清道友，看看可能相助一二。她為人甚是和藹熱心，對於同門知無不言，言無不盡。昔日共破慈雲寺，在辟邪村玉清觀中承她指示，說我一二年內必犯災劫，叫我處處留心。此番去斬妖物文蛛，承她對尉遲師弟預示先機，可惜彼時自己狂妄，未將忠言在意，才惹出亂子，犯了清規，如今想起，悔之不及。所以想在便中向她請教。大師姊如無甚吩咐，現在就想同蟬師弟告辭。」

　　靈雲再三留他盤桓幾日，笑和尚本不慣和女同門周旋，求助之事祇限於此，無意留連，仍是執意要走。靈雲祇得留他暫住一日，明日早行，和眾同門陪了他將凝碧仙景走了一遍。又囑咐金蟬許多言語。將朱文天遁鏡借過，傳了用法，交與二人。大家互相談說了一些別後經歷。

　　第二日清晨，笑和尚與眾同門作別道謝，約同金蟬，駕無形劍遁，先往成都飛去。到了玉清觀一看，玉清大師不在觀內。笑和尚原知事已至此，無可解脫，倒也坦然自在，並不憂急未來。轉和金蟬二人沿途擔擱，遨遊名勝，緩緩往百蠻山進發。一路上雖也管了幾件不平之事，左不過是懲戒凶頑，剷除奸惡。所遇的人，俱都是些土豪惡霸，污吏貪官，無什出色人物。以笑和尚、金蟬的本領，嬉笑怒罵，舉手便了，情節平常，不值一述。

　　這一日遊到滇桂交界，屈指行程，距離苦行頭陀柬上除妖日期，祇有三日。笑和尚對金蟬道：「這回事情，我是犯了清規，孽由自作，卻累師弟隨我跋涉冒險。明日便是拆看柬帖之期，大後日便須趕到百蠻山去。綠袍老妖何等厲害，此去祇可智取，見機行事。我如遇見不測，師弟你不比我，切不可輕易涉險，可駕劍光遁往東海，求恩師念在自幼相隨之情，寬我既

往，與我報仇除害。再將我元神度去，仰仗恩師法力，轉劫托生，不致昧卻未來，就感恩不盡了。」說罷，不禁淒然。

金蟬因素昔笑和尚總是嘻嘻哈哈，從無愁容，聞言心中甚是難過。便勸慰他道：「據家母飛劍傳書，和諸葛師兄所說之言，此去凶險磨難，自是難免。至於便遭不測，漫說你來因甚厚，本領高強，就是苦行師伯自幼教養，一番苦心，平素又那樣疼愛，也決不會任你葬身妖穴。至於我更是和你情逾骨肉，除妖去惡，分所應為，更談不到感謝之言。師兄衹管放心，縱不馬到成功，我想萬無一失。」

笑和尚強笑道：「多謝師弟好意。我又何嘗不知恩師用心，怎耐我平素嫉惡如仇，現時雖想謹慎從事，一入妖窟，見了那般凶殘狠毒之行，一個按捺不住，不暇計及利害輕重，稍一失慎，便遭毒手。事難逆料，蟬弟你衹緊記我說的話便了。」金蟬又勸慰了一陣，二人本來天性曠達，仍和往日一樣，行行止止，隨意遊賞。

第二日行至中途，打開苦行頭陀第一封柬帖一看，除外面註明下手日期，去的路徑外，裡面衹寫著：「逢石勿追，過穴莫入；血焰金蠶，以毒攻毒。」四句偈語。

　　二人彼此參詳了一陣。笑和尚道：「『逢石勿追』，那石不是人名，便是人姓。諸葛師兄曾說綠袍老妖手下有一惡徒，名叫唐石，曾被他妖師嚼吃了一條臂膀，本領不在辛辰子以下。恩師命我等如遇上將他打敗，不要窮追，還可說得過去。第三、四兩句，含有鷸蚌相爭、漁人得利之意，現時雖難深知，也可解釋，祇須到時留神取巧便了。惟獨第二句『過穴莫入』，穴便是洞，這妖物文蛛明明被綠袍老妖封藏陰風洞底，要不入內，從何斬起，豈不難人？」

　　金蟬道：「苦行師伯預示先機，必有妙用，我等反正得去見機行事，猜他則甚？」

　　笑和尚道：「話不是這般說法。以前就為大意，才惹出亂子，還是謹記恩師手諭，彼此提醒的好。現在下手除妖，為期還隔一日。恩師柬帖既未禁止早去，我意欲留賢弟在此，先去探一探動靜，並不下手，稍得著一點虛實，再與師弟同去如何？」

　　金蟬執意不肯，定要同行。笑和尚無法，祇得同了金蟬，逕往百蠻山進發。劍光迅速，不多時，已離百蠻山還有百十里之遙。那百蠻山獨峙苗疆萬山之中，四面俱是窮山惡水。嶺內迴環，叢莽密菁，參天蔽日，毒嵐煙瘴，終年籠罩。離山五七

百里外，還有少數苗民，野外穴居。五七百里以內，亙古無有人蹤。除潛伏著許多毒蟲怪蟒外，連野獸都看不見一個。

二人用無形劍遁，盤空下視，見下面盡是惡雲毒煙籠罩溝谷之中，時見奇蟲大蛇之類，盤屈追逐，鱗彩斑斕，紅信焰焰。知是百毒叢聚之區，此去須與盤踞此間的絕世妖人，決一生死存亡，還未深入重地，見著這般險惡形勢，已經觸目驚心。因二人俱是初來，按照柬帖所示途徑，一路留神觀察。

正待尋找百蠻主峰陰風洞所在，忽見下面煙嵐由稀而盡，四周山勢如五丁開山，突然一齊收住，現出數千百畝方圓一片大平坂。中間一峰孤矗，高出天半，四面群山若共拱揖。萬崖斷處，盡是飛泉大瀑，從許多高低山崖缺口瀉將下去，匯成無數道寬窄清溪。從空中往下凝視，宛如數百條玉龍，掛自天半，與地面數百條匹練，圍攤在那一片平板上下，飛翔交錯，濤聲轟轟，水流淙淙，轟雷喧涵之聲，與瀑援細碎之音，織成一部鼓吹，彷彿凝碧仙瀑，有此清奇，無此壯闊，不禁大為驚異。

漸行漸近，見這主峰雖五六百畝大小，因為上豐下銳，嵯峨峻嶒，遍體都是怪松異石。山石縫中，滿生著許多草花藤蔓，五色相間，直似一個撐天錦柱，瑰麗非常。

　　笑和尚、金蟬從一路毒煙惡瘴上面飛了過來，萬沒料到這苗民殊域，妖邪奧區，卻有這般仙景。心中雖然互相驚異，因妖人機靈，不敢出聲，祇圍在峰的上面繞行觀察。剛剛飛向西面，笑和尚一眼瞥見峰西北方高崖後，似有幾縷彩煙，裊裊飄蕩。同了金蟬飛過崖去一看，那崖背倚平板孤峰，十分高闊。崖前有百十頃山田，種著一種不知名的花草。那崖壁石色深紅，光細如玉，縱橫百十丈，寸草不生。一順溜排列著三個大圓洞，上下左右，俱是兩三寸大小窟窿，每個相隔不過尺許，遠望宛如峰案一般整齊嚴密。不時有幾縷彩煙從那許多小窟中裊裊飛揚，飄向天空。

　　仔細一看，那彩煙好似一種定質，並不隨風吹散，由窟中飛出，在空中搖曳了一陣，又緩緩收了回去。飛行較近，便聞著一股子奇腥，知是妖人鬧的玄虛。再一細看，崖下那一片田疇中所種的花草，花似通萼，葉似松針，花色綠如翠玉，葉色卻似黃金一般，分罫井布，層次井然。尤其是花的大小，葉的長短，與枝幹高下，一律整齊，宛如幾千百萬萬個金針，密集一處，在陽光之下閃動；又似一片廣闊的黃金麗褥上面，點綴著百萬朵翠花，更顯縟麗。

　　笑和尚暗想：「久聞這裡妖孽專慣血食。奇峰仙景，還是天生。這些花田和這許多不知名的花草，分明人工種植。難道

妖人吃人吃膩了，特意種些奇花來觀賞麼？」正在尋思之際，忽聽一陣怪嘯之聲，起自崖後孤峰那邊。二人連忙將劍光升高，遁入雲中，往孤峰那面一看。

祇見峰腳南面一個洞中，走出二十四個奇形怪狀的高矮漢子，俱都面如白紙，沒有一絲血色，相貌猙獰，宛似出土殭屍一般。每人上身穿著一件不長不短，敞著頸口的紅衣，胸前戴著一個金圈，兩手袖長祇齊時。手腕上黃毛茸茸，青筋暴露，乾瘦如柴。下身赤著一雙泥腳。手中各持一面白麻製就的小旛，血印斑斕，畫著許多符籙和赤身倒立的男女。

為首一人，面相和日前所見的妖人辛辰子相似，卻沒他高，也斷了一隻手臂，單手拿著一柄長劍，麻旛卻插在身後，走起路來搖搖晃晃，口中不住發出噓噓之聲。一個個滿身邪氣籠罩，隨著為首斷臂妖人，緩緩往前行走，宛如行屍，毫不自如。

漸漸走到崖前。那斷臂妖人先是口中喃喃，似念邪咒，倏地怪嘯了一聲。這些妖人立刻按八卦方位，分散開來，站好步數，將足一頓，升起空中，與崖頂相齊。那為首妖人忽然忙亂起來：時而單手著地，疾走如飛；時而觔斗連翻，旋轉不絕。口中咒語，也越念越疾。餘人隨聲附和，手中旛連連招展，舞起一片煙雲，喧成一片怪聲，聽著令人心頭煩悶。

　　似這樣約有個把時辰，日光略已偏西。那斷臂妖人將手中劍一揮，祇見一道綠光，朝空中繞了一繞，隨即飛回。然後將劍還匣，取出背後麻旛，會合全體妖人，一聲怪嘯，各將空中妖旛朝下亂指。便見旛上起了一陣陰風，煙雲盡都斂去，隨旛指處，發出一縷縷的彩絲，直往花田上面拋擲，越往後越急。二十四面妖旛招展處，萬絲齊發，似輕雲出岫，春蠶抽絲般，頃刻之間，交織成一片廣大輕勻的天幕，將下面花田一齊罩住，薄如蟬翼，五色晶瑩，霧紗冰紈，光彩奪目。

　　透視下面花田中，翠花金葉，宛如千頃金波，湧起萬千朵翠玉蓮花。若非聞著腥風刺鼻，目睹妖人怪狀，幾疑置身西方極樂世界，見諸寶相放大奇觀。

　　二人知道厲害，各用手互拉示意，藉著無形劍遁，盤空下矙，連一絲形跡也不敢遺漏。正在相顧驚奇，這五色天幕業已織得祇剩為首斷臂妖人存身之處，有二尺方圓空隙。斷臂妖人又長嘯了一聲，餘人都停了手腳，全往空隙上空聚攏，仍駕陰風，按八卦方位立定，安排就緒。斷臂妖人從空隙中飛身而下，降離崖前約有十丈，仍是單手著地唸咒，手舞足蹈了一陣，先放起一團煙霧，籠罩周身。口中又是唸唸有詞，將手一撒，便有三溜綠火，朝崖上三個大圓洞中飛去。法才使完，更不怠慢，

接著慌不迭地騰身便上。身才離地，崖前狂風大起，崖上三個圓洞中，先現出三個妖人。

居中一個，頭如栲栳，眼射綠光，頭髮鬍鬚絞作一團，隱藏著一張血盆大口，兩行獠牙，身有煙霧環繞，看不甚清，一望而知是妖人首腦綠袍老祖；右洞妖人，與先見妖人形象裝束相似；左洞妖人，是個紅衣番僧，生得豹頭環眼，狸鼻闊口，金蟬認得是昔日在西藏雪山鬼風谷所見妖僧西方野佛雅各達。忍不住正想和笑和尚說他來歷，耳聽下面吱吱連聲，猛覺笑和尚將他拉了一把，意思叫他噤聲，往下面觀看。就在這撥頭轉臉的工夫，金蟬往下一看，不由嚇了一跳。

原來作者一枝筆，難於兼顧，就在斷臂妖人行完了妖法，慌慌張張往上升起，綠袍老祖在洞前現身之際，崖上成千累萬的小洞穴中，一陣吱吱亂叫，似萬朵金花散放一般，由穴中飛出無量數的金蠶，長才寸許，形如蜜蜂，飛將起來，比箭還疾。那綠袍老祖好似成心與斷臂的妖人為難，容他飛離五色天幕還有一半，突然伸出一張又細又長像鳥爪一般的手臂，望空一指。

上面二十三個妖人令到即行，毫不顧惜那斷臂同門生死，各將手中旛指處，又拋出無數縷彩絲，將那空隙一齊封蔽。斷臂妖人也早知有這一場苦吃，飛得本快，眼看穿隙而上，忽見

38

空隙被彩絲封蔽。金蟬慧眼看得最真，祇見他滿臉怒容，咬牙切齒，口中喃喃，待要施為。又見那天幕一面的同黨，好似朝他用目示意，那斷臂妖人才長嘆一聲，重又飛落下去。同時穴中飛出來的萬千個金蠶，早如萬點金星，朝天飛起。飛近天幕，似有畏忌，紛紛落下，飛入花田之中，食那金葉，吱吱之聲，匯成一片異響。

斷臂妖人剛往崖前落下，一部分千百個金蠶，忽然蜂擁上來，圍著斷臂妖人，周身亂咬。斷臂妖人想必萬分畏懼綠袍老祖，對這些並未煉成的惡蟲，祇用一隻手護著雙目，不但不敢傷害，絲毫也不敢抗拒，跪在地上，不住口喊：「師父救命！」

轉眼工夫，咬得血肉紛飛，遍體朱紅，眼看肉盡見骨。連空中妖人見了這般慘狀，臉上都含不忍之色，一則上下相隔，二則綠袍老祖萬分殘毒，誰也不敢開口。還是西方野佛看不過去，朝著綠袍老祖說了幾句，似在代他求情。

綠袍老祖才獰笑了一聲，厲聲說道：「唐石，你須記住：今日我煉的金蠶尚未成形，已經這般厲害。異日擒到你那叛逆師兄辛辰子，須令他供我金蠶每日零碎咬啃，見筋見骨，再與他上藥生肌，連受三年金蠶之苦，才將他銼骨揚灰，消魂化魄。你也被我那日發怒時咬去一臂，今日先給你稍微嘗點厲害，你

如學他背叛，便是榜樣。今看雅各達之面，且將你狗命暫且饒過。」說罷，隨手一指，一道綠光一閃，那些金蠶似有靈性，紛紛捨了斷臂妖人，飛往花田之中去了。

斷臂妖人忍痛起身，已經渾身破碎，成了血人，咬著牙將身一縱，飛入南面大洞去了。再看花田之中，那些金蠶真是屬害，耳旁祇聽蠶翅摩擦之音，與嚼吃吱吱之聲，混合在一起，震人耳鼓。花田裡面，竟如一片黃金波濤，湧著萬千朵翠玉蓮花，起伏閃動。不消片刻，萬馬奔騰般轟的一聲，千萬朵金星離開花日，朝空便起。

綠袍老祖早有準備，突將手著地倒立，口中唸咒，時而起立旋轉。細長脖頸上，撐著一栲栳大的腦袋，亂搖亂晃。倏地兩手一搓，一條細長鳥爪般的手掌，往崖壁上密如蜂窩的小洞穴中連連亂指。血盆大口張處，噴出一道綠煙，飛向崖上。同時這些小洞穴中如拋絲般飛出千百萬道彩氣，彷彿萬弩齊發，疾如閃電，射往金蠶群裡，那千萬金蠶全被彩氣吸住。每兩縷彩氣，吸住一個金蠶，掙扎不脫，急得吱吱亂叫，轉眼工夫，全被彩氣收入萬千小洞穴之內。這時黃金一般的花田，已被這些惡蟲將千頃金葉嚼吃精光，祇剩一些翠綠蓮花，分行布列，亭亭田內。

　　綠袍老祖用妖法收完金璽，將長手往兩旁圓洞一指。右洞一個妖人與左洞雅各達，各帶四個妖人，手中各抱一個高大如人的葫蘆，走出洞來，先朝綠袍老祖打一稽首。然後飛身花田之上，約有五丈高下，分八卦方位站好，口念手書，行使妖法。猛然一聲怪嘯，俱都頭朝下，腳朝上，連葫蘆也都倒轉，將手把葫蘆一抱，血光閃處，紅雨飄灑，由葫蘆之內噴了出來。十個妖人凌空旋轉，將這花田全都灑遍。

　　綠袍老祖怪嘯了一聲，雅各達同眾妖人收了妖法，各抱葫蘆歸洞。將手往空一招，左洞內唐石手持麻旛，狼狼狽狽飛了出來，會合上面妖人，各使妖法，展動妖旛。眼看天空無量數的彩絲結成的天幕，漸漸由密而稀，隨著妖旛招展，剝繭抽絲一般，頃刻之間化為烏有。眾妖人仍和先時一般，緩緩走了回去。

　　笑和尚、金蟬二人隱身高空，正在觸目驚心，凝神下注，忽見綠袍老祖伸出長頸大頭，往空連嗅了兩嗅，倏地一聲淒厲的怪嘯，大口一張，一溜綠火，破空而起，直往二人存身之處飛來。金蟬不知就裡，還未在意。笑和尚早就留神，一看綠袍老祖神氣，便知不妙，縱能支持，也是眾寡不敵，柬帖所示時機未到，仍以退去為是。未容綠火近身，輕輕對金蟬喊一聲走，駕著無形劍遁飛去。

笑和尚終是細心，飛出去約有數十丈，回頭觀看，那一溜綠火，先飛向適才存身之處，直衝上空。倏又急如閃電一般，左右四方上下激射。雖似在搜尋敵人蹤跡，祗如渾水撈魚，並無一準目的，也未跟蹤追來。想是妖人嗅覺甚靈，聞出生人氣味，故爾如此。且喜自己隱形劍遁，並未被他識破，略放寬心。正在徘徊瞻顧，那綠火在空中繞了幾轉，倏地往四外爆散開來，綠星飛濺，在百十丈方圓內，隕星如雨般墜了下去，相距二人也不過咫尺光景。知道厲害，決計明日再照柬帖所言行事。當下仍往回路飛走，尋到一處瘴煙稀少的山谷之中落下，互商明日進行之策。

笑和尚對金蟬道：「那妖旛上所發出的彩絲，連妖人自己俱都不敢沾染，想是什麼蟲蛇腥涎、毒嵐惡瘴煉成的妖術邪法。那萬千金蠱雖未煉成氣候，看那千頃花田，被這些惡蟲頃刻之間咬吃淨盡，定非易與。花田中的異草，雖然翠花金葉，生得好看，既用血雨培植，也不是什麼好東西。今日雖然得知一些情形，到底陰風洞是在孤峰下面，還就是那崖壁上三個大洞，尚且不能斷定。

「師父柬帖，又有『以毒攻毒』之言。以我之見，明日到了那裡，第一由我一人隱形飛身下去，你在上面接應。等我先

42

探明了封藏文蛛之所，然後相機行事。

「諸葛師兄原說，明日辛辰子也要趕到，這『以毒攻毒』，定應在此人身上。到時我們祇隱形窺伺，先不下手。那辛辰子定敵綠袍老妖不過，決不敢公然下手。他此來目的，不外兩種：第一想盜走妖物文蛛；第二在惡蟲尚未成形之時，偷偷下手除去。他以前本是綠袍老妖得意門徒，輕車熟路，自是清楚。我們祇消暗中跟定他的身後，他如得手，我們便驚動綠袍老妖，將他絆住，然後由我去將文蛛刺死；他如不勝，我們已經盡知虛實，辛辰子或逃或擒，綠袍老妖決不疑心除他之外，還有別人暗算，也可乘其不備，驟然下手。

「我二人俱非綠袍老妖之敵，祇把妖物刺死，大功已成，那時進退由心，勝固可喜，敗亦可以回山覆命。雖說師父柬帖尚有兩封，事沒這般容易，我又還有許多磨難未完，但是謀事在人，成事在天，不能不作此打算。大敵當前，能如我們預料固好，萬一失利，遭劫受害，你千萬記著昨日所託之言，不可輕易涉險，即速趕往東海，或者我還有一線生路；否則白白連你一齊失陷，於事無補，就更糟了！」

金蟬見笑和尚這幾日總是防前顧後，把失利的話說了又說，面色非常沮喪，好生代他難過，勸慰了一陣。同尋了一個潔淨

43

山洞，正準備打坐運用玄功，到翌日黎明起身，忽然一陣腥風吹入洞來，笑和尚何等機警，一見風勢，便知有異，知道此洞並無出路，除非與來的妖人迎個對頭。忙用隱形法連金蟬將身隱起，又用手拉了金蟬一把，示意噤聲。

二人剛把身形隱起，那陣怪風旋轉起一根風柱，夾著沙石，發出噓噓之聲，業已穿洞而入。金蟬慧眼看得最真，看出風沙之中，隱約有一條細長黑影，進洞之後，略一迴旋，噓的一聲，倏又往洞外飛去。金蟬便要追出，又被笑和尚一把緊緊拉住，輕輕在耳邊說道：「蟬弟休要言動，留神妖人回來。」

一言甫畢，果然噓噓之聲由遠而近，二次又飛進洞來。這次竟是忽東忽西，上下四方，滿洞飛滾。笑和尚早有防備，拉了金蟬，緊隨風柱之後，與他一齊滾轉，存心不讓他發覺自己，倒看看他是個什麼來歷。飛轉了一陣，那旋風忽然收住，現出一個長身細瘦，形如枯骨，衹眼斷臂的妖人，正是那日在天蠶嶺所遇綠袍老祖門下惡徒辛辰子。見他才一現身，便朝洞內舉手喝道：「洞中道友，何不現身出來相見？」

連喊幾聲，不見答應，漸漸有些不耐。先是臉上現出怒容，末後好似想了一想，又勉強忍住，改說道：「道友在此修煉，我本不合入洞擾鬧。但是為事所逼，須借貴洞用上三日，事成

之後，必報大德，暫時驚擾，請勿見怪。」說罷，他見仍無應
聲，便盤膝打坐起來。

原來辛辰子自在唐石手中漏網之後，情知長此避逃，終須
要遭綠袍老祖毒手，不如趁他金蠶蠱尚未煉成，心無二用之際，
下手一拚，還可死中求活。特地在別處借了幾件法寶，趕到此
間，見這洞正合行法之用，入洞一看，先就聞見生人氣味，卻
看不出一絲蹤影，起了疑心，不敢停留。

及至往別處飛行了一陣，雖有許多洞穴，俱無這裡隱祕合
適。又因先時聞出的氣味，不似以前同黨和仇敵設下的機關，
以為是隱居修煉之士，想回來看看動靜。如果所料不差，自己
正缺少幫手，能得那人相助更妙，不然，或者將他除了，或者
彼此言明，兩不侵犯。所以二次又回進洞來，施展妖法，想查
出那生人蹤跡。誰知轉了好一會，仍無朕兆。換了別人，定以
為誤認。可是辛辰子嗅覺最靈，明明聞著那生人氣味就在左近，
偏偏查看不出，祇得收了妖法，又打招呼。

及見通統無效，如非窮途危難，普通隱形之法，他原不放
在心上。若在平日，早就發威逞兇，用最狠毒的妖法，禁制洞
中之人現身出來。無奈自己已成驚弓之鳥，這裡又密邇仇敵，
不敢再樹敵結怨，忍了又忍。如是另尋洞穴，佈置妖法，再沒

這般隱祕合適之所；如就用本洞，雖然知道那生人決非綠袍老
祖一黨，自己有妖法異寶護身，也非普通劍仙所能傷害，但是
自己行法之際，卻伏著一個外人在暗中窺伺，終是不妥。

蹰躇了好一會，才決定仍與洞中之人打個招呼，一邊小心
提防，姑試為之。如果洞中之人是個隱居修煉、獨善其身之士，
不來干涉，再好不過；否則自己即用妖法將洞口封鎖，他如輕
舉多事，說不得祇好和他決個勝負便了！

也是辛辰子太自大，以為除綠袍老祖而外，別無忌憚，卻
忘了東海三仙隱形劍法和金蟬兩口霹靂劍，決不是他的妖法所
能封鎖，以致少時被笑和尚、金蟬二人無心中破了他從紅髮老
祖門下借來的五婬呼血兜，終於慘死在陰風洞綠袍老祖之手。
這且不提。

且說笑和尚、金蟬見辛辰子獨自搗鬼，看不見自己，祇是
好笑，藝高人膽大，並未放在心上。若非記著束帖「以毒攻毒」
之言，依笑和尚心思，還想在暗中戲耍他一番。誰知辛辰子才
一坐定不久，便從身後取出七面妖旛，將手一指，七道黃光過
處，一一插在地上。又取出一個黑網兜，掛在七面旛尖之上。
口中唸唸有詞，喝一聲：「疾！」旛和網兜突然由地而起，後
面四根旛高與洞齊，前面三根祇齊洞口一半，將那向兜撐開，

恰似山中獵人暗設來擒猛獸的大網。

　　網撐好後，辛辰子站起身來，披散頭髮屍赤身單手著地，口中唸咒，繞著旛腳疾走。頃刻之間，便見旛腳下腥風四起，煙霧蒸騰。若在旁人，早不見妖人形影。似這樣約有三四個時辰，又聽一聲怪嘯，一溜綠火，往洞外一閃，滿洞煙雲盡都收斂，連人帶旛，俱都不見。

　　金蟬用慧眼定睛一看，妖人雖走，七根妖旛仍然豎在地上。旛頭上有一層輕煙籠罩，連帶網兜俱未攜走。知是妖人弄的玄虛。

　　這裡離百蠻山陰風洞少說也有三四百里，妖人法寶卻在此地施為，猜不透是什麼用意。二人正想低聲商議，金蟬猛往洞口外一看，忙說道：「師兄，外面天都快明了。」一句話將笑和尚提醒，才知祇顧看妖人行法，忘記天已不早，一著急，拉了金蟬，駕遁光往外便飛。

　　金蟬一見笑和尚飛得太急，竟忘了咫尺之內，就是妖人設下的妖旛妖網。昔日在慈雲寺嘗過妖法厲害，不敢大意，連話都不及說，忙將雙肩一搖，身旁霹靂劍化成紅紫兩道劍光，護著自己和笑和尚全身，由旛網中同往洞外衝去。耳旁祇聽絲絲

兩聲，當時並未在意。出洞一看，果然五月天氣，天色已漸微明。金蟬一面飛行，一面對笑和尚道：「可笑妖人枉自搗了半夜鬼，費了多少心神，他那妖術邪法竟無多大用處。」笑和尚問是何故，金蟬便將前事說了。

原來笑和尚的目力不如金蟬，竟未看出妖人的妖旛尚在，一聽金蟬說洞外天明，才知妖人已走，恐怕遲去誤事，忙著往外飛遁，若非金蟬機警，說不定便許中了妖法暗算。笑對金蟬道：

「起初我還小看妖人，以為本領不甚出奇，誰知那妖法竟這樣厲害，連我都未看出。以為時間還早，仗著我們飛行迅速，打算與你商量幾句，再隨後追趕。當時我祇見洞外黑乎乎的，聽你一說天明，才想起你二目被芝仙舐過，已能透視塵霧，忙著飛走。見你展動霹靂劍，還以為是一時技癢，卻不想妖旛還在，據我看，妖人將妖法設置在遠處洞穴之內，必是想用誘敵之計，將仇敵引來，陷入網內。那妖旛、妖網敢與老妖為敵，決非尋常。你那霹靂劍原是峨嵋至寶，我兩人既未被妖法困住，妖人法寶必然被你飛劍所毀無疑了。」

正說之間，金蟬忽喊：「師兄快看妖人！」笑和尚舉目一看，前面天空雲影裡，隱約有一星星綠火閃動，連忙催動遁法，

往前追去。不多一會,已追離百蠻山主峰不遠,眼看快要追上,那一溜綠火忽從雲層裡隕星墜落一般往下瀉去。二人跟蹤飛將下去一看,下面正是昨日所見的花田,就這一夜工夫,田中金草竟然長成,映著朝陽,閃起千頃金波。崖壁上彩煙縷縷,徐徐吞吐。四外靜盪盪的,一點聲息都沒有。再看辛辰子,業已不見蹤跡。

正在留神觀察,忽見崖上左面圓洞,有一條人影一晃。連忙飛近洞前一看,這三個圓洞裡面,各有一個妖人打坐。中洞妖人,正是那綠袍老祖,細頸大頭,鬚髮蓬鬆,血盆闊口,獠牙外露,二目緊閉,鼻息咻咻,彷彿入定。身旁俱是煙霧圍繞,腥氣撲鼻。笑和尚心想:「妖人在此入定,正好趁此時機,去斬文蛛。柬帖上雖說文蛛藏在陰風洞底,不知是否就從此洞入內?」

正在尋思,忽見辛辰子從左側洞內飛身出來,手中拿著一面纓絡垂珠、長有三尺的旛幢,對著崖壁。才一招展,腥風大作。便聽吱吱之聲,廣崖上萬千小洞穴中,成千累萬的金蠶,似潮湧一般轟轟飛出,直向那面旛幢撲去。

辛辰子更不怠慢,口中唸唸有詞,將手中旛幢往空中一拋,發出十丈方圓煙霧,裹住一團紅如血肉的東西,電閃星馳,往

他來路上飛去。那些金蠶如蟻附膻，哪裡肯捨，軋軋吱吱之聲響成一片，金光閃閃，遮天蓋地，紛紛從後追去。

金蠶飛走，不多一會，左洞一聲怪嘯過處，飛出昨日所見的斷臂妖人唐石，抬頭往空一看，見金蠶全都飛走，不由慌了手腳。先飛身進了中洞，見綠袍老祖入定未醒，急得口中連連發出怪聲。頃刻之間，又由中洞內飛出二三十個妖人，齊問：「師兄何事，這般著急呼喚？」唐石道：「禍事到了！師父的金蠶，全被人引走。師父入定醒來，我等性命難保，還不快追！」

眾妖人聞言，俱往崖上看了一眼，不約而同怪嘯一聲，全都飛起高空。袛見塵沙漫漫，煙雲滾滾，宛如一陣旋風，簇擁著一天綠火，直往來路追去。

那辛辰子埋伏在洞側崖壁之下，始終未被人發現。眾妖人走後，唐石倏地濃眉倒豎，目露凶光，將足一頓，待要飛向中洞。剛剛飛至洞口，又似有所顧忌，撥轉頭似要飛走，身才離地，辛辰子也隨著跟蹤而起。

第一一〇回　匝地妖氛　脫身悲失劍　瀰天血雨　極惡鬥元凶

這時崖洞中祇有綠袍老祖與右洞西方野佛入定未醒。依了金蟬，恨不能乘機下手，將這兩個妖孽殺死。笑和尚細心，早看出唐石昨日無辜受了荼毒，懷恨在心，適才命許多同門去追金蠶，自己卻置身事外，便知他不懷好意。看他欲前又卻，並未下手。這種妖人，居心狠毒，有甚師徒情義，分明知道厲害，顧忌不敢下手。又因綠袍老祖雖然入定，滿身煙霧，似有防備，仍以慎重為是。

辛辰子引走金蠶，並不逃走，必是想盜文蛛。柬帖又有「逢石勿追，以毒攻毒」之言，祇須跟定辛辰子，便知文蛛下落。正向金蟬示意攔阻，誰知唐石一去，辛辰子也跟在身後，大出意料之外，誠恐稍縱即逝，不假思索，便也隨後追趕。

當下辛辰子跟定唐石，二人又跟定辛辰子，剛剛飛過那座孤峰，忽見辛辰子朝前面唐石打了一個招呼。唐石回頭一看，見是辛辰子，先要變臉動手，猛一尋思，將手一招，雙雙落了下去。

　　二人也隱身跟下，才一落地，便聽唐石道：「我早猜那金蠶是你放走。如今我和你也是同病相憐，我已被老妖吃了一條臂膀，昨日又叫金蠶咬我全身見骨，說擒著你，便是榜樣。若非許多師弟再三攔我，昨日便準備拚命逃走。不想禍不單行，你又來惹這大亂子。如今我已想開，事難怪你，我再不逃走，早晚也遭毒手。你想我幫你叛他，我卻不敢似你這樣大膽，我自去九星巖等你。那文蛛有三個藏處，兩個你都知道。惟有一處，在他打坐的石頭底下風穴之內，有法寶封鎖，祇恐你盜走不了。

　　「他似這般狠心惡毒，我何嘗不想將他害死，無奈他在玉影峰吃你困住，他用第二元神修煉多日，靜中參悟玄機，比了從前還要厲害，慢說你我，就是各派劍仙有名的飛劍，也傷他不了。可笑他心腸狠辣，當時祇顧將師文恭害死，取了人家屍體，接續全身，沒料師文恭原是中了天狐白眉針，鬧得要死不活，一見難逃老妖毒手，將所中兩根白眉針，運用玄功真氣導引，藏在兩腿之內，自己卻甘願受老妖飛刀之苦，祇為叫老妖難得便宜，多受痛苦。

　　「老妖原是瞞著壽龍尊者行事，作賊心虛，急於將身接續。誰知忙中有錯，每日一交寅卯辰三時，白眉針在兩腿穴道中作

52

怪，痛癢酸辣，一齊全來。欲待斬斷重續，一時又找不著這好法體。那針沒有吸星球，無法取出。到了每日寅卯辰三時，祇好將穴道封閉，將真火運入兩腿，慢慢燒煉。須過兩個八十一天，才能將那兩根白眉針煉化。煉時元氣須要遁出，以免真火焚燒自己。

「他自從你背叛以後，把門人視若仇敵，入定時非常小心，常用法術護衛全身，元神卻遁往隱僻之處，似防門人暗算。那西方野佛雅各達，也用師文恭的斷手相接，雖無白眉針在內，不知師文恭使什法兒，也是到時作怪。若非他防備周密，情知制他不了，適才我就下手了。這時他正如死去一般，不到巳初，你祇不能近他，要盜文蛛，正是時候。這洞穴雖在他的座下，但是與藏養蠱母的洞穴相通，在他身後，形如七星，趁蠱母全都被你引出，正是時候。那金蠱雖未煉成，已甚厲害，我祇不明白你用什法兒能將它們引出？」

辛辰子道：「話說起來太長。我此次前來，原是以死相拚，相機行事。昨日已來過一回，見你吃他荼毒，萬沒料到你會和我做一路。那些惡蟲已被我一網打盡。承你好意相助，指引明路，少時待我大功告成，再作細談。」言還未了，猛然抬頭一看，不由大驚失色道：「惡蟲飛回，紅髮老祖法寶被人破去，如何是好？」

　　笑和尚聞言，回頭往來路一看，遠方雲空中，果有一叢黃光綠火波動。正在觀望，猛覺金蟬拉了他一下，轉身再看兩個妖人，業已不在眼前。正要問金蟬，可曾看見妖人何往，金蟬用手往前面一指，說道：「那不是辛辰子？」

　　原來辛辰子自被紅髮老祖親自將化血神刀取還，益發不是綠袍老祖敵手。他和紅髮老祖門下姚開江、長人洪長豹俱是至好，那化血神刀也是洪長豹偷來轉借。情知要和綠袍老祖拚命，除了請洪長豹設法，轉求紅髮老祖相助，決無辦法。

　　及至尋著洪長豹一問，說：「紅髮老祖無故不願和人開釁，為那化血神刀，自己還招了許多埋怨，慢說求他相助，連自己下山也不能夠。不過自己也不肯坐視，願將兩件心愛法寶，一個叫作『天魔聚毒旛』，一個叫作『五婬呼血兜』，借他拿去報仇。這兩樣東西，專破正邪各派法寶、飛劍。五婬兜更是金蠶蠱的剋星，乃是師父所傳鎮山之寶，為了朋友情長，擔著不是相借，務須謹慎從事，以防失落。又傳了他一種極厲害的潛形匿影的法術，如遇緊急，祇管使法，將二寶拋在隱密之所，別人任是道力高強，也難看出，以免落入外人之手。」

　　辛辰子知道二寶厲害，當下不便再求紅髮老祖相助，道謝

起身，昨日便趕到了百蠻山陰風洞上空，往下窺探。綠袍老祖聞風知異，先將陰火放起追尋。幸而辛辰子新學紅髮教下潛形之法，沒有被他發現，祇嚇了一跳。不敢怠慢，遵照洪長豹所傳，先覓好了相當之地，如法佈置。不料笑和尚、金蟬二人已先在洞中隱身，辛辰子報仇心切，以為洞中之人是別派中隱居巖穴的煉士，又仗著法寶厲害，未曾顧忌。被金蟬慧眼看出行徑。

霹靂劍雖然不如紫郢劍，也同是當年長眉真人煉魔除邪之寶，自賜與妙一夫人，更經多年修煉，已是百邪不侵，無意中遇見剋星，竟將他借來的五婬兜破去。辛辰子哪裡知道？先趁著綠袍老祖入定之際，用妖法將金蠶一齊引走，自己再安安穩穩盜取文蛛，得手之後，回往原處。那些同門妖人，除了唐石一人還可與他支持外，餘人本不是他的對手，何況又有兩件厲害法寶在身。說好便好，說不好，索性一齊除去，雖不能當時便將綠袍老祖制死，也可去掉他身邊的羽翼。偏巧又看出唐石也要背叛，更是心喜。

二人見面之後，算計時間還早，正在興高采烈，勸唐石和他一同背叛，惡師心毒，單是逃避，並不是事。話還沒說幾句，猛抬頭看見天邊金光閃動，仔細一看，金蠶業已飛回，知道五婬兜定被別人破去，好不咬牙痛惜，暴跳如雷。情知事已緊急，

許多昔日同門必然回來，將綠袍老祖驚醒；蠶母回穴，更是無門可入，文蛛不能到手。被綠袍老祖知道行徑，再想得手，豈不萬難？

依了唐石，原主慎重，暫時避開，改日下手。辛辰子哪裡肯聽，事已至此，不入虎穴，焉得虎子，說不得祇好孤注一擲。當下見唐石不敢同去，獰笑一聲，往廣崖那面便飛。

笑和尚、金蟬二人自是不捨，也雙雙隨後追趕。身才離地，便聽身後一聲慘呼，金蟬回頭一看，大小兩溜綠火，正往孤峰之下投去。金蟬知道那兩溜綠火，有一個是唐石所化，怎會多出一個妖人，自己當時竟不曾看見？正想之間，無形劍遁迅速，已追離辛辰子背後不遠。眼看辛辰子並未覺察二人跟在身後，逕投中洞，望著煙霧環繞中的綠袍老祖，咬牙切齒，戟指低罵了兩句，急匆匆轉過身後，鑽入一個形如七星的小洞下面去了。

笑和尚、金蟬二人連忙跟蹤而入，祇見下面黑沉沉，腥風撲鼻，深有千尋。二人初入虎穴，莫測高深，祇跟定前面那溜綠火往前遊走。在黑暗中轉了不少彎子，末後轉入一個形如擴穴的甬道，忽聞奇腥刺鼻，盡頭處有一個深窟，窟口掛著一面不知什麼東西織成的妖網，彩霧蒸騰，紅綠火星不住吞吐。定睛一看，正是那妖物文蛛，四隻長爪連同腹下無數小足，緊抓

在那面網上，似要破網飛去。

這時辛辰子已經現身出來，離窟回三五丈遠近立定，身上衣服業已脫盡，正在赤身倒立，唸咒行法。那文蛛一見生人到來，早又張開尖嘴闊腮，露出滿嘴獠牙，呱呱怪叫起來，聲音尖銳，非常刺耳。金蟬尚是初見這種醜惡體態，不禁駭然。笑和尚情知這種毒鮫蛇涎結成的妖網，專污正教法寶飛劍，不敢下手，祇好靜等辛辰子的機會。祇須他將妖網一破，再在暗中出其不意，連辛辰子帶妖物一齊斬殺。

眼看辛辰子使完了法，站起身來，手指處一道綠光火焰，粗如人臂，直往網上燒去。那妖物正在怪叫掙扎，不大耐煩，一見綠光飛到，嘯聲愈加淒厲，猛地將口一張，從網眼中噴出萬朵火花，將那綠光迎住，兩下相持，忽前忽後，約有半個時辰。辛辰子想是知道時光緊迫，祇急得抓耳撓腮，滿頭大汗。

笑和尚見辛辰子不能得手，雖說潛形遁跡，不怕妖人看見，到底身居危境，也是非常著急。祇有金蟬年幼心高，並不怎麼顧忌，反倒看著好玩。猛地失聲說道：「師兄，這樣等到幾時，我們還不下手？」

一句話將笑和尚提醒，猛想起自己身邊現有矮叟朱梅的天

遁寶鏡，何不取出應用？想到這裡，剛要用手取鏡，那辛辰子百忙中聞得黑暗中有人說話，嚇了一跳，以為中了綠袍老祖的道兒，心慌意亂，長嘆一聲，把心一橫，先收回那道綠光，咬破舌尖，一口血隨口噴出，化成一道黃煙，籠罩全身，直往窟口撲去，伸手便要摘網。同時笑和尚也將寶鏡交與金蟬，吩咐小心從事。自己收了無形劍遁，準備運用劍光下手。

正在這雙方張弓待發，時機一瞬之際，辛辰子原知綠袍老祖妖法厲害，所有寶物全都能發能收，所以先時不敢去摘，及見陰火無功，時機轉瞬將逝，不得不拚死命連網帶妖物一齊盜走，逃出之後，再作計較。手將伸到網上，金蟬迫不可待，也將鏡袱揭開，口念真言，道一聲：「疾！」一道五彩金光，匹練長虹般，也已罩向網上，登時煙雲盡滅，光焰全消。那妖物文蛛也似遇見剋星，抓伏網上，閉著一雙綠黝黝的雙目，口中不住怪叫，毫不動彈。

那辛辰子忽見一道金光一閃，現出一個小和尚和一個幼童。認得那小和尚曾在天蠶嶺盜文蛛時見過，劍術甚是了得。尤其是那幼童，手上拿著一面寶鏡，出手便似一道五彩金虹，照得滿洞通明，煙霧潛消。知道來者不善，未免有些心驚。猛一轉念：「何不趁著眼前時機，搶了文蛛逃走？」

　　說時遲，那時快，辛辰子已將鮫網揭起半邊，一見文蛛如死去一般，並不轉動，心中大喜，正要往前撲去。忽聽腳底下鬼聲啾啾，冒起一叢碧綠火花。知道中了仇人暗算，顧不得再搶文蛛，正待飛身逃走，已來不及，被那一叢綠火湧起來，當頭罩住。同時覺著腳底下一軟，地下憑空陷出一個地穴，似有什麼大力吸引，無法掙脫，活生生將辛辰子陷入地內去了。

　　這裡笑和尚全神注定辛辰子，準備他從妖網之內將文蛛抱出，便飛劍過去，一齊腰斬。忽聞異聲起自地中，陷出一個地穴，冒起一叢火花，將辛辰子捲了進去，便知不妙。正喚金蟬小心在意，猛覺眼前五根粗如人臂的黑影，屈曲如蚓，並列著飛舞過來，也不知是什麼東西，忙著招呼金蟬。正待先將身形隱起，將身劍合一，身子已被那五條黑影絞住。

　　笑和尚一著急，大喝一聲，索性用劍光分出迎敵。誰知眼前起了一陣綠火彩焰，聞見奇腥刺鼻，自己飛劍竟失作用，身子又被幾根蛇一般的東西束住，才知飛劍被污，身已被人擒住。剛喊：「我已失陷，蟬弟快照昨日所說，逃往東海。」一言未了，一道金色長虹照將過來，金光影裡，看清那地穴中現出一個碧眼蓬頭的大腦袋，伸出一隻瘦長大手臂。來者正是妖人綠袍老祖，束身黑影便是妖人邪法變化的大手。吃金蟬天遁鏡照在他的臉上，眼看妖人綠眼閉處，手也隨著一鬆。笑和尚連忙

用力掙脫。那大手想也畏懼鏡上金光，竟然疾如蛇行，收了回去。

笑和尚已被妖人大手束得周身生疼，喘息不止。金蟬忙著跑了過來，剛將笑和尚扶好，地下鬼聲又起。先是一叢綠火彩煙過處，那封藏文蛛的怪洞，忽然往地裡陷落下去，如石沉水，一點聲息全無。接著滿洞綠火飛揚，四壁亂晃，腳底虛浮，似要往下陷落。笑和尚見事危急，忙喊：「蟬弟快快帶著我將身飛起，我飛劍已被邪法污損了。」

金蟬聞言大驚，剛剛扶著笑和尚將身飛起，果然立腳之處又陷深坑，腳底火花如同潮湧。光影中隱隱看見綠袍老祖張開一張血盆大口，眼露凶光，舞搖長臂，伸出比簸箕還大、形如鳥爪的大手，似要攫人而噬。金蟬不敢怠慢，連用霹靂雙劍護著全身，手持寶鏡照住坑穴。穴內萬千火花被金光一照，便即消滅。叵耐妖法厲害，滅了又起。下面綠火彩煙雖被天遁鏡制住，可是四外妖火毒煙又漸漸圍繞上來。

這時地洞中方位變易，已不知何處是出口。相持了好一會，笑和尚知道妖人厲害，暫時雖擒不住自己，必然另有妖法，遲則生變，好不著急。及見四外火煙雖然越聚越濃，卻祇在二人兩三丈以外圍繞，並不近前，情急生智，悄聲囑咐金蟬：「火

煙不前，說不定便是霹靂劍的功效，你一雙慧眼，能燭見幽冥。何不權拚萬一之想，冒險覓路逃生，死中求活？」

金蟬原是全神貫注綠袍老祖，恐他乘隙衝起，抵敵不住，驚慌忙亂之中，竟忘了逃走之路。被笑和尚提醒，才定睛往四外一看，火煙中依稀祇左側有一條彎曲窄徑，彷彿來時經行之路。餘者到處都已陷落，四外都是火海煙林，一片迷茫，無路可通。一面夾著笑和尚，身與劍合；一面將寶鏡舞起，一團霓光，光照處，火煙消逝，路更分明。可是後面地下異聲大作，竟如兒啼，也隨著追了上來。

笑和尚忙喊：「快走！」金蟬運用真氣，大喝一聲，直往外面衝出。才飛走了不遠，便聽後面山崩地裂一聲大震。二人哪敢回頭，慌不擇路，有路便走，居然飛離穴口不遠，金蟬慧眼已看見穴外天光，心中大喜。就在離出穴還有兩三丈遠近，忽見眼前數十點黃影，從兩旁壁上飛撲上來。金蟬見那東西並不畏懼天遁鏡上金光，大吃一驚。恐有閃失，將手一指，先分出一口雄劍上前迎敵。一道紅光閃過，祇聽吱吱連聲，數十道黃星，如雨般墜落，並不濟事，才略放心。

身臨穴口，剛要飛出，又見有數十條彩縷在穴上飛動，忙將寶鏡一照，悉數煙消。趕忙趁勢飛了出去，一眼看見外面天

空，似穿梭一般，飛翔著二十四個妖人。衹為首之人不是唐石，卻換了紅衣番僧雅各達。各拿一面妖旛，彩絲似雨一般從旛上噴起，已組成了一面密密層層的天幕。見二人出穴，齊聲怪嘯，二十四面妖旛同時招展。那面五彩天幕，映著當天紅日，格外鮮明，被妖法一催動，漸漸往二人頭上網蓋下來。

二人見勢不佳，因知妖網一定厲害，想起昨日曾經看它在生門上留有空隙，欲待尋著飛出，省得以身試險。定睛細看，果然西面角上有一個小洞沒有封閉，衹是相隔甚遠。正要駕劍光飛衝過去，忽聽後面怪聲。回頭一看，綠袍老祖同了幾個手下妖人，已從穴內飛出，現身追來。一叢綠火黃煙，如飄風一般湧至。

相隔二十丈遠近。綠袍老祖長臂伸處，又打出千百朵綠火星。同時那五彩天幕，已離二人頭上不過兩丈。金蟬用天遁鏡上下左右一陣亂晃，後面綠火雖能暫時抵住，鏡上金光照向天幕，卻並無動靜，越發心慌意亂。

眼看天幕越低，將及臨頭。煙火中綠袍老祖用一隻手擋著頭面，另一隻長手不住搖晃，就要抓到。四外妖人，也都包圍上來。二人衹憑一面天遁鏡護住全身，顧了前後，顧不了左右，稍一疏虞，被妖火打上，便有性命之憂。見情勢業已萬分危急，

一落妖人之手，便無倖理。祇一轉念間，耳聽綠袍老祖猛然兩聲怪嘯，四外妖人忽然分退。由綠袍老祖身旁飛出三道灰黃色匹練，直往二人捲去，天幕也快要罩到二人頭上。

笑和尚知道再不冒險沖網而出，絕沒活路，忙叫：「蟬弟快走！」口中念起護身神咒。說時遲，那時快，金蟬先也是怕兩口飛劍被妖人彩幕所污，及見存亡頃刻，把心一橫，用丹田真氣大喝一聲，駕著紅紫兩道劍光，沖霄便起，劍光觸到網上，彷彿耳邊絲絲幾聲。及至飛起上空，那天幕竟被霹靂劍刺穿了一個丈許大洞，彩絲似敗絹破絹般，四外飄拂。

綠袍老祖以為這兩個小孩已是甕中之魚，雖然被他刺死許多蠶母，自己卻可得著兩個生具仙根的真男，作一頓飽餐，還可得那面寶鏡。正在又怒又喜，萬沒料到來人雖然年幼，飛劍卻這般厲害，竟然不怕邪污，破網而去。出其不意，又驚又恨，暴跳如雷，怪嘯一聲，率了手下妖人，破空便追。

笑和尚、金蟬見後面滿天黃煙妖霧，綠人星光，如風捲殘雲般趕來，哪敢遲延，急忙催動劍光，如飛遁走。無奈笑和尚飛劍被污，不能隱形潛跡；霹靂劍雖然迅速，雲空中現出紅紫兩道光華，正是敵人絕好目標。綠袍老祖狠毒兇惡，蠶母被戮，吃了大虧，哪裡肯捨，祇管死命追趕。轉瞬之間，已追離昨晚

投宿山洞不遠。

二人在空中偶一回望，別的妖人飛行沒有綠袍老祖迅速，俱都落後，祇剩綠袍老祖一人，業已越追越近，煙光中怪聲啾啾，長臂搖晃，眼看不消片刻，就要追上。正在危急萬分，忽見腳下面腥風起處，一片紅霞放過二人，直往後面飛去。

二人又飛出去有百十里遠近，漸漸聽不見後面聲息，覺著奇怪，這才回身看去。遙見遠遠天空中，適才所見那一片紅霞，已和後面追來的綠火黃煙絞作一團，光煙激盪，翻騰繚繞，宛如海市蜃樓，瞬息千變，知道妖人又遇勁敵。適才所見紅霞，雖然逃走匆忙，不及細看，但是色含暗赤，光影昏黃，隱聞奇腥之氣，定是一個妖邪之輩，不知為何幫助二人，反與妖人火拚，甚是不解。

金蟬還想稍往回飛，看個動靜。笑和尚飛劍被污，心亂如麻，又痛又惜，急於尋覓地方，拆看第二封柬帖。那一片紅霞雖說相助自己，也不一定是好相識，再要抵敵不過，又生意外。當下催著金蟬飛走，直飛到雲貴交界的絕緣嶺，看妖人並未追來，才行落下。先尋了僻靜之處，打開柬帖，一看柬帖所說，已不似第一封嚴厲。

　　原來笑和尚三劫將臨，所幸根行甚厚，並非不可避免。第一次到百蠻山陰風洞，如果守定時間，不預先前去探看，便不會先在洞穴中遇見辛辰子，無心中被金蟬破去他的五婬兜，辛辰子必在第二日早起用五婬兜將百萬金蠶惡蠱一網打盡。那時笑和尚、金蟬也按照時間趕到。金蠶蠱因綠袍老祖用精血妖法修煉，雖未煉成，已是息息相關，金蠶飛走，必然警覺，跟蹤追去。笑和尚、金蟬恰好乘虛而入，就由他坐處飛身到陰風洞底風穴之內，尋見文蛛，先用天遁鏡破去封鎖，再用飛劍，便可將它除去。

　　祇因一時過於小心，上來便錯了步數。後來又祇顧從辛辰子、唐石二人身上得點虛實。誰知他二人剛跟在辛、唐二人身後，飛走不多一會，綠袍老祖以為辛辰子祇能將金蠶引走，並不妨事，還不知他借有紅髮老祖的五婬兜，想給他一網打盡。仗著有法收回，自己又正當白眉針在身上按時作怪之際，不能歸竅，功虧一簣，便用第二元神緊隨辛、唐二人身後。一來笑和尚、金蟬隱身潛形，沒有被他發現；二來痛恨辛辰子切骨，情知他逗留不走，必是為了文蛛，不得已他和唐石一同入洞，自投羅網。

　　及見唐石雖學辛辰子叛師，膽子卻不大，並不敢去。知道辛辰子祇要一入洞，便難逃走。卻不願便宜了唐石，那辛辰子

一走開，先將唐石制住。這時眾妖人已用妖旛將金蠶招回。

綠袍老祖收了金蠶，將眾妖人一一囑咐佈置妥當，然後飛入陰風洞底，由外自內用妖法層層封鎖。到了洞底一看，辛辰子正在施為，想破他的妖網。綠袍老祖強忍怒氣，也不去驚動他，祇在暗中運用第二元神，附在文蛛身上，放出妖火，和他支持。挨到本身痛苦時間過去，才將元神歸竅，二次入洞，又發現正教中還有兩人，不知何時闖入，雖然年紀不大，本領卻甚高強。內中有一個手持一面鏡子，發出五色金光，已將文蛛制伏不動。

綠袍老祖一見大怒，先用妖法將辛辰子擒了。見笑和尚立得較近，便將玄牝珠運用元神幻化大手抓去。笑和尚的無形劍在同輩門人自煉的飛劍中自然數一數二，但到底年輕，功候未純，不是玄牝珠的敵手。見大手抓來，忙用飛劍抵敵，一照面，便被妖法污損，還了原質。那劍本是苦行頭陀採用西方太乙精英千錘百煉而成。還算笑和尚機警，連忙收住，劍雖失了效用，未曾脫手失去。

綠袍老祖擒住笑和尚，正往回收，預備擒入地穴，再擒金蟬，正遇金蟬手中寶鏡光芒，直往他臉上射來；手中笑和尚飛劍雖然被污，仍有一身本領，也在用力掙扎，元神不及分用。

66

祇因小覷敵人，不料天遁鏡如此厲害，險些吃了大虧。

綠袍老祖自經大劫，在玉影峰風穴寒泉中，已煉成不壞之身，功行祇差這一雙碧眼。見勢不佳，又驚又怒，祇得收回元神，護住雙目。手鬆處，笑和尚業已掙脫，被金蟬救去。還以為妖法嚴密，敵人已成釜底遊魂，縱然暫時僥倖，也決難逃出羅網。便用一手護著雙目，仍用妖法幻化元神，打算生擒享用。幾番衝起，都被金蟬天遁鏡、霹靂劍阻住。越發暴跳如雷，頓改了原來打算，將洞底風竅開放，想用陰飆惡颶，將兩個敵人吹化。更不料金蟬生具一雙慧眼，竟從妖雲毒霧中辨清門戶遁去。出穴之時，又將他碩果僅存的蠱母，用霹靂劍殺死。

那金蠱原是苗疆產生的一種毒蟲，在千百種惡蠱之中最為厲害，其性異常凶淫。雌的雖不如雄的厲害，但是繁殖之力極強，一雌常交百雄，始能產卵，每產千枚，見風即能化成小蠱。

綠袍老祖當初受毒龍尊者之託，趕往慈雲寺與正派為仇，所煉十萬金蠱惡蠱，一齊帶去，祇剩下四十九條衰弱蠱母，隨意棄置在陰風洞底隱祕之處，當時並未在意。及至在慈雲寺被極樂童子李靜虛將金蠱一齊刺死，遭劫回山，見那些蠱母竟未被辛辰子發現，祇是久未用生血飼養，都快僵死，便用丹藥生血，先行調養。

怎奈蠱母這東西秉天地極淫極戾之氣而生，久曠疾疲，體氣業已虧殘，僅僅可供生育，別的效能已失。其種又絕，更無法尋覓許多雄蠱配合。祇得另想妙法，在百蠻山西，陰毒污濕的天愁谷內，尋到許多天蠍代替雄蠱。

這天蠍也是一種極淫惡的毒蟲，形如常蠍，有翼能飛。經綠袍老祖尋到以後，先用毒藥餵養，符咒祭煉。三日之後，再給天蠍吃了自身生血，去與蠱母配合。一晝夜間，天蠍與蠱母交尾後，全被蠱母吃光，第三日便生下無數小蠱。

綠袍老祖嫌它力弱，知道天蠍在天愁谷專吃瘴嵐濕毒淫氣凝聚而生的一種金絲菌，便在陰風毒洞前崖，又開闢了千頃花田，移植毒菌，餵養金蠱，果然吃了更增體力。又因金蠱食量太大，一經放出，千頃花田似春蠶食葉般，頃刻淨盡，供不應求，又命門人尋找毒蟲毒蛇生血澆種。一方面用法術催長，當時雖然吃完，第二日又是千頃金波，恢復舊觀。放時四周用妖氣組成天幕罩住，防備周密。祇這次所生盡是公蠱，所以對這些衰老蠱母極為珍惜，打算等小蠱成長，再與蠱母配合，祇要產出母的，便可取之不盡。

不料這些蠱母封閉地方，正是一條出口祕徑，被金蟬無心

遁出，見有生人到來，如何不上前嚼咬，被金蟬霹靂劍光一繞，全數了帳。綠袍老祖豈不恨如切骨，死命追趕。追至中途，偏巧遇見對頭紅髮老祖的門人、長人洪長豹。他因和辛辰子交情深厚，當時有事不能分身。及至將法寶借與辛辰子，又後悔起來，恐自己法寶有什閃失，拚著冒險，瞞了紅髮老祖，盜了天魔化血神刀，藉著往絕緣嶺採藥為名，偷偷趕到百蠻山來。

他知辛辰子必在百蠻山左近尋覓地址，設下妖陣，以便運用五婬兜將金蠶引來，一網打盡。一路尋蹤追跡，尋到一處，見下面有一巖谷，藏風聚氣，地勢隱祕，離百蠻山主峰不過二百里左右，甚是合用。正心疑辛辰子在此施為，不由停了遁光，仔細留神一看，果然聞見五婬兜的氣味，忙即下來，找到辛辰子昨晚行法的洞穴。一進門便知五婬兜業已被人破去，又驚又怒，好生痛惜。再撿了現形魔兜及七根妖旛一看，不知被什麼東西啃咬粉碎？

兩樣至寶全都被毀，如何不恨。辛辰子又不見蹤跡，憤恨切骨，正要趕往百蠻山陰風洞去。忽聽頭上雷聲隱隱，夾著一陣破空之聲，一紅一紫兩道光華，如電閃星馳一般，由遠處空中打頭上飛過。暗想：「綠袍老祖妖法高強，這裡是他老巢，如何會有別派之人到此？」好生詫異！剛想借遁光飛起迎上前去看個動靜，身才起在空中，來人劍光迅速，已打他頭上飛出

好遠。

　　猛一抬頭，看見綠袍老祖發出萬點綠星，煙霧圍繞中，伸出烏爪一般的長臂大手，風捲殘雲般趕將過來。因為時間湊巧，便猜前面逃走的紅紫光華許是辛辰子請來的幫手，被綠袍老祖戰敗追來，已然快到面前。百忙中並未尋思邪正不能並立，峨嵋教下豈能與辛辰子一黨。心疼法寶，怒發千丈，仗著本領高強，學會身外化身，又有綠袍老祖剋星天魔化血刀在身，不問青紅皂白，劈頭迎上前去，厲聲喝道：「辛辰子何在？我的五婬兜是否被你所毀？」

　　綠袍老祖催動妖雲，正在追敵心急，忽見一片紅霞中現出一個身高丈許、相貌猙獰的赤身紅人，攔住去路，擋住妖火，已是不快。及聽來人發話，定睛一看，認得是辛辰子莫逆好友、紅髮老祖門人洪長豹，不由勃然大怒。兩下裡連話都未多說，就在空中爭鬥起來。一會工夫，後面手下妖人一齊追到，一片妖雲綠火，將洪長豹圍了個風雨不透。

　　洪長豹見人孤勢薄，寡不敵眾，長嘯一聲，將化血神刀放起。一道赤陰陰冷森森的光華才一飛出手去，滿天綠火星掃著一點，便如隕星紛紛下墜，近身妖人早死了好幾個，平空變成數段殘軀，落下地去。

　　綠袍老祖先見洪長豹放過笑和尚、金蟬，將他攔住，本想就下毒手，到底有些顧忌著來人的師父紅髮老祖。打算使洪長豹知難而退，自己好去追趕兩個逃走的肥羊。誰知洪長豹本領竟是不弱，一片紅霞，裏住了滿天綠火，絲毫不能前進一步，眼看先前兩個仇敵逃走已遠，已是咬牙切齒忿恨。及至洪長豹放起天魔化血神刀，一出手先破了妖雲綠火，死了四五個門人，不由怒從心上起，惡向膽邊生。

　　這時手下妖人正在紛紛敗逃，化血神刀劈面飛來。綠袍老祖把心一橫，一聲怪嘯，元神運化長臂，伸出簸箕般的大手，就近抓起一個門人，迎上前去。祇聽一聲慘呼，那道暗赤光華接著那人祇一繞，便斬成兩段。綠袍老祖更不怠慢，將手一指，一陣陰風吹處，從那門人血腔子裡冒出一股綠煙，將那暗赤光華繞住。兩半截殘軀並不下落，不住在空中飛舞，刀光過處，血雨翻飛，一霎時盡變殘肢碎骨。仍是隨著綠煙，與刀光糾結，兀自不退。雖然幾次被化血神刀衝散，怎奈那是妖人陰魂，受綠袍老祖妖法催動，隨聚隨散，緊緊圍住刀光不能上前。

　　洪長豹見綠袍老祖竟是這般殘忍，不惜犧牲門人生命，用小藏煉魂卻敵大法，將飛刀裏住，不由大吃一驚。正要另想別的妖法施為，對面一閃，綠袍老祖蹤跡不見。還未及仔細觀看，

忽覺眼前一團綠陰陰的光影罩向頭上，才暗道得一聲：「不好！」已被綠影裡綠袍老祖元神、玄牝珠幻化的大手抓個正著，頓覺奇痛徹骨。知道想要全身後退，已來不及，祇得咬緊鋼牙，厲聲喝道：「我與你這老妖今生今世，不死不休！」說罷，玄功內斂，怪嘯一聲，震破天靈，一點紅星一閃，身軀死在綠袍老祖手上，元神業已遁走。

綠袍老祖原因化血神刀厲害，自己此時回山不久，法寶未成，尚不能破，用一個門人去做替死鬼，糾住刀光，暗運玄功，擒到洪長豹，心中大喜。滿想擒回山去，用極惡毒的邪法消遣報仇，不想洪長豹竟學會紅髮老祖身外化身之法，將元神遁走。人未擒到，反與紅髮老祖結下血海深仇，將來平添一個勁敵，又驚又怒。再看化血神刀時，那刀究是靈物，主人一去，失了主持，竟也隨了飛去。

綠袍老祖未施解法，一任那千百殘骨碎肉，纏繞著化血神刀，電閃星馳，破空飛去，當時並未在意。祇想起今日蠶母被害，連連喪失許多法寶、門人，看看手上洪長豹屍身，越想越恨。猛地張開血盆大口，咬斷咽喉，就著頸腔，先將鮮血吸了一陣。算計那兩個敵人無法追尋，厲聲命將已死門人帶回山去享用。手持殘屍，一路叫囂嚼吃，駕起妖雲，回去拿辛辰子洩忿去了。

　　這一幕驚心慘劇，把手下一干妖人嚇得魂飛魄散。積威之下，雖不敢彼此商量，兔死狐悲，物傷其類。先見他用自己人去抵擋化血神刀，臨死還遭消魂碎骨之慘，邪教入門時，本有捨命全師誓言，還可說臨危救急，不得不爾。及見最初那幾個為他禦敵而死的同門，都要將屍身帶回山去嚼吃，未免觸目驚心，一個個都有了異圖。那不見機的十來個，還誠惶誠恐，奉命維謹地帶了那幾口死屍回去。見機一點的，彼此存心落後，覷一個便，紛紛逃走，即或被同類發現，俱有心照，誰也裝作不知。這一天工夫，綠袍老祖手下妖人，連死和逃叛，倒去了多一半，共祇剩下十來個膽子較小的妖人回轉。

　　洪長豹白白為了辛辰子犧牲一個肉身，又喪失了幾件法寶，元神回到山去，與他師兄姚開江相見。真是無獨有偶，一個喪了法體，一個壞了元神，好不傷心！

　　紅髮老祖見兩個傳衣缽的心愛門人俱都吃了大虧，對於怪叫化凌渾，自然早就懷恨結仇；對於綠袍老祖，也是當然不肯干休。不過他為人比較持重，不肯輕舉妄動，機會一到，自然會去代徒報仇。這且留為後敘。

第一一一回　窮搜巖澗　手揮劍氣晃銀河　直上蒼穹　足踏雲流行紫昊

　　且說笑和尚看罷苦行頭陀第二封柬帖，知道了一些失敗的大概，事尚未完，仍須努力。祇是飛劍被污，要復原狀，須待斬完妖物回山之後。柬帖上雖說金蟬現有雙劍，可以借用一口，就本來功行，向金蟬請教峨嵋劍訣及使用之法，便可應用。但是失去無形劍遁，隱不住身形，硬要冒險，再入虎口，豈不比初上百蠻山，還要難上十倍？一手拿著柬帖，望著這口被污了的飛劍，雖然晶瑩鋒利，不比凡鐵，但是靈氣已失，不能使用，前途危難正多，絲毫沒有把握，好不傷心！金蟬見他難過，再三勸慰說：「師伯故意使你為難，無非玉成於汝，雖蹈危機，終無凶險，憂急則甚？」

　　笑和尚含笑道：「我豈不知師父成心激勵我成人，我祇可惜這口飛劍，自從師父傳授到如今，沒有一天斷了修煉，也不知費了多少心血和工夫。柬帖上雖說異日成功回山，仍可祭煉還原，到底能如以前不能，並不知道。實不瞞師弟說，師父和許多前輩師伯叔，都道我宿根既厚，功行又好，年紀雖輕，因為師父苦心傳授，在小輩同門中，可算數一數二。不想一敗塗

74

地，若非師弟仗義相助，幾死妖人之手，豈不令人慚愧傷心！」

金蟬道：「勝負乃兵家常事，這有何妨？柬帖上教你我先覓地修養十餘日，將我的飛劍分一口給你，練習純熟。到了時候，祇須謹慎小心，仍有機緣成功。此時悔恨，有何用處？」

笑和尚也明知除了奮鬥成功，不能回山再修正果，祇得打起精神，照柬帖所言行事。他和金蟬俱是一般心理，不獲成功，不願再回凝碧崖去。見絕緣嶺風景甚好，可惜並無相當的洞穴可以打坐凝神，尋了幾處，不大合意。笑和尚猛想起莽蒼山藏有兩口長眉真人煉魔飛劍。其中一口叫作紫郢，現被李英瓊得去，連許多前輩劍仙的飛劍都不能及，尤其是不假修煉，便能出手神化。還有一口，尚未出世。那山巖洞幽奇，何不趕到那裡，一面借練霹靂劍，順便尋訪。即或自己與此劍無緣，也可先行默祝，暫借一用，將來再物還原主。如能到手，豈不比分用霹靂劍要強得多？

金蟬因李英瓊現正尋找余英男，不知已否找到，她為人甚好，又有神鵰，說不定她能背著靈雲，乘機助笑和尚一臂之力，聞言甚為贊同。二人打好了主意，離開絕緣嶺，直飛莽蒼山。笑和尚和金蟬飛到莽蒼山時業已深夜，先尋了一處樹林打坐，養神斂息。不久天明起身，看了看地勢，並不中意。重又飛身

空中，留神觀察適當地點。

笑和尚昔時雖曾路過，無奈此山面積太大，路徑不熟，飛了許多地方，一些朕兆都沒有。明知此山太大，要尋覓那口飛劍，無殊大海撈針。恐怕誤事，祇得落下，先尋了一個山洞存身，向金蟬借了一口雌劍，學了口訣用法。苦行頭陀所傳，與峨嵋劍法原是殊途同歸，當時便能使用。雖然霹靂劍不比尋常，初學難於駕馭，仗著笑和尚功夫本來精純，至多約有五七日，便可運用純熟，略放了一些寬心。決計先將此劍練習純熟，再去尋找那一口長眉真人遺藏的飛劍，能到手更妙，不能也不妨事。

金蟬終是喜事，因知英瓊縱然將人救回，還要來盜溫玉，決不會相遇不上。將劍法傳了笑和尚，便由他在洞中凝神修煉，獨自一人，離了山洞，到處尋找英瓊下落。

因昔日曾聽英瓊說，當初曾被一群馬熊、猿猩將她抬往一個大山洞內，那便是埋藏溫玉之所，祇須發現大群馬熊、猿猩，便不難跟蹤尋覓那座山洞。尤其那山洞，據母親飛劍傳書上說，裡面還有一個厲害妖人，正想獨吞那塊溫玉，必有形跡顯露，豈會尋找不見？

他不知走錯了方向，自己身在山南，昔日英瓊所住的山洞卻在山北一個環谷之中，外有密林掩覆，路徑甚是隱僻曲折，身經其地尚且不易發現，何況又是駕劍光在空中尋找，縱然一雙慧眼能辨毫芒，也難轉折透視，一直尋到天黑，毫無蹤影。順便採了些松仁果實，摘了一個乾葫蘆，用劍掏空，裝了一葫蘆山泉，回洞與笑和尚同吃。

第二日一早，又去尋找。似這樣尋了三四日，俱未尋見。猛想起英瓊盜溫玉並非易事，預計還得好些時日，經過多少麻煩，才能到手。漫說她用紫郢劍和妖人爭鬥，不會不露形跡，就是那一鵰一猿，俱是龐然大物，焉有不見蹤跡之理？定是日裡潛伏，夜晚才去動手，也說不定。想到這裡，決定晚間再去尋找。

這日晚間，恰巧笑和尚已將霹靂劍運練純熟，二人約好一同尋找，由黃昏時分，直找到半夜，猛見西北方遠處有一道銀光，疾如流星，直往正北山凹裡飛投下去。笑和尚見那劍光非比尋常，雖看不出是何派中人，決非異教所有，好生驚奇。急忙同駕劍光，跟蹤飛去，落地一看，竟是一處廣崖，下臨清流，崇岡環抱，稀稀落落地生著數十棵大楠樹，古幹撐天，濃陰匝地，月明如水，光影浮動，時有三四飛鶴歸巢，鳴聲唳天，越顯景物幽靜。

　　遍尋那道銀光下落，已無蹤跡。又等了一會，並不見他二次飛起，心中好生納悶。猜他不曾去遠，必在附近巖穴之中隱身。雖然事不關己，因見那道銀光正而不邪，不是同門，也是同道之士。此山早有妖人盤踞，如是一向在此潛修，必難兩立；要是新從別處趕來，必有所為。惺惺相惜，總想尋出一個下落，與那人見上一面，看看到底何許人也？

　　找來找去，找著一個山洞，甚是寬敞潔淨，連外面風景都比前幾日所居要強得多。便決定移居在此，就便尋訪那道銀光的下落。商議既定，同出洞外，飛身上空，四外觀察。這時朗月疏星，猶自隱現雲際，東方已現了魚肚色。一會日出天明，四圍山色蒼翠如染，遠處高山尖上的積雪，與朝霞相映，變成濃紫，空山寂寂，到處都是靜盪盪的。

　　二人飛行巡視了一陣，那道銀光還是神龍見首，不再出現。最奇怪的是，連尋了好幾天，竟沒一處似英瓊當時所說的景致，雖有時也看見許多虎豹豺狼、野鹿黃羊之類的野獸，獨沒遇見過一猩一熊。

　　金蟬暗自奇怪。末後採了些山果，取了些清泉，回轉洞中，才看出洞外巖壁苔蘚中，還隱隱現有「奧區仙府」四個古篆。

入洞細看,那洞坐東朝西,沒有出路,四壁鐘乳纓絡下垂,宛如珠簾。雖甚整潔廣大,除了洞外景物幽秀外,並無什麼奇特之處,顯然與洞壁所題不符。當時也未在意,一同坐下,互相談說。笑和尚道:「想不到昨晚看得那般仔細,相隔又不甚遠,那道銀光竟未發現,我近來真是越修越往後退了。」

金蟬道:「誰說不是?李英瓊師妹明明在此山中,我前後尋了這幾日,連個影子都未找見,真是古怪。我們還是先找師祖遺藏的那口寶劍吧。」

笑和尚道:「人都尋找不見,那口寶劍,外面必有法術符籙封鎖,更是可遇而不可求了,適才我在空中,見此山有許多地方甚是靈奇幽奧,還有極隱祕之處。莫看我們穴中尋找,一目了然,反到難於發現。離往百蠻山去,還有好多天,我借你飛劍已能應用,閒著也是閒著,莫如從今日起,我們實事求是,窮幽探奧,步行尋找那藏溫玉的古洞。想和凝碧崖一般,別有洞天,就連那口寶劍,也會在無心中發現,都說不定!」

金蟬聞言,猛想起道:「我們初出來時,家母來書曾說,余英男失陷在山陰一個風穴之內。李師妹如去過,必有些蹤跡可尋。連日都以為英男妹已被李師妹救出,祇注意那藏溫玉的古洞,竟未想到風穴。

「莽蒼山雖是李師妹舊遊之所，你想她當時並未成道，是由猩、熊將她抬到那裡，後來又走了好多天，才遇見我們同返峨嵋，沿途路徑，如何記憶得真？她有鵰、猿引導，自然容易尋到。我們僅憑這想像情形，來時我又不曾想到這裡來，祇知在山南一面尋找。這山有千百里方圓，無怪乎難於找到了。至於那口寶劍，據說不久三英相見，縱不能為你所得，也該是出世之時了。我們再往山陰一帶看看，祇須尋到那風穴，總可尋著一點跡兆。你看如何？」

笑和尚聞言稱是，二人一同起身出洞，先端詳了一下方向，捨卻明顯之處，專往狹窄幽僻的崖徑尋找。且行且說，所談盡是以前舊事和英瓊得劍經過。

剛走到昨晚降落之地，金蟬的眼尖，看見北山密林掩覆中，後面廣崖中間，似有一條尺許寬的狹縫，從叢樹隙裡望過去，彷彿看見裡面花樹籬蘿，交相披拂。不由動了好奇之想，拉了笑和尚，逕往密林裡走了過去。近前一看，那片峻險高崖，依然一片完整，並無縫隙。若在別人，必然回去。金蟬自信不會錯看，猛一轉身，忽然大悟，回頭笑道：「在這裡了！」

原來剛才站處是一片山坡，由坡上到坡下，少說也有二十

來丈。那些密林俱是多年古木，合抱參天，雖是上下叢生，因為生得太密，將地形遮住，遠看斜平，似無高低。那巖縫生在半崖腰間，二人談笑忘形，所以一時蒙住。及至回看來路，上下相去甚高，舉頭一望，才看出危崖撐天，中腰裂開一條十來丈長的窄縫，寬處不過一尺，上下俱被藤蘿矮松遮掩，祇剛才所見之處，略微稀疏。

飛身上了隙口，往裡一看，竟是一個極黝深曲窄的巖孔，斜坡向下，形勢奇險，猿揉都難飛渡。盡頭處似見天光，照見花影閃動，知有奇境。二人因不能並肩而行，駕著劍光一前一後，順斜坡往下飛走。到了有天光處一看，祇是一個天窗，直達崖頂，中通一線，並沒有什麼奇境，不禁有些失望。

笑和尚正想招呼金蟬回去，金蟬仍不死心，答道：「當初我們在峨嵋開闢凝碧崖時，也是走到盡頭，是一個突出的孤崖，上極青冥，下臨無地，幽暗逼窄，毫無意思。若非李英瓊師妹去過，又有神鵰領路，也不會發現仙府奇景。反正沒事，別處找也是一樣，這巖孔生得太古怪，總要尋個水落石出，我才死心。」

正說之間，忽見左側一個稍寬的所在，壁上藤蔓中似有銀光閃閃。笑和尚忙拉了金蟬一把，悄悄飛身過去。金蟬早已看

出一些跡象，猛伸手將壁上藤蔓揭起，現出一個極窄小的洞口。一個秀眉虎目、隆準豐額的白衣少年，長身玉立，英姿颯爽，滿臉笑容，站在那裡。二人未及發言，那少年已開口問道：「二位敢莫是峨嵋同道麼？」

二人見那少年一臉正氣，雖不認識，知非異教中人，甚是心喜。金蟬忍不住先答道：「正是峨嵋掌教之子齊金蟬。這位是東海三仙、苦行禪師門下弟子笑和尚。道友何以知我二人來歷？」

那少年聞言，慌忙下拜道：「原來是二位師兄。小弟乃是太湖西洞庭山妙真觀方丈嚴師婆的姪孫，賤名嚴人英，新近拜在峨嵋醉道人門下。奉師尊之命，來此等候一人。」說時，臉上微微一紅，略頓了一頓，又說道：

「那人該要明日才來，祕助她得一口長眉真人遺留的青索劍。到手以後，再和她一同去助剛才二位師兄所說的李英瓊師姊，同盜溫玉。來時師父曾說，妖人厲害，就是明日那二位師姊同來，借紫郢、青索二劍之力，也不過將他逐走，並不能就此除去。小弟道淺才疏，吩咐到此覓地潛伏，不可妄動。那晚小弟也曾冒險到北山一探，果然妖人佈置嚴密，難以下手。彼時曾見月光下一團紫光，護著一隻大黑鵰往東飛去。小弟劍光

在黑夜中極為顯目，也幸妖人祇顧追趕那道紫光，不曾發現小弟，不敢逗留，就回來了。」

笑和尚一聽是長眉真人同輩的劍仙、碧雯仙子嚴師婆的姪孫，又是醉道人新收弟子，同門一家，越發欣喜，忙著還禮。聽完答道：「昨晚銀光，竟是你麼？真正門下無虛。我二人找了一夜，也未發現，不想無心相遇，真妙極了！」

金蟬也喜得不住拍手。人英謙道：「二位師兄大誇獎。我日前到此，無心中尋見這座洞府，裡面奇景甚多，外人且難發現呢。今早還探出一條甬道，直通妖人洞旁一個古樹穴內，明日盜玉，甚是有用。剛剛將這條路打通回來，行至此間，看見洞外漏進天光，才知這裡還有這麼一個小洞。

「正在尋視，忽聽見二位師兄說話聲音。我知這裡是一個夾巖壁，下面有一凹窟，潛伏著千百馬熊，甚是兇猛，除了奇人異士，常人絕難到此。因不知就裡，伏在一旁靜聽。後來聽清是自己人，正想用劍斬去藤蔓，出來相見，不想已被二位師兄發現。二位師兄想必也是為了盜玉之事而來，正好合力進行。請到裡面看看，如果合意，大家同住此間，豈不有趣！」

金蟬正要答言，笑和尚道：「話說起來太長，我們入洞再

83

詳談吧。」人英聞言，舉手揖客。二人進洞一看，那洞口也是一個天然生就的巖隙，僅有數尺寬的一塊大石可以容足，裡面甚是幽暗。石盡處直落千尋，祇底層隱隱見有光亮，彷彿甚是寬敞。

人英已駕起銀光在前引導，劍光照見兩面壁上，盡是碧油油的薜蘿香草，萬綠叢中，時見嫣紅數點，越顯幽豔。也不知是什麼奇花異草，撲鼻清香，中人欲醉。祇可惜生在這種幽暗深邃，不透天光的巖洞以內，清標獨秀，終古孤芳，不能供人賞玩罷了。

劍光迅速，轉眼到達地面，才將那段千尋高下的巖洞走完，豁然開朗，現出一座洞府。落腳處是一同廣大石室，洞壁如玉，當中一座黑石丹爐，雲床石鼓，設備齊全。石壁上懸嵌著栲栳大一團銀光，照在四壁透明鐘乳上面，真個是金庭玉柱，錦屏珠纓，五色迷離，莊嚴華美。

人英先領二人巡視大小石室，共有二十餘間，每間俱有剛才所見的銀光，大小不同，因室而異。及至到了洞外一看，正門是個方形，高有兩丈，上面有「清虛奧區人間第十七洞天」十一個古篆字。洞門外仍被山石覆住，地平若抵。又走出去有十餘丈遠近，忽見清波阻路，噴珠飛雪，奔流浩浩。兩面俱是

萬丈峭壁，排天直上，中腰被雲層隔斷青旻，偶從閒雲捲舒中，窺見一點點天日。陽光從雲縫裡射入碧淵，宛如數十條銀線，筆直如矢，隨雲隱沒，時有時無。奇境當前，引得金蟬、笑和尚不住口地稱讚。

原來那洞深藏絕壑凹巖之內，又有藤蔓薜蘿隱蔽。兩道峭壁，亙古雲封，上出重霄，下臨無地，奇險峻削，不可落腳。如非素知其處，縱使來人是個劍仙異人，能夠降落澗底，踏波而行，不到洞口，也難發現。果然不愧是人間洞天，奧區福地。

三人觀賞一陣，重又回身入內。金蟬忍不住問道：「看這洞府題額和設備，自然是往昔仙靈的窟宅，用不著說了。難道各石室壁上光明，也是前人遺留的奇蹟麼？」

人英請二人在就近一間石室內坐下，答道：「此洞是哪位高人修真之所，因是初來，又從未聽人說起，還不知底細。至於室內光明，乃是小弟當年在東洞庭採來螢火煉成的小玩意兒，共是二十八個。此洞什麼都好，祇是黑暗異常，是個缺點。恰巧所有石室也是二十八間，一時高興，將它安上，倒也合用。

「小弟自從先祖姑同了我師姊姜雪君路見不平，從黃山五雲步萬妙仙姑許飛娘手內救回小師妹廉紅藥之後，祇傳了不到

一年的道法，便值功行圓滿，將衣缽傳與了姜師姊，吩咐她帶著廉師妹，仍在東洞庭修煉，靜候三次峨嵋鬥劍，前去相助，以應劫數。因先祖姑得意弟子、先母天聾老女早已遇劫兵解，大仇未報，小弟自幼留養觀中，雖承先祖姑賜了這一口銀河劍，但是根行太淺，先祖姑飛昇以後，無人教誨。若從姜師姊學習、又因男女有別，恐遭敵派物議，好生為難。恰值家師醉道人至洞庭登門拜訪，談起許多前後因果，先祖姑才想起當初教祖長眉真人遺言，命小弟拜在家師門下，從此歸入峨嵋。

「不久先祖姑圓寂，肉身坐化。小弟拜別遺容，辭了師姊師妹，逕往成都碧筠庵。在武侯祠門首，遇見家師，說奉了掌教師尊之命，命小弟到莽蒼山相助李英瓊師姊，共敵妖人，同盜溫玉。又交代了一些話和一封柬帖，外面註明相遇和下手時日；小弟性急，又因此山甚大，不知妖人藏於何所，想先來看個動靜。自來此山，差不多已有一月光景。

「初來數日，一心到處尋找妖人蹤跡。那日行至洞外懸崖之上，見下面雲霧甚濃，以為是個無底深壑，並未在意。忽見遠處疾如閃電，飛來一道光華，直投壑底，看出無人駕馭，是個寶物，急忙跟蹤追去。穿過雲層，追到下面巖凹，才看出這裡有這麼一個洞府。小弟因為洞太幽祕，必有仙靈潛伏，那道寶光定是洞中人在操縱發收，雖然不似邪教之人所有，不知虛

實深淺，也未敢深入。多次裝作叩門試探，終不見洞中有何回應。後來冒昧闖入，直將全洞走完，不見一人。細查洞中情形，知道洞中主人離去已久。因為先時慎重，耽擱了半日，那寶光已不知去向。

「此地既無人住，我便以洞主人自居，各室都安了螢光，每日除用功外，滿洞搜尋那道寶光下落，至今沒有再發現它。前日開視柬帖，知道李師姊同了一位周師姊，明日要來，盜玉在即，對那寶光仍不死心。全洞都好似一塊整石生成，勢難一一發掘。猜它必藏在洞中隱祕所在，有寶之處，終有跡象可尋，又窮搜了一陣，仍未搜著。

「下午出洞閒遊，聽見怪獸慘叫。向山北低窪之處一看，見兩個道童正用妖法驅逐七八隻大馬熊，往北面崖上走去。我因馬熊並非善獸，未去理他。猛想起此山向無人跡，這兩個道童滿身妖氣，定是妖人爪牙。悄悄跟他們走到北山崖後一個彎曲山環之內，果然發現柬帖上所說的大洞。又從那兩道童口中，得知日前已有一個女子來盜溫玉，他師父幾乎吃了大虧，更知是妖人無疑。

「那妖人想是有了戒心，洞外煙雲環繞，似有邪寶籠罩。因見妖法厲害，恐被覺察，當即回轉。昨日晚間又去，剛才已

曾說過。今早無事，又在洞中尋找寶物，無意發現後洞深處巖窗內，籐蘿蔭覆中有一極窄小徑。循徑而入，越走越深，竟通到妖人所居洞外的一株古樹腹內。如從此徑前去盜玉，可以避去外洞邪法，不致被妖人覺察。回來便遇見二位師兄了。」

笑和尚、金蟬聽完人英之言，也將經過細說了一遍。人英道：「原來二位師兄另有使命。且喜時日還寬，盜玉就在明後兩日，功成之後，如不嫌我功力淺薄，小弟情願追附驥尾，勉效微勞，如何？」

笑和尚聞言，連忙稱謝。又向人英道：「適才師弟說，明日先助一位道友去得那口長眉真人遺留的青索劍，後來又提起周、李二位師妹，那得劍的人，想便是周師妹了。既然此劍仗師弟相助才能到手，醉師叔必將藏劍之所與下手之法，先行示知。我同蟬弟日前在百蠻山失敗，也曾有借劍一用妄想。現在知道物各有主，未便妄借，頗願一聞究竟，可能說否？」

人英聞言，臉上又是一紅，微現忸怩之色，答道：「若論此劍，原與李師姊所得紫郢功用大同小異，衹是取時比較紫郢要難得多。地方也離此不遠，並非小弟不肯明言，實因其中尚有難言之隱，不久自知。倒是我以前所見那道光華，不是異寶，定是極好的飛劍，遍尋無著。並非小弟心貪，既經發現，或許

有緣，此時畏難放棄，異日落入外人之手，豈不可惜？何不我們三人一同加細搜尋，僥倖得到手中，豈非快事？」

笑和尚一見人英，便看出他語言純摯，胸襟兀爽，不愧峨嵋門下之士，心中甚是敬愛。及見他兩次提到得劍之人，都是面紅遲疑，末後又拿先時發現的那道光華岔開，情知內中必有隱情。等他說完，見金蟬還要追問，便使了個眼色，止住金蟬道：「嚴師弟之言極是，我們先助他尋那寶物吧！」

人英也知笑和尚看出他適才語意矜持，怎奈自己平素那般豁達，竟不好意思將原意說出，祇得含糊答應道：「這洞門比裡面矮得多。那日追趕寶光，追到洞口，彷彿見它入洞，往上斜穿進去，及至在洞外耽誤了一會，便不見蹤跡。忖度當時情形，不像飛入地內。這洞甚高，又有許多複壁甬道，死巖窗到處都是，雖然被我連日搜尋，祇恐還有遺漏之處。所以我想借二位師兄法眼，仔細搜查，或者發現，也未可知！」

說到這裡，金蟬忽然靈機一動，插口問道：「你說那道寶光，可是顏色金黃，雜有烏光，飛時光芒閃爍，變幻不定的麼？」人英詫道：「那光華正和師兄所說一樣，怎便知曉？」

第一一二回　萬蹄揚塵　鐵羽紅裳驅獸陣　孤身犯險　靈藥異寶返仙魂

金蟬又問明發現時日，拍手笑道：「恭喜師兄！這寶劍定是峨嵋凝碧崖青井穴七口飛劍當中的玄龜劍，而且這劍終究歸你所得無疑了。」

人英聽了金蟬之言，忙問何故。金蟬便將青井穴封鎖，被靈猿無心污穢，又該是七修劍出世之時，彼時眾人俱在青螺未歸，被它遁走了一口。後來問起芷仙，所說劍光與人英所說相似，以及妙一夫人柬帖之言，一一說出。

笑和尚道：「若論那七修劍中的青蛇劍，收時頗為容易。後來我和大師姊入穴，去收其餘五口，卻是那般繁雜。祇不知這口如何？要和那五口一樣，我們三人不定能不能收呢。且不管它，這劍原為三次峨嵋鬥劍破妖人五毒之用，不能缺少，既經發現，關係重大，現在就去找吧。」說罷，仍由人英領路，把全洞極隱祕之處，一齊又找了一遍，然後再互相分頭搜尋。

別人不說，如有寶光，須瞞不過金蟬慧眼，結果仍是一無

所獲。既知是七修劍中之一，三人哪肯死心，直找到第二日清早，恐怕英瓊等要來，彼此相左，才廢然停手，一同出洞。由笑和尚和嚴人英在洞前守候，著金蟬順她二人來路，飛身迎上前去。

到巳末午初，果然英瓊同了輕雲並駕神鵰，摩空穿雲而來。金蟬早在空中等候，連忙上前招呼。彼此都不及談話，由金蟬引導，到了洞前，停鵰下地，任神鵰自行飛去。見著笑和尚與人英，大家敘禮之後，一同入內落座。

金蟬想起袁星，不由衝口問道：「大師妹，你不是將袁星也帶來了麼？牠呢？」英瓊說道：「再也休提，連我都幾乎吃了大虧，牠至今死活還不能定呢。」輕雲笑道：「你兩個說話，總是這般性急，像這般沒頭沒腦的問答，別人怎會清楚？蟬弟你祇靜聽，由她從頭說吧。」說時，無意中與人英目光相對，二人都覺心中有什麼感覺，彼此都把臉一歪，避將過去。這裡英瓊也將救余英男，涉險盜玉之事說出。

原來英瓊那日讀罷妙一夫人飛劍傳書，允許她獨往莽蒼山救回英男，為友血誠，早已關心。又加入門未久，師尊竟許以這般重任，不由喜出望外。急匆匆辭別了凝碧崖諸同門，獨自帶了一鵰一猿，星馳電掣般直往莽蒼山趕去。

　　英瓊自到峨嵋，一向隨著眾同門在凝碧崖修煉，從未單身
騎鵰長行。上次與若蘭騎鵰同飛青螺，去時興高采烈，互相談
笑，並未留神下面景致。兩次中毒大敗，鎩羽而歸，又是紫玲
用彌塵旛護送，迷惘中更談不到觀賞。想起前情，時常氣悶。
難得有這種機會，又在連日功行精進之餘，大可一試身手，心
中好不痛快！

　　身在鵰背上穿雲御風，憑臨下界，經行之處，俱是崇山大
川，一些重岡連嶺，宛如波濤起伏，直往身後飛也似地退去。
有時穿入雲層，身外密雲，被鵰翼撞破，緩魂氤氳，滾滾飛揚，
成團成絮，隨手可捉。偶然遊戲，入握輕虛，玉纖展處，似有
痕縷，轉眼又復化去，衹餘涼潤。及至飛出雲外，邀翔青冥，
晴輝麗空，一碧無際，城郭山川，悉在眼底，蟻垤勾流，彷彿
相似，頓覺神與天會，胸襟壯闊。迎著劈面天風，越飛越高興，
嬌叱一聲：「佛奴帶了袁星前走，看我追你。」一言甫畢，早
已超出鵰背，身劍合一，紫虹貫日，疾如星飛。

　　神鵰見主人高興，益發賣弄精神，倏地束攏雙翼，如彈丸
脫手，往下墜落。離地數十丈，倏又振羽高騫，破空直上。一
路閃展騰挪，風舞龍翔，往前疾飛。英瓊秉著峨嵋真傳，紫郢
名劍，也衹能追個平手。衹苦了袁星，用兩條長臂，緊抱神鵰

翅根，不住口怪叫：「主人快些上來，袁星要跌死了！」

　　英瓊明知神鵰故使促狹，不由又好氣，又好笑。後來確見神鵰翻騰震動，太過激烈，袁星嚇得連眼都不敢睜開，於心不忍，罵得一聲：「蠢東西，膽子這麼小！」一言未了，收劍光重上鵰背。

　　神鵰見主人上騎，闊翼展處，又復平如順水行舟。祇見腳下山川，倒著飛退，鐵羽凌風，僅剩鵰頂柔毛微微顫動，穩速非凡。袁星才止了喘息。英瓊還盡自說牠沒有勇氣，將來怎能和人交手？袁星哪敢還言，祇拿眼偷覷前面，忽對英瓊道：「前面莽蒼山到了！」

　　神鵰聞言，回望英瓊。英瓊便照柬上所指道路，吩咐：「先莫驚動妖人，快往山陰飛去！」神鵰點了點頭，又往上升高了百十丈，照舊飛行。袁星見主人沒有了慍意，才敢恣意說話，不住口指給英瓊，何處是昔日舊遊所經，前面不遠，便是那斬妖所在。

　　飛行迅速，談笑中不覺飛過莽蒼山陽，漸及山陰。忽聽尖厲之聲，起自山後，恍如萬竅呼號，狂濤澎湃。隱隱看見前面愁雲漠漠，慘霧霏霏，時覺尖風刺骨，寒氣侵人。英瓊駕著神

鵰，便往陰雲之中飛去。憑著自己與神鵰兩雙神目，仔細尋找那寒晶洞坐落何處。

在陰雲中飛行了一會，忽聽神鵰長嘯一聲，倏地左翼微偏，一個轉側，斜飛上去。英瓊情知有異，連忙定睛下視，祇見下面愁雲籠罩中，隱隱現出一座懸崖。崖根凹處，旋起一陣陰風，風中一股股黑氣，似開了鍋的沸水一般，骨嘟嘟湧沫噴潮，正往鵰腳下冒起。

神鵰想是知道厲害，剛將身側轉避過，那旋風已捲起萬千片黑影，沖霄而上，飛起半空，微一激盪，便發出一種極尖銳淒厲的怪聲。倏地分散，化成千百股風柱，分捲起滿天黑點，往四面分散開去。

英瓊在鵰背上微微被風中黑點掃了一片在臉上，覺著奇冷刺骨，機伶伶打了個寒顫。取下一看，色如墨晶，形同花瓣，薄比蟬翼，似雪非雪，雖然觸手消融，微覺冰痛麻木，情知崍上黑霜定是此物。再看神鵰、袁星，均各自著了幾點，袁星固是喊冷不置，連那神鵰也不住抖翎長鳴，片刻方止，不由暗自心驚。

霎時間怪聲漸遠，風勢漸小，下面景物略可辨認，才看出

那崖背倚山陰，色黑如漆，窮幽極暗，寸草不生。崖根有一個百十丈方圓的深洞，滾滾翻翻，直冒黑氣，彷彿巨獅蹲坐，怪獸負隅，闊吻怒張，欲吞天日，形勢險惡，令人目眩。正要下去看個仔細，忽聽巨洞中怪聲又起。神鵰早有防備，不等旋風黑霜從穴中捲起，首先沖霄直上。這次飛得較高，祇見鵰足下千百根風柱中墨青翻騰，飛花四濺，怪聲囂號，萬壑齊吼，較先前聲勢還要來得駭人！

英瓊雖在風的上面，有時鵰翼被風頭掃著一下，竟覺鐵羽鋼翎都有些抵禦不住，知道厲害。等二次旋風吹散，重又衝霾下視，才及穴口，三次旋風又起。似這樣循環上下，飛行了十來次，以英瓊神鵰的本領，竟無法在下面落腳，休說再想入穴救人。

英瓊好不著急。神鵰被狂風激盪了一陣，倒不怎樣。袁星已有些禁受不住，因為適才在鵰背上被英瓊數說過幾句，不敢現出畏難之色，雖在強自支持，上下牙齒卻不住在那裡打戰。英瓊暗想：「這也難怪，牠不過是一個畜類，通靈未久，怎比神鵰受過真傳，道行深厚。柬上原說趁寒風出穴之際，才能入穴救人。看風勢一次比一次激烈，想必還早。何不命神鵰領去尋找袁星的子孫和那些馬熊下落，以備再來盜玉之用？」想到這裡，便將心意對神鵰、袁星說了，又吩咐謹慎小心，休要惹

事淘氣。袁星聞言，正是求之不得，騎著神鵰，領命自去，不提。

英瓊索性飛身上空靜候，直等到正午時分，風勢才漸漸減小。救人心急，不顧寒冷，決計用彌塵幡和劍光護體，冒險衝入。主意打定，恰好旋風黑霜漸漸停歇，衹穴口還有黑氣，似洞中山泉微微起伏翻滾。英瓊先不使彌塵幡，身與劍合成一道紫虹，從天下注，直往洞內穿去。

飛臨洞口，覺著那洞口黑氣竟似千萬斤阻力，攔住去路。畢竟紫郢劍不比尋常，被英瓊嬌叱一聲，運用玄功，衝破千層黑青氛圍。入洞一看，紫光影裡，照見洞口內衹有不到五六尺寬的石地，日受霜虐風殘，滿洞石頭都似水蝕蟲穿，切銼鑱削，紛如刃齒。

過去這數尺地面，便是一個廣有百尋的無底深穴，黑氛冥冥，奇寒凜冽，鑑人毛髮。這還是寒颷業已出盡之時，連英瓊這般身具仙根仙骨，多服靈藥靈丹，已有半仙之體，都覺禁受不住，不敢怠慢，便將彌塵幡展開護身。再看英男，哪有蹤跡。心想：「柬上原說她被妖道所算，入穴便倒。如今不見在此，萬一陷入無底深穴之內，怎生下去尋找？」

　　正在傷心焦急，忽聽穴底隱隱又起異聲，洞外怪嘯也彷彿由遠而近，遙相呼應。暗喊：「不好！倘如狂風歸洞，與霜霾出穴，兩下夾攻，萬一這旛不能支持，豈不連自己也葬身穴內？」又因柬上指定今日，時機稍縱即逝，想起英男，不忍就去，徘徊瞻顧，好不驚惶失措。口中連喊英男，毫無應聲，反覺穴底風吼雷鳴，越來越緊。紫光影裡，眼看穴內黑氛越聚越濃，冷得渾身直打抖戰，危機轉瞬將臨。心想：「今日不將英男救出，休說對不起死者，屢次出山失敗，有何面目去見凝碧同門？」不由把心一橫，咬緊銀牙，準備駕劍光冒奇險，到穴底探看一番。

　　英瓊身臨穴口，還未下入，忽見一絲黃光，在洞壁上閃了一閃。回身一看，洞口黑氛聚處，隱隱見有一道黃光退去。猛一眼瞥見洞口左近地面上，似有一個四五尺長短的東西隆起，通體俱被黑霜遮沒，祇一頭微微露出一塊白色。定睛一看，不由心中大喜，如獲至寶，飛上前去，抱了起來，立覺透體冰寒，身體麻木。同時穴內異聲大作，黑氛已經衝起。知道危機一髮，不敢絲毫怠慢，也不暇再顧身上寒冷，戰兢兢捨死忘生，駕起劍光，從洞口千層黑氛中破空飛起。

　　身才離地不過數十丈高下，忽見一道黃光直從對面飛來。英瓊懷中抱著一人，渾身冷戰，正愁無法抵禦，忽然又見一團

黑影翩然下投。英瓊仗著紫郢劍剛剛讓開，耳聽一聲慘叫，兩道光華同時閃處，那黃光如隕星墜落，落下地去。回頭一看，那團黑影正是袁星騎著神鵰，舞著兩口長劍，發出兩道光華，已將敵人擊落。

英瓊因為救人要緊，自己雖有盾、劍護身，仍恐閃失，忙喊：「你們快來！」神鵰聞聲回飛，英瓊在彩雲擁護之中，命往山陽飛去。行未片刻，後面狂風大作，黑青遮天，又是剛才陰慘氣象。不一會，飛過山陰，尋了一個有陽光之處落下。一看自己周身，業已濕透。再看懷中英男，全身僵硬，玄冰數寸，包沒全身，祇微微露出一些口鼻。不由一陣心酸，流下淚來。

她急於想將英男身上堅冰化去，看看胸前是否還溫。所幸山陰山陽，一冷一熱，宛如隔世，又值盛夏期中，陽光下不消片時，玄冰化盡，現出英男全身，面容如生。祇是顏色青白，雙目緊閉，上下牙關緊咬，通體僵直。解開濕衣一摸，果然前胸方寸雖不溫熱，卻也不似別處觸手冰涼。知還有救，先將身帶靈丹強撬開口塞了進去。問起袁星，知牠子孫和馬熊俱受妖尸之害，現藏在兩處幽巖夾層之內。

英瓊專注英男，不願將袁星帶來帶去，便命牠暫留莽蒼山，等自己救人回來，一同去盜溫玉。匆匆抱起英男，上了鵰背，

直往峨嵋飛回。到了凝碧崖落下，靈雲等見將英男救回，甚是心喜，連忙接入洞內。這時英男服了丹藥，一路上受了和風暖日，自腹以上，已不似先時寒冷，祇四肢手足還是冰涼。

靈雲對英瓊道：「不料瓊妹竟如此神速，將人救回，真是可喜。據我觀察，必有更生之望。不過她在玄晶洞，多受風霜之厄，已經凍得周身麻木，失去知覺，此時將她救回，五肢精血俱已成冰，必然痛苦非常。還是由瓊妹急速去將溫玉盜來，方可施救。適才飛雷洞趙師弟來說，你走後不久，便發現妖人痕跡，著我留意。事不宜遲，快去快回吧！」

英瓊聞言，急匆匆換了濕衣，又向靈雲要了幾粒丹藥，帶在身旁備用。見英男秀目緊閉，仍未醒轉，抱著滿腹熱望，二次別了眾人，駕起神鵰，直往莽蒼山飛去。飛到山麓，業已深夜，空山寂寂，四無人聲。英瓊在鵰背上藉著星月光輝，憑虛下視，四外都是靜盪盪的，除泉鳴樹響外，什麼動靜都沒有。暗想：「適才急於救回英男，沒顧得細問袁星，那些馬熊、猩猿藏在什麼地方，妖尸巢穴是否昔日洞府？」正想之間，已然飛到日裡救人所在。

按下神鵰，喊了幾聲袁星，神鵰也連作長鳴，俱都不見回音。暗罵：「蠢東西，日裡雖不曾明白吩咐，難道就不知我回

來，等在原處？」先在附近僻處找了一遍，仍未找著。二次上了鵰背，憑著神鵰一雙神目，仔細搜查，哪有些微蹤跡。觀看星色，已離天明不遠。一賭氣，命神鵰重又降下。唯恐離開後，袁星尋找不見，祇得仍在原處，候至明天，再作計較。

神鵰放下英瓊，便自飛走，祇剩英瓊一人，獨坐岩石旁邊。正在調息凝神之際，忽聽遠遠風吹樹梢，簌簌作響，聲音由遠而近。祇顧盤算盜玉之事，當時聽了，並未在意。一會工夫，忽覺一股冷氣吹到臉上，登時不由機伶伶打了個冷戰，毛髮根根欲豎。定睛一看，離身三尺以外，站定一個白東西，形如夠靈，長有尺許，似人非人，周身俱是白氣籠罩，冷霧森森，寒氣襲人，正緩緩往自己身前走來。

這黑夜空山之中，看了這種奇形怪狀的東西，英瓊雖是一身本領，乍見之下，也不免嚇了一跳。及至定睛注視，才看出那東西一張臉白如死灰，眉眼口鼻一片模糊，望著自己直噴冷氣，行起路來祇見身子緩緩前移，不見走動。英瓊猜是深山鬼魅之類，估量它未必有多大能為，一面暗中準備，且不下手，看看它玩些什麼花樣。見它前進一步，自己也往後退下一步。那東西也不急進，仍是跟定英瓊，緩緩往前移動。

似這樣一進一退，約有二十多步。英瓊猛想起袁星平素極

為靈敏，怎會今日不在此地相候，莫不是中了妖物暗算？不過袁星身佩雙劍，不比尋常，似這般蠢物，豈有不能抵禦之理，又覺不像。想到這裡，忽然頸後又是一股涼氣吹來。回頭一看，也是一個白東西，與先前所見一般無二，正在自己身後，相離不到二尺，一伸手便可將自己抱住。怪不得先前一個並不著急，祇是緩緩跟隨，原來是想將自己逼到一處，兩下夾攻。暗罵：「大膽妖物，你也不知我的厲害，竟敢暗算於我！」

說時遲，那時快，那兩個白東西倏地身上鏘鏘響了兩下，風起雲湧般圍了上來。英瓊早已防備，腳點處，先自將身縱開。正待將身旁飛劍放起，忽見那兩個白東西竟互相扭作一團，滾將起來。祇覺冷氣侵人，飛砂走石，合抱粗樹被它一碰就折，力量倒也著實驚人。有時滾離英瓊身旁不遠，竟好似不曾看見一般，仍在扭結不開。

英瓊好奇，便停了手，靜作旁觀，心中好生奇怪，祇不解這是什麼來歷用意。眼看東方已見曙色，這兩個白東西仍是滾作一團，不分勝負。英瓊不耐再看，手指處，紫郢劍化成一道紫虹，直朝那兩個白東西飛去。紫光影裡，祇見一團白影一晃，蹤跡不見，竟未看出是怎麼走的？

天光大亮，神鵰尚未飛回。先以為神鵰昨日原和袁星一路

去尋猩、熊，必見袁星不在，前去尋找。及至等了一會，鵰、猿兩無蹤跡，不免著起急來，將身飛起空中，四處瞭望。這時朝陽正漸漸升起，遠山凝紫，近嶺含青，晴空萬里，上下清明。惟獨北面山背後有數十丈方圓灰氣沉沉，彷彿下霧一般，氛圍中隱隱似有光影閃動。

英瓊年來功行精進，已能辨別出一些朕兆。情知袁星失蹤，昨晚又看見那兩個白色怪物，神鵰一去不歸，吉凶難測。附近一帶，縱非妖人窟穴，也非善地。那團灰霧，說不定便是妖人在弄玄虛。想到這裡，便往那有霧之處飛去。飛過北面山崖，往下一看，不由大吃一驚。原來下面是一個極隱祕的幽谷，由上到下，何止千尋。四圍古木森森，遮蔽天日。那霧遠望上去，還不甚濃；這時身臨切近，簡直是百十條尺許寬、數十丈長的黑氣在那裡盤繞飛舞。

隱隱看見袁星騎在鵰背上，舞動兩道劍光，在那裡左衝右突。神鵰飛到哪裡，黑氣也跟到哪裡，交組成一面黑網，將神鵰、袁星罩住。袁星兩道劍光有時雖然將黑氣揮斷，叵耐那黑氣竟似活的一般，隨散隨聚，剛被劍光衝散，重又凝成一條條黑色匹練，當頭罩到，休想脫出重圍。

英瓊見鵰、猿正在危急，心中大怒，不問青紅皂白，也未

看清對面妖人存身之所，嬌叱一聲：「袁星休急，我來救你！」一言未了，連人帶劍，直往黑氣叢中穿去。果然長眉真人煉魔之寶不比尋常，一道紫色匹練往黑氣影裡略一迴翔，便聽一陣鬼聲啾啾，漫天黑氛，都化作陰雲四散。英瓊心中大喜，精神勇氣為之一振。

袁星在鵰背上殺了半夜，已殺得力盡精疲，神魂顛倒，祇顧舞那兩道劍光，竟未看見主人到來，妖法已破，仍不停手。還是神鵰看見主人從空飛降，不住昂首長鳴，才將牠驚覺。同時英瓊也飛身上了鵰背，忙問妖人何在。袁星氣喘吁吁地答道：「是兩個鬼小孩，就在那旁岩石上面。」

英瓊手指劍光，護著全身，從袁星手指處一看，半崖腰上，有一塊突出險峻岩石，石上放著一個葫蘆，餘外什麼都沒有。不敢大意，先將劍光飛過去，祇一繞間，葫蘆裂成粉碎。近前觀察，並無什麼奇異之處。情知袁星適才祇顧迎敵，神智不清。又問神鵰，可知妖人去處。神鵰也搖頭表示不知。英瓊無法，默忖：「妖人知難而退，必在暗處弄鬼，自己現在明處，不可大意，還是暫時離去，問明了袁星經過，同妖窟所在再說。」

正要命神鵰飛走，袁星忙道：「主人慢走，牠們俱在下面巖洞中呢，我們走了，一個也休想活命，求主人開恩，救救命

103

吧。」說罷，張口朝下面長嘯了兩聲。不多一會，祇聽下面一陣雜沓之聲，震動山谷，塵土飛揚中，先高高矮矮縱出二三百個大小猩猿，後面跟隨著四五百隻馬熊，一個個朝著上面英瓊伏膝哀鳴，甚是依戀淒楚。英瓊想起前情，頗為感動，便向袁墾道：「昔日莽蒼山那些猩猿、馬熊俱盡於此麼？」

袁星眼淚汪汪答道：「牠們都被妖怪害了，剩的就祇這些。昨日袁星在兩處夾岩層裡將牠們找著，聽說主人前來，又可代牠們斬妖除害，歡喜非常。不料昨日以為主人走了再回來，還得好久時候，又去和牠們團聚，大意了一些，被妖人手下兩個鬼小孩看見，跟在袁星身後，引鬼入室，來捉牠們。袁星和他們打了半天，被他們用妖法全數趕到下面巖洞以內。祇袁星仗著兩口寶劍，雖吃他們困住，他們卻沒法近前。到了半夜，又被內中一個鬼小孩捉去十八隻馬熊和袁星的子孫，想必難免一死了。他們雖捉袁星不住，可是有那黑氣罩住，一刻也不能停手，祇要被黑氣挨上一點，立刻便倒。

「正在危急時候，遠遠聽見鬼叫，鬼小孩一聽，連忙收了黑氣，將洞封住就走了。袁星和牠們合力去推，也未推開，祇得拚命叫喊，祇盼主人聽見，趕來搭救。忽然洞口響了一下，聽見鋼羽在外叫喚，洞口石頭也被牠抓開。封洞的石頭並不大，不知先前怎會推牠不開。牠們初見鋼羽都害怕，不敢上前。正

想說明，喚牠們逃命，那兩個鬼小孩業已飛了回來，未容鋼羽飛起，先放出一條條的黑氣。鋼羽說主人已來，那黑氣是生魂煉成的妖法，牠也怕纏上走不脫。幸而這兩口劍不怕邪污，叫袁星快用劍光護著全身，祇要主人一來，便不妨事。

「那黑氣真是厲害，看似空的，劍斫上去，雖能將它斫散，卻是非常費力，剛剛斫散，又合攏成條。急得袁星一面拚命抵敵，一面高喊主人快來。後來鋼羽說，聲音被黑氣罩住，外面聽不見，除了主人自己尋來，祇有到危急之時，牠拚著再轉一劫，自己頂上煉的金丹，將它燒化飛去了。後來袁星實實支持不住，摧牠快燒。牠又捨不得，說主人定會尋來，實在危急再說。眼看氣力用盡，主人就尋來了。」

英瓊自經青螺兩次大難，比先前持重。明知敵人不戰而退，必有用意，現時處境，頗為危險。眼看著這麼多的猩、熊，憑自己一人，怎能護著退走？即使僥倖走出谷去，猩猿身輕矯健，長於縱躍，還可命牠們自行覓地潛藏。惟獨那些馬熊，俱是龐然大物，又蠢又重，走起路來，蹄聲震動山嶽，最易為人追蹤覺察。妖尸厲害，和那些猩、熊在一起，豈非給敵人一個絕好的標記？如果救出谷去，就丟開手不管，牠們仍是一樣，要葬送妖人之手，何必多此一舉？

好生遲疑不決，祇顧在鵰背上沉思。那些猩、熊竟一齊延頸哀鳴起來，袁星更是不住垂淚哀告。英瓊不由動了惻隱之心，暗想：「柬上原有藉助牠們之言，且做到那裡再說。」想罷，將神鵰降低飛行，命袁星手舞雙劍在前領路，自己在鵰背上壓隊護送。

那谷甚是幽僻曲折，連穿過了兩個巖洞，才得出險。且喜後面始終無人追趕，那些猩猿、馬熊，想都被嚇破了膽，出谷以後，祇顧隨著袁星攀援縱躍，穿林過嶺，飛也似地往前奔跑，頭都不回，祇攪得崖土滾滾飛揚，蹄聲動地。

英瓊駕鵰橫翼低飛，督率這些威猛無匹的獸隊，宛然中軍主將。鐵羽凌虛，英華絕世，寒虹在手，翠袖臨風，顧盼自豪。也不知經過了多少峻嶺崇岡，幽谷大壑，前路欲盡，忽見袁星領著猩、熊竟往一個密林之中穿去。林後碧嶂摩空，壁立萬丈，彷彿無路可通，神鵰已停飛不前。英瓊暗罵袁星：「蠢東西，適才經過許多隱僻之處，卻不藏躲，我當你有什麼好所在，卻跑到這樹林以內，人家就尋不見麼？」

正要呼喚袁星近前來問，祇見密林中一陣騷動過去，樹梢青葉起伏，宛如碧浪，耳聽獸蹄踏在殘葉上面，沙沙作響，與枝幹摩擦蕭蕭雜雜之聲，匯成一片。頃刻之間，風息樹靜，所

有猩、熊都沒了蹤影。英瓊心中奇怪，嬌叱一聲：「袁星何往？」身早離了鵰背，飛身穿林而入，密林盡頭，便是適才外面所見峭壁，一片渾成，並無洞穴，猩、熊一個不在。猛見袁星從一個藤蘿掩覆的崖縫中鑽了出來，英瓊喝問：「這裡是什麼所在？那些猩、熊何往？牠們既受妖尸之害，可知那妖穴在什麼地方麼？」

袁星答道：「這裡是個崖孔，裡面有一地穴，甚是廣大僻靜，自從那年袁星因採果子發現，還從沒有人來過。今日因為事在緊急，北山雖有幾處地方，都被那兩個鬼小孩搜遍，難以藏身，所以才帶了牠們來此潛伏。那妖尸巢穴，便是昔日主人斬完山魈所居的山洞。昨日主人走後，牠們已對袁星說了詳細，連主人昔日命牠們留神尋找的寶貝，也被妖尸得去。說起來話長，妖尸向來不出洞，那兩個鬼小孩卻要防他們跟蹤尋來。待袁星去對鋼羽囑咐兩句，請牠在妖穴附近空中巡視防備，再請主人到地穴裡詳說如何？」

英瓊聞言，點了點頭。袁星便去囑咐好了神鵰，回至崖前，將危崖根際一盤百數十年古藤揭起，請英瓊入內。英瓊見那入口處是四五尺方圓的一個洞穴，黑影中彷彿祇有兩丈四五尺深便到了盡頭。壁上盡是苔蘚，觸手濕潤。山石錯落高下，甚是難行，不似有多大容積。入內走不兩步，袁星已將封洞古藤還

原，越過英瓊前頭領路。走離盡頭還有三四尺光景，忽然回身，又走兩步，往下一沉，便即不見。

英瓊近前一看，袁星降身之處，乃是一塊突出的大石。如從地面上看過去，舉步便到了盡頭。須由石上越過，回轉身來，才看出那石根腳還有一個三尺大小孔洞，通到下面。洞並不直，形勢彎曲，常人至此，須要返身轉側，前胸貼石，滑溜而下。否則即使發現這洞，也當它是一個石上死竅，用東西試探，觸手可以見底，難知裡面盡有深奧呢！

英瓊見那洞祇能蛇形而入，索性駕起劍光，穿了進去。初進去時，那孔洞與螺旋一般。有的地方石齒犀利，幽險絕倫。有的地方石潤如油，滑不留手。休說常人難至，就連袁星也是連滾帶溜而下。轉過兩三次彎環以後，越走越寬，袁星已能立起身來。又向下斜行有半里左右，才將這甬穴走完，到了平地。

猛見極薄一片丈許寬的光華，直射地面，恍如一張數百丈長銀光簾子，自天垂下。定睛一看，出口之處，乃是一個廣約數頃，天然生就的地穴，四外俱被山石包沒，祇穴頂有一條丈許寬的裂縫，陽光便從此處射入。耳聽獸息咻咻，聲如潮湧。光幕之下，照見前面千百條黑影，在那裡左右徘徊。英瓊才一現身，那些猩、熊早轟地吼了一聲，爭先恐後，跳縱過來，離

英瓊身旁尺許，紛紛爬跪歡呼。

英瓊急於要知妖尸底細，不耐煩囂，吩咐袁星命牠們退散開去，不許喧嘩。袁星領命，吼了兩聲。這些異獸真也聽話，嚇得一個個垂首貼耳，輕輕緩緩散過一旁，祇微微一陣騷動過去，即便寧靜。

袁星又領了英瓊，走入側面一個凹洞之內，尋了一塊石頭，用手拂拭乾淨，請英瓊坐定，說道：「那妖尸的洞，主人昔日曾經住過，離剛才袁星被陷之處，不過二十餘里。因為主人這次所行方向不對，未曾看出。那洞內先前盤踞過兩個山魈，自被主人除去，本山猩、熊便成了一家。那洞本來甚大，主人去後，因為行時吩咐，還有再來之言，想起恩德，益發不敢無故傷生，同居一處，甚是相安。因知主人愛吃那朱果，以為別處還有，牠們每日吃飽，便去滿山尋找。數月前在原生朱果的一個崖洞之內，居然找到一株。牠們知道那朱果如不採摘，永遠不落，每日總有數十猩、熊在洞外輪流看守。

「不多幾天，忽然看見前回從天上飛落用劍光傷了幾隻馬熊的姑娘，還同了一個女的，飛落在那先前生朱果的大石上面。馬熊雖然記恨她昔日殘殺同類之仇，祇怕她飛劍厲害，不敢上前。起初以為她也尋找朱果，後來見連那朱果樹下大石都被她

翻轉，又用劍光在周圍挖土尋找，才知不是，朱果也沒被她發現。

「她二人由早起來，找到天黑，什麼也沒找見。忽然逕往洞裡走去，和主人先前尋找寶物一樣，用劍光到處搜尋。滿洞猩、熊都被嚇跑，且喜這次一個俱未傷害，祇在洞中連住了幾日。有那膽大一點的猩猿，常去偷看，見她二人全都面壁而坐，手裡不知拿著什麼東西，放出一道光華，照向壁上，也不知是什麼意思？

「第三天，又有猩猿前去偷看，那洞已被她們用光華將石壁打通，新發現了許多石室，還有一層天井。那兩個女子又滿處搜尋了一陣，最後忽然朝著主人昔日在洞裡坐臥的那塊大石打起坐來。兩人四手，不住在石上摩擦，祇擦得光華閃閃，火星直冒。火光射到那塊大石上面，沒有多少時辰，聽見石頭沙沙作響，石灰子像下雪一樣紛紛飄撒。從石裡也發出一片半黃半青的光華，先是由青黃轉成深黃，又由深黃轉成紅紫，末後又變成深紫。石頭也由厚而薄，由大而小。忽然又是一亮，由石上閃起三尺來高的紫色光焰。

「那兩個姑娘好似非常喜歡，正在同時伸手往那發紫光的地方去取時，倏地一聲像夜貓子般的怪嘯，平空現出一個四五

尺高、塌鼻凸口、紅眼綠毛、一身枯骨、滿嘴白牙外露的殭屍。那兩個姑娘祇顧注定石上紫光，起初絲毫沒有覺察。那殭屍突然出現在大石旁邊，一照面，便像懷裡取東西一般，先將那發紫光的東西伸手搶去。那兩個姑娘又驚又氣，手一揚，飛出兩道青光，直朝那殭屍頭上飛去。那殭屍怪笑一聲，把嘴一張，冒起一道黃煙，噹噹兩聲，青光落地，原來是兩口寶劍。

「那兩個女子一見不好，內中一個不知拿出一個什麼東西，火光一亮，同時飛走。幸得那殭屍頸上鎖著一條鐵鏈，雙腳底下又套一個鐵環，跳起身來，追了沒有多遠，鐵鏈已盡，祇好落下。急得他兩手扯住鐵鏈，又咬又叫，卻沒法去弄斷它。在氣憤頭上，不知怎的，被他飛起身來，用那雙枯瘦如柴的手臂一撈，捉住了幾個猩猿和馬熊，當時被他咬斷咽喉，吸血而死。祇有兩個伏得最遠的猩猿，得逃活命，逃出對大眾一說，知道洞裡出了妖怪，比以前山魈雖小，卻厲害得多。偏偏牠們在洞中住慣，覺得哪裡都沒有這個洞好，割捨不下，雖不敢當時回去，過了兩日，老斷不了前去窺探，想趁殭屍睡時報仇。

「有一次去了三個猩猿、兩個馬熊，剛到洞口，便被殭屍看見，追了出來，居然逃回了一個，才看出殭屍那條鏈子能長能短，是他剋星，祇能追離洞口十丈以內，任他怪叫掙扎，也不能再長。一到盡頭，鏈上便發出火星，燒得他身上綠毛枯焦

腥臭，枉自著急跳叫，祇好回去。可是他口中黃煙沾上就死，如非他頭上有條鏈子，那些猩、熊都要被他害盡了。後來去一個死一個，去兩個死一雙，實在無法近前，個個膽寒，也都不敢再往洞裡去了。

「過沒多日，洞裡又多出兩個小孩，也是殭屍手下，長得倒和生人一樣。不過他們受了殭屍傳授，頭上又沒有鎖鏈。自從出了這兩個小孩，全山猩、熊便遭了大殃。也不知他們使什麼法術，祇將手裡那些黑氣放出，猩、熊挨著，便被綑上，隨著他們走，先還是每日出來，捉上三兩個，供殭屍吸血，他們吃肉。隨後簡直是見了就捉，不拘多少。還算他們每次捉猩、熊時，都有一定遠近，祇須逃出他們站立之處半里以外，便不妨事，他們也不來追趕，單將離他們切近的捉去，因此才沒被他們絕種。

「眾猩、熊逃來逃去，好容易逃入兩處崖夾層裡去，苟延殘喘，有半個多月，沒有受他們傷害。直到昨日主人帶袁星到來，尋見猩猿和馬熊，才知走後已被他們害死了十成之七。被捉去的猩、熊，僅僅在半月前逃回了一個。

「據牠說起洞中情形，那殭屍身上已漸漸長肉，不似先前渾身盡是骨頭。每日在洞中祇磨那條鏈子，卻命那兩個鬼小孩

出洞到處去搜尋野獸。捉了回去，不全是為吃，每次總挑出七個，用口中妖火燒死，將那燒出的青煙，收在一個葫蘆以內。那兩個鬼小孩雖是他的手下，他並不放心，每次命他們出洞，也用一條黑煙繞在頭上，回洞再由他收去，大約有一定長短，走過了頭便不行，所以他們不能離洞太遠。

「這日共被他捉去了十五個，頭一天燒死了七個，第二天照樣燒死七個。祇剩下逃回來這一個，原被殭屍用黑煙綑住，在後洞地穴內不住哀號，以為準死不活。萬不料妖怪也會發善心，另外一個從沒見過的小孩忽然走來，手上拿著一口黑越越的小劍，上面發出烏光，往綑的地方一指，便將黑煙挑破，放了出來。逃時走過前洞，見殭屍和那兩個鬼小孩俱都不在洞內，滿洞盡是猩、熊的殘肢碎骨，血肉狼藉，燒化成灰的更不知有多少！袁星自是傷心。

「彼時因主人要救余姑娘，急於回轉峨嵋，不及細說。等主人走後，又去尋找他們，不料有一個鬼小孩中途跟上袁星，到了地頭，便被困住，差點連袁星都遭了毒手，幸得主人趕到，才得活命。因見兩個鬼小孩懼怕主人，不敢露面，又知他們自有黑煙拘束。昨日雖然比往日離開妖洞要遠得多，如往這裡來，相隔有二百里山路，他們沒有殭屍吩咐，決來不了，又是繞路走的，還穿過幾處崖洞，祇要他們不從後面偷偷跟來，再也看

不透我們的去向，何況還有主人保護呢！

「百十年前，本山原有一條山龍，甚是兇惡，專吃野獸，這地穴便是當初仙人馴龍之所。袁星出生不久，曾見這龍大白日裡從適才入口處破壁飛去。一則地太隱祕，二則有龍盤踞，先時從沒敢到這崖前來的。年深月久，那龍也不見飛回，袁星才敢到崖前林中採果。

「那年春天採桃子，落了一個在崖壁下面，揭起籐蘿尋找，才發現那裂口。一時好奇深入，尋到此地，當時不甚在意。自隨主人們學習內功，猛想起這地穴還有多少奇處，恰好牠們受殭屍侵害，無處存身，引到此地躲避，再好不過。即使被殭屍尋到，不知底細，也進不來。祇是昨晚還被一個鬼小孩捉了許多猩、熊去，至少捉到便須死幾個，餘下的也要挨日燒死。祇望主人趕來除妖，救牠們活命了。」

說罷，跪了下來。英瓊聞言，祇管盤算如何對妖尸下手。還有三個妖童，俱甚厲害，這些猩、熊已是望影而逃。束上所說藉助牠們，想必便是從袁星口中得知這些底細了。既說盜玉，當然還須隱祕，且等自己前去探個動靜再說。便向袁星問明了路徑。

　　正要由原路出洞，袁星道：「主人既不要袁星同去，這地穴後面有一條窄路，轉過去又是一片凹地，比這外面還寬，生著許多花草野果，盡頭處是個夾層，兩崖對立，高有百丈，有一天窗，直達崖頂。因為太高太陡，沒爬上去過，想必通著外面。主人何不打那裡出去，順便看看景致？」

　　英瓊命袁星領路，由石縫中鑽了出去，果然是一片凹地，黑暗中花影披拂，時聞異香。走有數十丈遠近，到了夾層，兩面峭壁削立，寬才數尺，黑暗陰森，異常幽險。漸行漸窄，忽見路旁壁上，有二尺方圓白影閃動。抬頭一看，已到崖窗底下，上面窗口密葉交蒙，隱約祇露微光。

　　當下捨了袁星，駕劍光飛身而上，越往上升，窗口光影越暗，轉覺窗口並非出路。正在心中奇怪，猛一回身，瞥見側面還有一個巖隙，適才那團白影，竟是從這隙口漏入。隨即飛將過去一看，果然是個出口。隨意用飛劍將隙外籐蘿削去，以便出入。畢竟心中好奇，還放那崖窗不過，重又回身，還想從崖窗上面飛出。近前借劍光一看，哪有洞口，崖頂石形錯雜，一條一條的甚是紛亂，色黑如漆，並非枝葉。暗忖：「剛才在下面明明看見這裡密葉交蒙，怎麼到此反不見有什麼孔竅？」

　　心中惦記往妖穴探看，不願久延。正要飛身回轉，忽見頭

上光影微微一閃，照在石頂條紋上，彷彿枝葉閃動，和先前下面所見一樣，轉眼消逝。情知有異，急忙定睛細看，忽然又是一閃，才看出那光影是從側面凹處一個石縫中反射進來。不假思索，指揮劍光，竟往那石縫中射去。一道紫虹閃過，碎石紛裂，喳喳兩聲，震開石縫，連人帶劍，飛將出去，落在崖頂上面。

耳旁猛聽「咦」的一聲，一道烏光斂處，面前站定一個青衣少年，猿臂蜂腰，面如冠玉，丰神挺秀，似帶驚異之容。英瓊久聞靈雲等常說異派劍光，顏色大都斑駁不純，離不了青、黃、灰、綠、紅諸色。這人用的劍光，烏中帶著金色，雖未聽見說過，估量不是什麼好人；又加這裡離妖穴雖有二三百里，並不算遠，適才率領猩、熊逃遁，難免不被妖人跟蹤追來。來人年紀，至多不過十七八歲，穿著似僧非道，赤足芒鞋，也與袁星所說鬼小孩相似。一時情急，見面不由分說，嬌叱一聲：「大膽妖孽，敢來窺探！」一言未了，手指處，一道紫虹，直朝那青衣少年飛去。

那少年原懷著一肚皮心事，特意到此練習劍法，正在得心應手之際，忽見地下石縫震開，飛起一個美如天仙的紅衣少女，已是先嚇了一跳。及至定睛一看，來的女子正和日前仙人指示的一般，心中大喜，祇苦於說不出口。正待上前用手招呼，那

少女已嬌嗔滿面，指揮著一道紫虹，直往頭上飛來。情知危險，忙將那日仙人所傳劍法，將手中小劍飛起，一道烏光，將紫光迎個正著，鬥將起來。這少年來歷，後文自有交代。

且說英瓊滿以為紫郢劍天下無敵，少年怕不身首異處。誰知敵人並非弱者，那道劍光烏中帶著金彩，閃爍不定，與自己紫光糾結一起，暫時竟難分高下。暗想：「妖尸手下餘孽，已是如此難勝，少時身入妖穴，勢孤力薄，豈不更難？」不由又急又怒。一面留神看那少年，也不張口說話，祇管朝自己用手比畫。恐他另用妖法，又和以前一樣吃苦，將腳一頓，飛身上去，用峨嵋真傳，身劍合一，迎敵上去。

那少年先見紫虹夭矯，宛如飛龍，甚是害怕。及見自己烏光竟能敵住，略放寬心。正用手比畫，招呼敵人住手，忽見敵人飛入紫光之內，身劍相合，憑空添了許多威勢。自己雖承日前仙人傳授身劍合一之法，祇是尚未學會，敵人又不知自己心意，一個失手，立刻便有性命之憂。機會到來，又捨不得就此遁走。祇得停了手勢，聚精會神迎敵，仍是不支。漸漸覺著自己劍光芒彩頓減，再不逃走，眼看危機頃刻。無可奈何，暗中嘆了一口氣，將手一招，收回飛劍，借遁光便往後路逃走。

英瓊一向趕盡殺絕，紫郢劍疾若閃電，饒是少年萬分謹慎，

且敵且退，就在收劍遁走的當兒，還被紫光飛將過來，微微掃著一點紫芒。祇覺頭上一涼，情知不妙，飛起時一摸頭上，後腦髮際已掃去一大片。嚇得亡魂皆冒，不敢再顧旁的，催動遁法，飛星墜落般逃命去了。

英瓊哪裡肯捨？忙駕劍光隨後追趕。眼看一道黑煙中含著一點烏光，比閃電還快，往正北方疾馳而去。追過兩三處山巒，忽然烏光一隱，便沒了蹤影。上面碧空無雲，下面雖有陂陀，也無藏身之處，又未見烏光下落，不知被他用什麼法兒隱去？

仔細往四外一看，晚照餘霞，映得四外清明，正北山後面如下霧一般，灰濛濛籠罩了二三里方圓地面。飛近前去一看，頗與袁星所說地形相似。按劍光落下，尋著袁星所說的石洞窄徑，飛身進去，越走路越低，往下轉了幾個彎曲，覺著方向又變往回路。行未多時，已將窄徑走完，看見缺口外面天光，才一出口，便是昔日遇見縹緲兒石明珠的大石下面，知道已到舊遊之地。

那大洞就在旁邊不遠。連忙斂了劍光，略沉了沉氣，細一辨認，洞前風景，依稀仍似以前一樣。心想：「偷盜終是黑夜的事，自己又不知溫玉形象，天已不早，索性等到天黑，再行入內，先看明了溫玉所在，能下手便盜，不能再退出另打主

意。」

　　這時太陽已被高峰隱蔽，滿天晴彩，將近黃昏，倦鳥在天
際成群結隊飛過，適才所見灰色濃霧，已不知何時收去。峰巒
插雲，峭壁參天，山環水抱，巖壑幽奇。洞旁綠柳高槐上，知
了一遞一聲叫喚，鳴聲聒耳。花草松蘿，隨著晚風飄拂。越顯
清靜幽麗，令人到此意遠神恬。誰又料到這奧區古洞中，還潛
伏著一個窮凶極惡的妖屍，危機咫尺呢！

第一一三回　美仙娃　失機靈玉岩　啞少年　巧得玄龜劍

英瓊想好了主意，便將身隱入缺口以內，待時而動。身才立定，忽聞人語。悄悄探頭往外一看，由側面大洞中，走出兩個幼童打扮的人來。及至近前，細看容貌，一個生得豹頭塌鼻，鼠耳鷹腮，一雙三角怪眼閃閃發光，看去倒似年紀不大；那一個生得枯瘦如柴，頭似狼形，面色白如死灰，鼠目鷹準，少說也有三旬上下。都和先前所見青衣少年一樣，道袍長衹及膝，袖子甚短，頭梳童髻，赤足芒鞋。

英瓊暗忖：「據袁星所說，妖尸手下已有三個妖童。這兩個妖人，雖然生得短矮，並非幼童。照這樣推測，洞中妖尸，正不知有多少黨羽。自己孤身涉險，倒不可以大意呢。」正在尋思之間，那兩個妖人已走至缺口左面一塊磐石上，挨著坐下，交頭細語。英瓊伏在缺口左面，心想：「如在暗中下手，將他們除去，枉自打草驚蛇。不如先從這二人口中探一些虛實。」便輕輕向左移了兩步，正當二人身後，相隔不過數尺，雖是悄聲低語，也聽得清楚。

　　先聽那瘦子對他同伴說道：「米道兄，你知我因在黑海採千年珊瑚，無意中救了玄天姥姥的外曾孫黃璋，承他傳我向玄天姥姥學會的七禽神術，從來算無一失。當初我原說溫玉雖好，一則沒有崑崙、峨嵋、華山、五臺諸派的三昧真火，不能化石如粉；二則不將後洞打通，不能知道藏寶之所，待洞一通，你我的對頭便會出現。你偏不聽，硬說當年偷看了長眉真人遺簡，溫玉該在此時發現，另有能人開石取寶，臨時出了變故，祇須知道底細，臨機應變，手到拿來。

　　「我素常謹慎，怎樣勸說也強不過你。又為若得了溫玉，便尋得出青索劍的線索之言所動，才商量好一個盜玉，一個盜劍，同來此地。當時如依我，你先進去探看，也不至連我也失陷此地。如今被他收去法寶，破了飛劍，強逼著我二人做他的奴隸，打扮得大人不像，孩子不像。休說見著同道，即使將來法寶盜回，脫身逃走，傳將出去，也是笑話。」

　　那姓米的聞言，嘆了一口氣，答道：「劉道兄，事到如今，埋怨也是枉然。憑良心說，我二人並非善良之輩，可是一到他的手內，才覺出世上惡人還多。這還是長眉真人的火雲鏈，尚未被他弄斷。他的元神，尚未煉得來去自如，憑他用盡心力，離不開洞前五里方圓。山中猩、熊，已被他害死過千。現在因要採取生魂，煉陰魔聚獸化骨銷形大法，用得著，還不去說他。

121

起初沒打算火雲鏈如此難破，還在想原身脫出，採用童男童女祭煉之時，每回捉到猩、熊，總是當時一齊弄死，略吸一點血便丟開，一任猩、熊宛轉哀號，休說放走一個，從未看他變過臉色。

「又要逼我們做他徒弟，又不放心我們。每次命我們出去擒捉生物，總是用他多年在石穴內採取的千年地煞之氣煉成的黑煞絲，將我們套住，以防我們逃走。他卻不知我們千辛萬苦煉成的法寶，俱已被他收去，如不還給我們，叫我們走，我們也不願意。後來猩、熊死的死，逃的逃，漸漸沒有蹤影，他卻說我們不願他煉成法寶，一意凌逼我們。

「可他這般兇惡，還有登門拜師的。那孩子一身仙骨，別說他，連我看了都愛，那種好質地，又值各派收徒之際，何愁沒人物色，偏投到他的門下。我以為他見了必定不懷好意，也不知那孩子和他說了些什麼，居然他頭一次開了笑臉，並且非常寵信。我們得道多年，還得受那孩子節制，每次都由那孩子去探出猩、熊所在，算準了裡數、方向，才命我們套了黑煞絲，前去尋找。我們像狗一般，被他套來套去，一些不能自主。

「今早捉猩、熊時，好容易連白眉和尚的神鵰也都困住，還有那隻神猿。不料飛來一個紅衣女孩，用一道紫虹，斬斷黑

煞絲，破去他的造孽葫蘆，硬將那一群猩、熊彰明昭著地公然救走。我好心好意要跟蹤探個下落，那孩子卻說：『早晚猩、熊還可尋找，你二人卻休想借此逃走，也不敵那女子。』立逼我們回洞。

「我早看出那孩子心懷叵測，藏有深意，若論他的性情，決不會和他一氣，這一來越發可疑，果然他回去編了好些謊話。若不是念在他往時講情好處，幾乎想給他明說出來。總算他一聽那道劍光形如紫虹，祇有吃驚，沒有遷怒於人，還是萬幸。那玉被他終日擎在手上，我們挨近身前便倒。雖說每日黃昏前後與天明前後，有個把時辰回死入定，有那孩子在側守護，也難近身，要想盜玉，更是休想。早晚他元神煉就，他道一成，我們便死無葬身之地了。」

那姓劉的答道：「你莫多慮，適才我又私下占了一卦，甚是不祥。我們身在虎穴，固是不好，可是他的劫數，也快到來，眼前有一厲害陰人與他為難。早上所見紅衣女子，定非尋常。最奇怪的是，卦象上現出昨早捉來的百十隻猩、熊，竟是他莫大的隱患。我們平時是怕他發覺追趕，祇須乘他不利之時，冒險闖入他以前潛伏的石穴，盜了自己寶物逃走便了。」

英瓊聞言，才知這兩個矮子，不是妖尸本來黨羽，出於暴

力壓迫，為他服役，心中並不甘願。連另外一個孩子，也都未必和妖尸一氣。無形中要少卻多少阻力，頗為心喜。不過溫玉現在妖尸身旁，片刻不離，誰都不能近身。這兩個矮子，雖不知他們道行如何，聽他二人說話語氣，也非弱者，竟被妖尸制得行動不能自由，妖尸本領厲害，可以想見。下手盜玉，決非易事。且喜已從二人口中得知妖尸黃昏、黎明前後，有一兩個時辰回死，這二人已抱了坐山觀虎鬥之心，祇須制得住那妖尸寵信的少年，便可下手。

此時想是妖尸回死之時，所以這二人在洞前這般暢言無忌。適才趕走的少年，如是他們所說的孩子，正好趁此時機，前往洞內探個明白。祇是自己不會隱形之法，如要出去，又恐被這兩個矮子覺察，到底有些不便。正在委決不定，猛然靈機一動：「現放著兩個絕好內應，何不現身出去，和他二人說明？不提盜玉之事，祇說奉了長眉真人遺命，來此除妖，情願助他二人盜寶脫身，叫他們說出那孩子詳情，諒無不從之理。」

想到這裡，才要舉步走出，忽聽洞內傳出一陣異聲。那兩個矮子一聽，立刻現出慌張的神氣，互相拉了一把，一言不發，起身便走。同時洞前一點烏光，從空飛墜，現出適才所見青衣少年。才一現身，便指著那兩個矮子直比手勢，口中喃喃，單見嘴動，不見出聲。那兩個矮子好似和他分辯，隱約聽見「師

父入定，我二人因洞中煩悶，又以為你在洞中守護，出來閒眺，並未遠離」等語。那少年仍是戟指頓足，比說不休。

英瓊已看出矮子所說的孩子，果是適才所見少年，不由又增了幾分膽氣。看神氣甚是向著妖尸，他這一次又和自己想定的主意作梗，心中有氣，暗罵：「看你一表人才，卻去作那妖尸手下鷹犬！何不趁此時機，將他除去，去了妖尸爪牙，乘機入洞，除妖盜玉便了。」隨想隨即將手一指，一道紫虹，直往少年頂上飛去。

那少年猛不提防，大吃一驚，知道厲害，一面仍用那烏光迎敵，一面往洞中退走，兩手不住朝著英瓊連揮。那兩個矮子，早一道黑煙直往洞內飛去。英瓊也不明白那少年揮手用意，趁妖尸未醒，索性一不作二不休，緊緊追逐不捨。

那少年見英瓊進洞，滿臉現出驚疑之容，不住比手頓腳。英瓊也不理他，追入洞中一看，洞門依舊，裡面景物已非昔比。以前所睡的大石，業已不知去向。當中石壁上，開通了丈許寬的門戶。滿洞血肉狼藉，猩、熊殘肢碎骨到處都是，腥氣撲鼻。

這時那少年已從石門中退入，英瓊跟蹤追進。裡面已開出一個天井，方圓約有數十丈。庭心有一株大可十抱的枯樹，年

代久遠，已成石質。放眼左右，石室紛列，玉柱丹庭，珠纓四垂，光怪陸離，美麗已極。到了這裡，那少年越發情急，拚命運用玄功，迎敵英瓊飛劍，手裡直比，不到萬分無奈，不肯退後一步。

英瓊早變了先前主意。暗想：「不入虎穴，焉得虎子。這啞少年又非自己敵手，既已顯露形跡，樂得追到妖尸存身所在，乘他未醒時，將他除去，豈不一舉兩得？」正在舉棋若定之際，忽見那少年臉色慘變，猛覺腦後微微有一絲冷氣，那少年突地將手一指那道烏光，身子從旁飛縱出去。

英瓊見那少年竟然不顧危險，離卻劍光護庇，身子往側縱開，暗罵：「不知死的妖孽！」剛要指揮紫光放出毒手，取那少年性命。英瓊先前迎敵方酣，又知妖尸未醒，那兩個矮子心有異圖，不會前來助戰，並未留神到腦後那一絲冷氣。就在用紫光追逐少年，側身轉眼的當兒，猛覺腦後寒毛直立，打了一個寒噤。

情知有異，連忙回身一看，不由吃了一驚。祇見離身三二尺遠近，站定一個形如骷髏的怪人。頭骨粗大，臉上無肉，鼻塌孔張，目眶深陷，一雙怪眼，時紅時綠，閃閃放光，轉幻不定。瘦如枯木，極少見肉。胸前掛著一團紫焰，渾身上下烏煙

籠罩。走路如騰雲一般，不見腳動，緩緩前移。正伸出兩隻根根見骨的大手，往英瓊頭上抓來。

英瓊兀自覺著心煩頭暈，寒毛倒立，機伶伶直打寒戰。知道妖尸出現，想起飛劍傳書之言，自己恐不是他的對手，不敢再顧殺那少年。少年劍光也非弱者，誠恐腹背受敵，連忙將手一招，招回劍光，護住全身。百忙中一看那少年，業己收劍旁立，面帶憂容，並未上前助戰。

英瓊若趁此時遁走，本來無事。無奈素常好高，貪功心切，總以為紫郢劍萬邪不侵，目前已煉得身劍合一，即使不能取勝，再走也還不遲。祇這恃強一念，幾乎命喪妖窟。這且不提。

且說英瓊放下少年，飛劍直取妖尸。眼看紫光飛到妖尸頭上，那妖尸忽然一聲獰笑，從頭上飛起一條紅紫火焰，直敵紫光。一顆髏骷般的大腦袋，撐在細頸子上，如銅絲紐的撥浪鼓一樣，搖晃個不停。那紅紫火光宛如龍蛇，和英瓊紫光絞在一起。舞到疾處，有時妖尸頸上也冒起火來，燒得他身上綠毛焦臭，觸鼻欲嘔。那妖尸滿嘴獠牙，錯得山響，好似他也怕火非常。祇不知他自己煉的法寶，何以用時連他本人也要傷害？

似這般相持了個把時辰，漸漸那條紅紫火光被英瓊劍光壓

制得芒煙銳減，那妖尸卻怪笑連聲。英瓊暗忖：「原來妖尸不過如此，除了那條火光，並無別的本領。」正在心中高興，猛聽兩個矮子在暗中說道：「你看師父頸上的火雲鏈，祇要一被這女子的紫光燒斷，便可出世了。」

英瓊一聽，猛想起適才在洞外所聞之言，那道火光便是長眉真人的火雲鏈。怪不得妖尸忍受火燒，也不用別的法寶和自己對敵，原來是想借自己紫郢劍，去破火雲鏈，他好脫身。若不是這兩個矮子從旁提醒，險些上了妖尸的大當。這妖尸本就兇惡，火雲鏈一去，更是如虎生翼，那還了得。但是既不能用飛劍除他，難道和他徒手相搏不成？

就在這稍一遲疑之際，那妖尸好似欣喜萬狀，怪笑連聲，跳躍不停。頸上火光逐漸低弱，眼看就要消滅。英瓊一見不好，連忙將手一招，剛要將劍光收回時，那妖尸已似有了覺察，未容劍光退去，倏地將長頸一搖，口中噴起一口黑氣，催動那條火光，如風捲殘雲般飛將上去，裹住紫郢劍光尾祇一絞。英瓊收劍已來不及，耳聽錚錚兩聲，紫光過處，將那條整的火光絞斷，爆起萬千朵火星，散落地面。

英瓊情知火雲鏈已被紫郢劍絞斷，好生後悔。同時那妖尸早狂嘯一聲，破空飛起。英瓊不識妖尸深淺，見他想逃，恬著

那塊溫玉，一時情急，忘了危險，竟將手上紫光一指，朝空追去。

紫光升起，約有二三十丈。英瓊正待跟蹤直上，猛覺腦後寒風，毛髮直豎。急忙回身，又見一個妖屍，與前一個一般無二，周身黑氣環繞，直撲過來，離身不過數尺，便覺腦暈冷戰，支持不住。知道中了妖人分身暗算，收回劍光護身，已來不及。當此危機一髮，忽然急中生智，猛想起昔日與若蘭同赴青螺，芷仙一人留守峨嵋凝碧崖，心中害怕，若蘭曾傳芷仙木石潛蹤之法護身，自己當時好奇，將它學會，從未用過，如今事在危急，何不試它一試？

當下一面將身縱開，百忙中竟忘了收回紫郢，心中默念真言，就地一滾，剛要將身形隱起，對面妖屍已噴出一口黑氣。總算英瓊一身仙骨，稟賦過人，逃避又快，雖然沾受一點妖氣，立時暈倒，身已隱去。

那妖屍原知紫郢劍來歷，拚著忍受痛苦，借它斷了火雲鏈後，知道敵人有此異寶護身，決難擒到。且喜鎖身羈絆已去，便將元神幻化，先將紫郢劍引走，然後趁敵人身未飛起，從她身後暗下毒手。偏偏英瓊十分機警，竟自避開，將身隱去。

妖尸也看出敵人用的是隱身之法，必然尚在旁邊。因為不知敵人本領虛實，又因敵人既然身帶長眉真人當年煉魔的第一口寶劍，必是峨嵋門下嫡傳得意弟子，不論來人功行如何，就這口飛劍先難抵擋。明知敵人尚在洞中受傷未去，顧不得擒人，不如趁她暫時昏暈之際，來一個迅雷不及掩耳，先使用法術將她困住，將那口寶劍隔斷，然後用冷焰搜形之法，慢慢將她煉化，以除後患。

英瓊才一隱身，妖尸便口中唸唸有詞，黑氣連噴，頃刻之間，地上隱隱起了一陣雷聲過去，偌大山洞，全變了位置。妖尸知道紫郢劍通靈，外人無法收用。敵人已被自己用玄天移形大法困住，除了即時鑽通地竅，不易脫身。仍回地穴之內，去煉那冷焰搜形之法。不提。

且說英瓊當時覺著一陣頭暈眼花，渾身冷戰，倒在就地，耳旁祇聽雷聲隱隱，身體宛如一葉小舟在海洋之中遇見驚濤駭浪一般，搖晃不定，昏沉沉過了好一會。所幸生具仙根，真靈未混，心中尚還明白。強自支持，坐起身來，從身畔取出靈雲給的丹藥，嚥了下去，才覺神志清醒。猛想起那口飛劍還未曾收回，知道那劍是通靈異寶，除了自己，別人無法駕馭。即使勉強收了去，一經自己運用吐納玄功，一樣可以收回。誰知連用幾次收劍之法，毫無影響，猜是入了妖尸之手，這才著急起

來。再看四外，都是漆黑一片，彷彿身在地獄。用盡目力，也看不出是什麼境界。

又過了一會，雷聲漸止，已不似先前天旋地轉，癡心還想逃出。後來見無論走往何方，俱如鐵壁銅牆一般。飛劍在手，尚可勉強想法；利器一失，更是束手無策。情知已被妖法困住，不能脫身，祇急得渾身香汗淋漓，心如油煎。

正在無計可施，忽聽四壁鬼聲啾啾，時遠時近，平空一陣陣冷氣侵來，砭人肌骨，地底也在那裡隆隆作響。先還可以禁受，幾個時辰過去，漸漸凍得身搖齒震起來。那鬼聲越聽越真，現出形象，英瓊知難抵禦，祇索性仍用那木石潛蹤之法，避個暫時。叢叢綠火中，隱隱看見許多惡魔厲鬼，幢幢往來，似在搜尋敵人。那地下響聲，更如萬馬奔騰，轟隆不絕，聽了心驚。

英瓊強忍奇寒，咬緊牙關，如捉迷藏一般，與這些惡鬼穿來避去。有時避讓不及，身微挨近綠火，益發冷不可當。似這般避來躲去，也不知經過了多少時候。忽又聽到遠遠妖尸怪嘯，那冷氣好似箭鏃一般直射過來。先還是稀稀落落，後來竟似萬弩齊發，由疏而密。漫說是黑暗之中，就在明處，任你天生神目，遇見這種無形的冷箭，也叫你無法躲閃。

英瓊吃這冷箭射到身上，宛如利簇鑽骨，堅冰刺面，又冷又疼。覺著東邊冷箭射來得密，便躲到西邊，西邊密，又躲到北邊。一方面還得避著那些鬼火魔影，到處都是危機。

似這樣在這不見天日的幽暗地獄中，蒙頭轉向，四面亂撞，不知如何是好？一會妖屍怪聲越來越近，雖仗有法術隱身，究不知能否瞞過敵人眼目。再加魔鬼寒瓢，無法抵禦，地下響聲大震，更不知妖人鬧的什麼玄虛。時候一多，實覺支持不住，眼看危機頃刻，就要凍得痛暈倒地。忽聽山崩地裂一聲大震過去，接著又聽萬蹄踏地之聲，轟隆四起。

正在驚心駭目，以為死在眼前，猛覺一股溫熱之氣，由前面襲來。那些冷箭寒颷，也如一陣狂潮，從身後湧到。英瓊一個抵擋不住，撲地跌了一跤。昏瞀驚惶中，覺著背上吹過一陣颶風，勉強將身站起，冷箭已息，祇剩四外綠火，仍在閃動。陣陣暖風從側面吹將過來，奇冷刺骨之餘，被這暖風一吹，立時覺得百骸皆活，如被重棉，舒服了許多。

起初不明就裡，還在驚疑，正趕上一大叢綠火擁來，英瓊當然回身就跑。剛一回身，便見黑暗中有數十點藍光閃動，先又疑是鬼魅妖火。忽聽那藍光叢裡發出怪獸吼聲，聽去甚是耳熟，留神一聽，地下大響漸止，祇剩蹄聲騷動。不但那吼聲和

馬熊相似，同時還聽到神鵰也在不遠的高處長鳴，猛然靈機一動。暗想：「妙一夫人飛劍傳書，曾說馬熊要助自己成功。適才聽那一聲大震，便覺冷氣全收，暖風襲來。莫非那些馬熊尋來，將這陷身的妖穴攻穿麼？」

事已至此，祇得冒險一試。便向那有藍光之處跑去。身臨切近，已聽出馬熊咻咻鼻息，心中大喜，不由失聲說道：「我李英瓊被妖法困住，你們若是馬熊，急速領我逃了出去！」一言未了，那些藍光果然紛紛後退。恰好有一個馬熊回身時節，一條長尾正掃到英瓊身上，英瓊順手一抓，毛茸茸地抓了個滿手。料無差錯，連忙隨了這群馬熊就跑，祇聽巨蹄踏地，吼嘯四起。前行沒有幾步，便見最前面藍光下落，聽到馬熊縱落之聲。

英瓊恐有差池，看準藍光落處，縱將過去一看，下面是一地穴，彷彿有亮光從外透進。正待也將身隨著縱下，忽聽身後馬熊悲鳴，奔騰跳躍，擁將過來。英瓊忘了自己有法術隱身，馬熊雖能暗中視物，怎能看見自己，一不留神，被馬熊一撞，撞落穴底。百忙中回頭一看，身後還有十幾點藍光，業已隨著慘叫，不復再有聲息。那許多綠火魅影，正飛也似往穴口撲來。

原來妖尸想在他潛伏的地穴之內，先使妖法，驅遣魔鬼，

想要生擒敵人，好久沒有結果。算計敵人決未被妖氣噴倒，仍然隱住身形，擒她不了。此女不除，隱患無窮。把心一橫，拚卻自己不能享受，玄功入定，再使那冷焰搜形之法，想將英瓊活活凍死，已經過了兩天一夜。卻未料到英瓊多服靈丹仙果，已有半仙之體，雖然難以支持，末後又被馬熊攻穿地竅，破了冷氣。那些魔鬼也頗厲害，雖擒不了英瓊，卻能循聲追跡。英瓊不該情急失聲，被魔鬼追將過來。英瓊已經逃脫，祇苦了後逃的七八隻馬熊，白白送了性命。

英瓊一見魔鬼追來，知道不妙，正要往那有亮光之處逃跑。忽然頂上剝啄一聲大響，一道紫虹自上而下，紫光影裡，照見一塊大石，連著上面天光，直射下來。外面鵰鳴分外清晰。英瓊認得是自己的紫郢劍，不由喜出望外，連忙將手一招接住。

這時上面鬼火魔影，也在那裡紛紛下投，祇嚇得下面馬熊亂撞亂叫，走投無路。英瓊飛劍在手，膽氣一壯，因為鬼火已快臨近，驚弓之鳥，原祇想護身逃走。誰知紫光才一出手，近身魔火宛如寒冰投火，一見消散。接著又聽遠處妖尸嘯聲，上面魔影全都蜂擁退去。

英瓊聽到外面神鵰鳴聲越急，知它通靈，必是在喚自己逃走。忙駕劍光，飛身上去一看，立身之處，正是妖尸洞前一塊

石地，陷身石穴，雖然寬大，高祇丈許。那些馬熊，約有四五十隻，也都奔縱上來，祇管四望叫嘯，並不往身前走攏，似在尋找什麼。猛想起自己還隱住身形，連忙收了法術，現出身來。神鵰早已注定紫光，翩然降下，一見主人無恙，不住昂首長鳴示意。

此時英瓊雖脫虎口，尚在險地，覺著周身酸痛，四肢麻木。又見神鵰用嘴緊扯衣袂，情知不是妖尸對手，要想盜玉，還得略微將養再來。正待乘鵰飛走，忽見那些馬熊一齊圍攏上前，伏地哀鳴。適才全仗它們攻穿地穴，才得脫身，丟下它們而去，必然死於妖尸之手。欲待似前次救走，勢又不能。

正在為難之際，一眼瞥見黑煙起處，妖尸已從洞中飛身出來。神鵰越發用力啣扯，似摧英瓊趕快逃避。兩下相隔，原不甚遠，眼看黑煙快要飛到跟前。英瓊一見勢在緊迫，紫郢劍失而復得，有了前車之鑑，不敢再使飛劍離身上前迎敵；又加這些馬熊於己有恩，棄之不仁，祇得勉強用劍光護住全身，相機進退。

那妖尸一見紫郢劍仍在英瓊手內，大吃一驚，正要施展妖法取勝。英瓊見妖尸忽然停步，周身冒起黑煙，轉眼之間，又是天旋地轉。知道再如不走，難免又蹈先前覆轍，玉石俱焚，

將身飛上鵰背。倏地晴空一個大霹靂，夾著數十道金光，從天下射。未及看清來歷，便覺眼前一片漆黑，耳旁呼呼風響，身在鵰背上，彷彿騰雲駕霧一般。以為又被妖法陷住，忙運玄功，兩手緊抱鵰背，將劍光舞了個風雨不透。

　　過沒有多大時候，倏地眼前一亮。定睛一看，自己仍騎在鵰背上，並沒飛動，存身之處，已換了一個境界，妖尸不知去向，面前一片大梅林。雖然五六月天氣，早過了梅花時節，老幹槎枒，綠葉濃蔭，鳴禽上下，襯著滿山野花雜卉，妊紫嫣紅，遠山含翠，近嶺凝青，越顯得天時融淑，景物幽豔。偶覺身上還在痛楚，想起前事，如在夢中。再往綠林盡處一望，一角牆宇，朱紅剝落，若有梵宇。四望雲林煙樹，巖壑泉石，無不依稀似曾相識。心想：「明明適才和妖尸交手，霹靂一聲，便覺昏暗不能自主，怎會換了這個所在？莫不又是妖尸玄虛？端的吉凶難測。」

　　正在驚疑之際，忽聽神鵰長鳴示警。耳聽頭上飛劍破空之聲，一道烏光，直往身前不遠降下，現出以前兩次交手的青衣少年，一手拿著一張紙卷，一手連連搖擺，似要試探著走將過來。英瓊見妖尸黛羽跟蹤而至，又驚又怒，不問青紅皂白，手指處，劍光直飛過去。那少年早已防到，也不抵敵，先將手中紙卷扔將過來，滿臉愁容，將足一頓，破空便起，一點烏光，

轉眼飛入雲中消逝。

　　英瓊吃過苦頭，不敢窮追。那紙捲上面還包著一塊石頭，拾起一看，大出意料之外，甚是後悔。原來那少年名叫莊易，本是與紅花姥姥同輩的異派劍仙可一子的唯一門人。祇因可一子早悟玄機，不肯濫收徒弟，為禍世間，自知所學不正，難參正果，愛莊易資質，不肯誤他，祇傳了一些防身法術。兵解以前，莊易正因誤食澀芝，失聲瘖啞。可一子與他留下兩封柬帖，吩咐到時開視，自有仙緣遇合。

　　可一子兵解以後，莊易到時打開柬帖一看，上面寫著命他某日去到莽蒼山靈玉崖前，有一大洞，裡面有一個妖尸，守著一塊萬年溫玉。那妖尸生名谷辰，曾將自己一部道書盜去，窮凶極惡。後來長眉真人用七口神劍將他誅心而死。知他因得那部道書，已能變化幽冥，當時不能將他元神消滅，若干年後，仍要出土為害，給他頸上鎖了一根火雲鏈，再用玄門先天妙術開叱地竅，將他屍身元神一齊封閉。

　　那谷辰秉天地極戾之氣而生，與百蠻山陰風洞綠袍老祖心腸手段一樣毒辣。祇因真人飛昇在即，不及運用八九玄功將他元神煉化，出此權宜之計。當時曾經留下兩口煉魔寶劍同兩個預言，等妖尸地竅中煉得可以出土之後，自有能人前去除他。

那妖尸雖能將火雲鏈煉得長短隨心，到底長眉真人至寶，有生剋妙用，無法取脫，仍不能離開靈玉崖一步。再加他在地竅之內，日受地風，周身已成枯骨，雖然得了那塊溫玉，祇能使身上漸漸還暖，不能長肉生肌，須要本門百草陽靈膏，才可使他還原。命莊易拿了陽靈膏同一封書信，假說師父被峨嵋所算，死時想起谷辰該到出世之日，命莊易拜在谷辰門下，用陽靈膏堅他的信心，必蒙收留。祇須設法將他那塊萬年溫玉盜在手內，便不愁沒有機緣，得歸正果等語。

莊易看完柬帖，依計行事。妖尸先要吃他生血，經莊易表明來意，交了書信，妖尸果然大喜，非常信任。他知妖尸厲害，那溫玉日常掛在胸前，雖然早晚有一兩個時辰回死，怎奈人一近前，便中邪倒地，不敢造次，祇得靜等機會。無事時，也常往滿山遊玩。

這日無心中發現洞前枯樹下有暗道，一時好奇，飛身下去，想探個仔細。先時穴徑甚狹，越走越寬。剛走到一處甬道，忽見對面飛來一道烏光，大吃一驚。知道後退已來不及，冒險用他師父可一子所傳收劍之法一試，居然收住。原來是一口龜形小劍，烏光晶瑩，鑑人毛髮，劍柄上有兩個「玄龜」篆字，知是一口上好飛劍。

　　正在諦視，忽然滿壁紅光，現出一個道婆，白髮飄蕭，高鼻大耳，手拄一根鐵拐。莊易見那道婆氣概不是尋常，以為劍的主人追來，情知不敵，一時福至心靈，躬身施禮，便要將劍奉還。那道婆已看出他是個啞子，便對他道：「物各有主，果然不差。劍是你的，無須還我。我隱居在此已有多年，從無一人知道。今日正在丹室閒坐，瞥見一道劍光飛過，我認得那是長眉真人的七修劍之一，稍來慢了一步，已經落在你手，想是前緣。我看你資質甚好，雖然所學不正，人卻是一臉正氣。你口啞不能出聲，乃是誤服毒草，並非生來口啞。這後洞門戶原通靈玉崖，自從長眉真人禁鎖妖孽谷辰，倒轉山嶽，移動地肺，業已封閉多年，你竟能到此，必是妖尸業已出土。問你也說不出，你在此少候，待我去看看，或能助除妖盜玉的人一臂之力，也未可知。」說罷，便化成一道紅光，往莊易來路飛去。

　　約有頓飯光景，道婆飛回，手中拿著一封束帖，說道：「長眉真人，纖微之事俱能前知，真不愧為一派開山宗祖。你的來歷，我已明瞭。我現受長眉真人遺束之托，說你奉有師命，準備改邪歸正。那溫玉你到不了手，自有能人來取。從今以後，可以息了你那盜玉之想，處處取那妖尸信任，靜候機緣到來。那盜玉的人，名叫李英瓊，是個少女，所用飛劍，是一道紫光。你祇須助她成功，必能歸到峨嵋教下。

「此洞已與妖穴相通，我已不願居此。我近來也正嫌此洞幽祕，新近另闢了一座洞府，即時就要移去。這口玄龜劍，雖仗你師父所傳收劍之法將它收下，但此劍乃長眉真人當年親煉，異派中人能運用者極少。我現在先傳你口訣，從明日起，你可抽空去到外面崖頂練劍，還有別的機緣湊合。

「那妖尸也知此劍來歷，你回洞以後，不可隱瞞，可比手勢，說你今日閒遊，到山南一座破廟旁邊石洞之內，看見一塊畫有符籙的石碣，被你無心中將它推倒，便見下面陷一深穴。下去一看，石案上平列著七口異形的小劍。剛取得這一口龜形的，便覺天搖地動，雷響光搖，心中一害怕，連忙縱起時，祇見六七道五色光華，從穴中沖霄飛去。少時沒有動靜，再下穴去一看，除了這口玄龜劍當時拿在手裡外，餘下六口，俱都飛走。還要故意問他可知此劍來歷。妖尸聞言，不但不疑，一定另傳你用劍之法。你祇管陽奉陰違，每日仍來此地學習便了。」

莊易已看出那道婆是神仙一流，早跪了下去，還未及請問法號，那道婆把話說完，化作一道紅光飛去。

第一一四回　猛獸報恩　神禽救主　真人遺柬
俠女尋珍

　　莊易因出來時久，也從原路回轉，並未深入。回去對妖尸一說，果然並無疑忌。對那兩個矮子，卻是拘束百端。他看出兩矮心有異志，樂得利用，不時市恩市惠，代他兩人解圍。

　　這日出外閒遊，發現袁星同一大群猩、熊。心想：「妖尸雖然多傷性命，犯不著助他為惡。但是米、劉二人，正為妖尸祭煉百獸生魂，尋不見猩、熊，每日受罪。加上這些俱是山中猛獸，猩猿還可，那馬熊何等兇惡，多死幾個，以暴除暴，也不為過。」便回去說與米、劉二人，稟明妖尸，算準地點，由二人拿了法寶妖絲，前去擒捉。先擒回來了百十個馬熊，除照例弄死一些，餘下關閉在地穴之內。

　　第二次前去，因袁星雙劍屬害，米、劉兩人多時不回，莊易奉命前去監督，正遇英瓊飛到，救了神鵰、袁星，還破了裝黑煞絲的葫蘆。莊易一見用紫色飛劍的女子，便知道婆之言應驗，心下大喜，祇礙著米、劉二人，不便上前相見。他恐米、劉二人與英瓊為難，藉一個故，逼著米、劉二人隱身退去。

　　當日天明，又照往常到那崖頂練劍，復遇英瓊從下面飛身出現，幾次想表明心跡，祇苦於說不出口。末後被逼無奈，恐防玄龜劍有失，祇得先行遁走，差一點沒被紫郢劍送了性命。正往妖洞飛逃，忽覺身子似被什麼力量吸著下沉，大吃一驚。

　　及至落地一看，正是前日所見的道婆，說：「那女子我已在暗中見過，長眉真人果然賞識不差，祇可惜殺劫太重了些。她頃刻之間便要追入妖洞，被妖尸困住。你如見她失陷，可算準那關馬熊的石穴上面，將這一道符籙焚化，三日之內，自有妙用，使她脫身。

　　「那時妖尸行法未完，必不能即時收法追趕。你再隱住身形，將第二道符籙焚化，將妖尸震倒。同時將這第二道符籙，朝那女子身旁南面擲去，頃刻移山易岳，那女子連在旁生物，便都離開了險地。然後再拿我一個紙卷，速駕遁光，往南方追去。等那女子落地現身，你再將這紙卷丟與她看。上面寫有你的來歷，教那女子速返峨嵋，約請一個姓周的女子，同來盜玉除妖。那妖尸我也難以制他。這三道靈符，俱是長眉真人遺留，還是那日你我相見時，在一個洞窟裡尋到。用時祇須默念發火真言，便生妙用。切不可亂了次序。」

142

當下傳了發火真言，遞過三道靈符，一個紙卷，道袍展處，一道紅光，蹤跡不見。莊易兩次和那道婆相見，俱都不及問得姓名。祇得默記於心，望空跪拜，趕回洞去。剛到洞前，便和英瓊交起手來。心中還想用手勢叫英瓊趁妖尸未醒前回去，偏偏英瓊聽了米、劉兩人之言，有了先人之見，苦苦迫逼，以致妖尸警覺，借英瓊紫郢劍破去火雲鏈，用妖法將英瓊困住。

莊易去看囚馬熊的石穴，已經無門可入。趁妖尸入穴行法之際，偷偷化了靈符，眼看一道銀光，直穿地下，才行暫時離開。然後在左近隱形觀察。

到了第三日，聽到地下怪聲大震，日前所見那隻金眼大黑鵰鋼爪上抓住了那道紫光，不住用長喙去啄地下石頭。接著聞得地下隆隆之聲，那女子已現身出來。妖人也由洞中飛出追趕。忙將第二、三兩道靈符次第焚化，見妖尸已被震倒，他就追上英瓊，將紙卷扔下，才行飛去。

英瓊看完紙捲，才知那啞少年並非妖尸一黨，如果早些得知就裡，不但不會涉險被圍，下手還要容易得多。如今妖尸頸上火雲鏈被自己紫郢劍斬斷，行動已能自如，又有了防備，豈不難上加難？照紙捲上所說，明指著要周輕雲相助，才能成功。暗想：「輕雲雖然人門較久，論她飛劍能力，還未必能勝過自

己。況且凝碧崖正在多事之秋，若須她相助，妙一夫人飛劍傳書怎未明言？來時頗為自負，怎便事急回去求人？而且輕雲也未必分身得開。好在已有啞少年做內應，妖尸每日仍有兩次回死，莫如還是再試上兩回，真不能盜玉，再行回山求助不遲。」主意打好，吩咐那些馬熊自行覓地潛伏，逕跨神鵰回轉原處。

穴中猩、熊見她回轉，俱都歡呼跳躍，圍上前來。英瓊一見袁星不在穴內，等了一會，也未見回來，心甚憂疑。剛剛飛身出穴，想命神鵰前去尋找，袁星已經狼狼狽狽跑了回來。問它何往？袁星說道：

「因聽神鵰回說，牠在妖尸洞頂上空瞭望，見洞中妖氛四起，將附近山環全都遮蔽。待了好一會，彷彿看見主人的劍光閃了幾下，便不見動靜。待要飛身下去，不知虛實，未敢造次。主人無事，固用不著；萬一有事，再連牠一齊失陷，回去求救的都沒有。回來一見主人果然未回，才著了慌。知道袁星此地路徑甚熟，背了袁星到妖穴附近落下，由袁星前去先探個動靜，牠在空中接應，想法將主人救出。

「到了那裡，由那條螺形山窟鑽出去一看，祇見那洞已變了形狀，宛然不似先前主人住時樣兒。剛想偷進洞去，便遇見那日所遇見過的兩個鬼小孩。袁星知敵他們不過，回頭就跑，

以為他們俱會妖法飛行，必定追上。誰知他們先祇是步行，直到追出很遠，才一人一面，將袁星圍住。他們說主人業被洞中妖屍害死，要袁星答應他們兩件事，才饒活命：第一是袁星歸順了他們；第二是要袁星將兩口長劍送他們。袁星不服，便用寶劍和他們打。這兩個鬼小孩並無法寶、飛劍，不知他們用什麼妖法，兀自天昏地暗，山搖地動，怎麼走也走不出去，到處都有惡鬼現形。

「正在危急，忽見一道紫光一閃，耳聽鋼羽叫聲，立時妖雲全散，兩個鬼小孩也不知去向。及至留神一看，祇見鋼羽飛來，爪上抓著主人的飛劍。牠說牠在上空飛翔，看見主人劍光在山崖後地面上不住盤旋，不時穿入地內，好似要擇一個所在飛入。牠知主人被困時，劍光業已自行飛走，恐怕失落在敵人之手，仗著白眉禪師傳牠抓劍之法，費了無窮氣力，追逐過好幾個山頭，先前很難抓住，有時抓住也被牠掙脫，還傷了好幾片毛羽。末後劍光好似失了駕馭，在空中自在遊行，才得冒臉上前抓住。

「算計劍光自行往地下衝擊之處，必是主人失陷之所。知主人仙根仙骨，不會送命，想往劍光飛翔之處尋找。回來看見兩個鬼小孩將袁星困住，祇可惜不敢將劍光鬆爪，不及兼顧，被兩個鬼小孩逃走。因救主人情急，也不管利害輕重，一面命

袁星仗著路熟，偷入洞中尋找；鋼羽卻往先前發現劍光的地方，用另一隻鋼爪去抓開山石。若是真正無法，再行回山求救。除妖尸住的後進有妖氣擋住，舞動劍光也衝不進去外，凡是從前所曉得的地方，全都找遍，也未尋見主人蹤跡。總覺地形全都改變，與前大不相同，鋼羽說是妖尸弄的玄虛。

「似這樣尋有兩天，老想回山送信，老是遲疑不定。洞中共有三個鬼小孩，除了有一個穿青衣身材略高一點的，見了我們自己避開外，先遇那兩個，遇見幾次，都被鋼羽趕跑。第三天上，鋼羽忽然抓了劍光飛去。等了有好一會，那兩個鬼小孩又現身出來。袁星因鋼羽不在，連忙尋了一處地方潛伏，幸而未被他們看見。後來見鋼羽飛回，看準一個地方，連連用爪抓地，祇幾下便聽得幾聲地震，主人帶了馬熊飛身出來。

「袁星心裡喜歡，剛要過去，忽聽洞中怪聲大起，飛出一個似殭屍的怪物，放出黑氣，朝主人飛去。眼看近前，晴天一個大雷，射下無數道金絲，將那怪物震得跌了一跤，爬起來回頭往洞裡就跑。同時又見一朵彩雲，比電閃還急，往南方飛去。再看主人、鋼羽，連那許多馬熊，俱都不知去向。這時袁星正往主人站的地方跑去，劈頭遇見兩個鬼小孩從地上爬起，迎個滿懷。連忙舞動劍光退走，逃到一個山環之內，被他們追上，又將袁星困住。

「正在頭暈眼花，支持不住，一道烏金光亮一閃，那穿著青衣的小孩飛來，一見面便喚住那兩個鬼小孩，收了妖雲，袁星業已將要暈倒。後來這個卻是啞巴，眼看他和那兩個鬼小孩比畫了一陣，又爭論了一陣。那兩個鬼小孩先是不服，後來這個又用手在地下畫了幾下，才勉強分出一個，將袁星追上。說他三人中一個，主人已經見過。那兩個矮鬼，一個姓米，一個姓劉，俱非鬼怪，乃是天生異相。主人已經被人救走，他們也不再同我們為敵，並且還願為主人的內應。祇求將來擒妖尸時，不要傷他們。現在妖尸已被長眉真人靈符震傷元氣，須要靜養，養好就要離開此地，請主人急速下手。

「適才妖尸傳話，每日要尋取十三隻馬熊、猩猿，連飲生血，並煉法寶。知主人回山再來，還得兩天。袁星就是猩猿頭子，在主人未斬妖尸以前，務必給他們辦到，以免妖尸親自用法術搜尋，玉石俱焚，並省他們受妖尸凌逼。如若不從，縱有後來穿青衣的講情，他二人也不能放袁星逃走。

「袁星被迫無奈，祇得答應下來。他二人果然沒有追趕。走沒多遠，便遇鋼羽飛來，將袁星接回。牠說適才明明看出主人就困在附近地下，祇是無門可入。忽然看見山南有先輩熟人的劍光一閃，知道有了救星。飛過去一看，果然是失蹤多年，

147

在白眉禪師那裡聽過經的前輩異派劍仙中數一數二的人物青囊仙子華瑤崧，便向她哀鳴求救。

「聽華仙姑說起，她本就要離開此山，也是受了長眉教祖之託，知主人有難，前來相救。因為這次妖尸劫數未到，不願露面結仇，祇可在暗中指點。說主人已被妖尸易岳移山，陷身地肺之內。漫說妖法厲害，就是洞中陰惡之氣，也受不住。所幸根基甚厚，多服靈藥，暫時還不妨事。

「還算妖尸一時疏忽，移山時恰巧將關馬熊的石穴一齊倒轉，正當地肺的穴窈，那裡比較容易攻穿。上面雖有妖法封鎖，卻忘了下面那些馬熊受不住悶氣，必然用頭亂撞。這東西原是山中力大無窮的猛獸，不消兩日，便可攻破，地氣一洩，妖寒全散。唯恐主人還不易脫身，又給了一道破山靈符，命鋼羽擲向主人陷身之處。祇需稍露孔隙，主人劍光便可穿入，震開山石，脫身出來。牠謝了華仙姑，依言行事，將主人救出。又叫袁星對主人說，還是急速回山，尋一位仙姑相助才好。」

英瓊一聽，妖尸震傷，手下全都和自己一氣，多一周輕雲，也無關重要。想起那啞少年曾在洞頂相遇，何不再去尋他，問明詳細，以定行止。想到這裡，便命袁星暫時回洞歇息，神鵰仍往妖穴附近探看。獨自一人，回到夾縫中，飛身穿出崖頂一

看，那啞少年莊易面帶焦急之容，正在那裡往來盤旋。見英瓊現身出來，慌忙上前相見，先用手指了指心、口兩處。英瓊知他口啞，便先向他道了歉。然後請他坐下，用手在地上寫畫，以代談話。

莊易點了點頭，隨手折了一根樹枝，在地上寫道：「那妖尸被長眉真人靈符震傷元氣，須要修煉三十六天，才能復原。頸上火雲鏈已破，復原之後，便要飛往別處。現在正命劉、米兩矮子到處搜尋猛獸，祭煉妖法。因與英瓊交手時節，見莊易未曾上前相助，頗起疑心，如今誰都不肯信任。為防英瓊再去和他為難，已用身外化身之法，將元神分化。另用極厲害的妖法防衛本身，全洞都佈置好了羅網。除卻晨昏回死之時，妖尸元神須要入穴守護，外人一進洞，便會被獲遭擒。就是趁他回死之際，休說他藏身地穴，那頭層洞門都難進去。我此時抽空與你送一個信，須要急打主意才好。」

英瓊又問了問妖尸的起居動作，知妖尸防護嚴密，那塊溫玉就掛在他的胸前，實實想不出好法子。莊易又因身在虎穴，妖尸頸上束縛已去，行蹤詭祕，來去飄然，萬一回醒，元神飛出，一個不及覺察，被他看破，便有性命之憂，急於要想回去。

英瓊正待起身相送，猛想起自己來時，曾借有秦紫玲的彌

149

塵旛。救若蘭回山時，因為想借天風陽光暖和一下，又因鵰行迅速，自己到底功行尚淺，彌塵旛雖快，上次在青螺中了妖法，被紫玲救回峨嵋時，昏惘之中，兀自覺得頭暈心跳，又未遇見大敵和危險，所以僅止用牠護身，回去並未催動，一直再未使用。祇奇怪二次救馬熊，正苦無法護送，頭一次雖仗敵人未來追趕，第二次被妖尸困住，何以也忘了取出應用？

想到這裡，伸手往懷中一摸，不由急出了一身冷汗，粉面通紅，心頭直跳。原來那彌塵旛已不知在何時失去。連忙喚住莊易，略微鎮靜心神，想了想，猜是被妖尸困住時節，那旛不比紫郢劍，已和自己成了一體，別人不能使用，不被妖尸得了去，也必遺失在地穴之內。休說回山去約輕雲，此寶一失，怎好意思去見秦家姊妹之面？越想越急，便對莊易說了，請他留神探個動靜。

莊易又急匆匆在地上寫出，那旛似未落到妖尸之手，不是遺失地竅以內，便是在旁處失去。祇要遺在地竅，自適才被馬熊和英瓊的劍光攻破以後，妖尸並未使它還原，進去搜尋不難等語。英瓊連忙重重拜託，連用法一齊傳他，如果尋著，急速飛來。莊易點頭答應，便作別飛去。

英瓊幾番細想，除了遺失地穴以內，實在想不出遺落何所。

150

據莊易傳那華仙姑之言，再三說是如無輕雲相助，一人決難成功。先前是不想回山，現在就是想回山，不將彌塵旛尋到，也是無顏回去。左思右想，打不定主意。一會黃昏過去，進入深夜。算計妖尸已經回醒，不便前去，且候至清晨見了莊易，再作計較。

在崖頂憂惶徘徊，到了天色黎明，莊易飛來，說彌塵旛遍尋不見。妖尸已對他起了疑心，無可奈何，祇得編了一套說詞，現在尚不能明告。問英瓊願去約人來助不？如想獨自盜玉，他說對妖尸所說那一番話，正是一個機會。祇要英瓊到時肯委屈假意承應，即使被擒，仍可脫身。可趁今晚黃昏，妖尸回死時，前去一試。不行再回峨嵋求助，也不遲在這一日。英瓊問他承應什麼？莊易又不肯明寫出來，把樹枝指在地上，臉上紅了又紅。

英瓊心亂如麻，一心記掛失旛之事，見他為難，也未追問。一會莊易又告訴英瓊，前洞外人已難入內，指明了崖夾縫中那條通至二層洞門古樹穴內的窄徑暗道，請英瓊由此前往，可以躲過頭層封鎖，省得用妖尸所傳出入之法，招妖尸疑心。萬一被擒，休要慌急，能暫時從權更好，倘如不能，他必在無人之時前來看望，彼此一切意會，千萬不可說私話。因為妖尸心靈無比，如不在他回死之時，離他五六十丈遠近以內，口角微動，

他俱覺察。不能從權降順，痛罵他一頓，倒是無妨。一露馬腳，二人同時遭殃。說罷，作別飛去。

這一來，英瓊越發失望。莊易走後，猛想起救英男回山時，曾在山南一座崖前取暖。回來又在一個地方等候袁星，打了一夜坐，被兩個似人非人的白色怪物放寒氣將自己驚動。莫非一時不留神，將旛遺落在彼？何不趁著這富餘時間，前往尋找？明知法寶非常物件，如無絕大本領之人盜去，或是在被妖法困住，心神無主，決難隨便失落。但是事已至此，不能不作萬一之想。

當下便令袁星留守，帶了神鵰，先往山南降落之處，尋了一個仔細，哪有絲毫蹤跡，滿腔失望。再往那晚打坐之處飛落，仍留神鵰在空中，先往樹林之中尋找，仍無蹤跡，細想那兩個白色怪物相鬥時情形，正要出林再找，忽聽遠遠起了一陣細微聲息。

英瓊自來機警，便停聲縮步，從林隙中往外一看。祇見一陣旋風，捲起一團白霧，從西面峰腳一個巖洞中飛落林外。這次兩個白東西一落地，先揭去頭上的白面罩。看身量容貌，俱都生得一樣，好似兩個孿生的兄弟。英瓊才知那晚兩個怪物，竟是這兩個妖人鬧的玄虛。彌塵旛如果遺失，必落他們之手。

一著急，幾乎飛出林去。再看那兩個白衣人，已走近身旁不遠立定，說起話來。

英瓊藏身樹後，側耳聽時，偏是相隔稍遠，那兩人說話聲音又低，啁啾不似人言，一句也聽不出。英瓊又急又恨，待要移前幾步，聽他兩人說些什麼。身略移動，猛然一眼看見樹杪陽光，將自己的影子斜射了半個在地上，離那兩人立處不遠，心中一動：「那兩人既會法術，自己的人影落在他們面前，沒有不見之理，怎麼連頭都不往後回一回，若無其事一般？這事太不近情理，莫非又在鬧什麼鬼？」

才一轉念，忽聽空中一聲鵰鳴，日光之下一團黑影，直往自己頂上撲到，疾如飄風。祇聽身後風聲呼呼，樹木折斷，卡嚓連響。知有變故，連忙回身一看，一個面如黑鐵的道人，一手拿著一張小木弓，弓上排列著數十小箭，似連珠般射將上去；另一手拿著一柄拂塵在頭上連揮，頃刻之間，白色茫茫，將道人全身籠住。那小箭一出手，倒是一溜黃色火星。空中神鵰，正用兩隻鋼爪抓那火星，雖然隨抓隨滅，無奈火星太多，祇這一轉瞬間，已射了三四十個上去，看看有些忙亂神氣。

原來那道人正是利用余英男去盜冰蠶的無影道士韋居。自盜蠶未能得手，反被英瓊在風穴中劍斬了愛徒魏宗，恨如切骨。

當時因見英瓊劍光厲害，又有白眉和尚座下仙禽，未敢公然報仇。跟蹤到了莽蒼山陽，見英瓊業已救了英男飛走。正在無可奈何，忽聽有人呼喚，回頭一看，正是多年老友、福建武夷山雪窟雙魔——黎成、黎紹。

同惡相濟，久別重逢，自然一見心喜。問起情形，才知黎氏兄弟被怪叫化凌渾追逃到此，就在這莽蒼山陽的兔兒巖玄霜洞內藏身。韋居也略說了經過，約他倆同盜冰蠶，開創一家道數。黎氏兄弟便約他同居洞中，相機行事。

第二日英瓊又來，黎成在暗中看出英瓊身有異寶，想好計策，先用魔霧想將英瓊迷倒。不料英瓊多服靈藥，仙根甚厚，還未近前，便即警覺。黎氏弟兄以前吃過許多苦頭，見英瓊身旁劍氣鑑人，魔霧難侵，不敢再上。改用幻影，乘英瓊分心之時，由韋居隱了身形，偷至英瓊身後，用妖法將彌塵旛盜去。

彼時英瓊正注視兩個怪物滿地亂滾，神鵰又不在跟前，並未在意。隨後便駕劍光飛起，去察看袁星蹤跡。三個妖人跟蹤追到袁星被困所在，見下面黑氣如絲，滿空交織，英瓊已將劍光飛出手去，一道紫光過處，妖氛盡掃，救出猩、熊。三個妖人俱認得那鵰是白眉和尚座下仙禽；又見英瓊驅遣猛獸；還有先前鵰背上那一隻大猩猿，手使兩道劍光，也分不出什麼家數，

154

宛如神龍鬧海，長虹刺天，尋常不易得見；尤其那滿空黑絲，何等厲害，被紫光一照面，便破了去，施放的人比自己定然高明。故未敢露面，任她從從容容將這數百猩、猿救走。知這女子來歷必然不小。

當時三妖人未敢造次，仍回兔兒巖。取出所盜來寶物，見是一面似錦繡織成的小旛，上面繪有煙雲古篆，霞光隱隱。三個妖人未曾見過天狐，雖知是件異寶，祇苦於不知來歷用處，暫時商量，先由韋居保管。

正在商量之時，忽見旛上彩霞做湘，光雲驟起。就在這疑詫諦視之間，倏地轟隆兩聲，似花炮脫手般，化成一幢彩雲，沖霄飛去，轉眼不見。再看韋居，拿旛的左手業已震破，五根手指倒震斷了四根。黎氏弟兄原知正派法寶，外人到手不易使用，特意叫韋居去盜，如能使用無事，再和他強要，本無好心。一見韋居果然吃了苦頭，好不暗幸。對於英瓊，更是不敢輕視。偏那韋居不知死在臨頭，一面將自備丹藥嚼破敷治，越發心中憤恨，祇是覺著能力不濟，也無可奈何！

事有湊巧。那妖尸洞中兩個矮妖人，一名米鼉，一名劉遇安，原是異派中有數人物，因盜溫玉未成，反被妖尸谷辰強作奴僕，常思背叛。這時趁妖尸困住英瓊，入穴行法，莊易又不

在跟前，偷偷溜出商議，正趕上韋、黎三人閒遊北山。

　　兩矮原與黎氏弟兄相識，五人相見之後，互談經過。兩矮便請韋、黎三人遇機相助。三人一聽妖尸谷辰業已出世，兩矮那般本領，都被他收去法寶，做了奴隸，如何敢惹，略與敷衍，便即避開。因兩矮談起被困女子穿著容貌和被困時情形，好似那女子法寶雖然厲害，自身並無多大道行。頭一個韋居心中後悔，為女子先聲所奪，未使妖法一試。當時也未想到英瓊會脫出妖尸毒手，以為必死，也就丟開。

　　今日三人正商量用什麼方法去盜冰蠶，忽見神鵰背了英瓊飛來，落下便即飛去。依了黎氏弟兄，說英瓊既能逃出虎口，本領必非尋常，不可冒昧。韋居執意要代愛徒報仇，非下手不可，猜英瓊是為了尋仇而來。仍由黎氏弟兄故意飛到英瓊身前說話，引她偷聽注意。再由韋居從林後入內，暗使妖法冷箭，兩下夾攻。

　　不料這次神鵰並未飛遠，早看見兩個妖人飛落近英瓊身前不遠，因見主人未有動作，也未下擊。忽見還有一個妖道，隱身繞入林中，要從主人身後暗下毒手，如何不急，兩翼一束，如彈丸飛墜，從空下投，快要到達地面，才長鳴示警。林中樹林叢密，雖然礙事，禁不起神鵰得道多年，煉就鋼爪鋼羽，一

雙闊翼，收合之間，成抱大樹，俱都紛紛折斷，砂石紛飛。

妖道韋居已拿著數十支穿心弩，口唸咒語，想要發將出去。忽聽大風揚塵拔木，當頭一大團黑影飛到，知道不好，連忙將身飛縱出去一看，正是日前所見白眉和尚座下仙禽，已經離頭不遠，大吃一驚。忙使妖法，展動在手拂塵，祭起一團濃霧，護住身軀。神鵰識貨，見主人業已警覺，妖道拂塵上的妖霧異常污穢，不願沾染，將身飛起高空。

妖道在急忙中，不顧暗算英瓊，左手穿心弩向空發出。祇見神鵰伸開鋼爪，一抓就是一個。妖道著了慌，便把手中弩箭化成數十點黃火星，連珠發出。心中暗罵：「你這扁毛畜生！任你鋼爪能抓，祇要射中一支，怕你不周身寒顫，落下地來。」

神鵰原本性烈，一見黃火星飛來太多，不好應付，略一疏忽，左翼上連中兩箭，身上一冷，知道已吃了虧，長嘯一聲，將兩翼展開，直朝那數十點火星撲去。等到一齊射到翼上，倏又將兩翼一收，將那數十點火星一齊夾入腋下，一個禁受不住，直往林外墜落。

就在神鵰剛中頭兩支弩箭時，英瓊已經回身，看出神鵰忙亂，嬌叱一聲，一道紫光，直往霧影中妖道穿去。韋居想是應

該遭劫，明知敵人飛劍厲害，竟會以為自己護身妖霧，聚天地至淫極穢之氣煉成，專污法寶飛劍，用它護身，萬無一失。正可惜此牽制敵人，會同黎氏弟兄，另用別的妖術邪法，兩下夾攻，使敵人措手不及。萬沒料到紫郢劍不怕邪污，等到紫光飛入霧影氛圍，並未墜落，才知不好，休說遁走，連「噯呀」兩字俱未喊出，被英瓊飛劍攔腰斬為兩截。

黎氏弟兄中的黎紹最為奸狡，早就垂涎英瓊姿色，一見英瓊回身和韋居交手，忘了身後敵人，腳一點處，首先飛到英瓊身後，取出一面妖網，正要張口噴出一股妖霧，再將妖網罩將過去。誰知英瓊一心惦記彌塵旛，見妖霧散處，妖道腰斬就地，早縱將過去，低身便要搜檢。忽聞一股奇腥從後吹來，覺得頭腦昏眩，猛想起那兩個白衣妖人尚在身後，暗道一聲：「不好！」忙攝心神，連人連劍飛起。回頭一看，離身不遠，一個白衣妖人口中冒出黃煙，手持一團五色妖網，似要發出。英瓊不問三七二十一，指揮劍光，直飛過去。

黎紹剛把妖氣噴出，忽聽身後喊得一聲：「且慢！」便見韋居身首異處。英瓊縱身過去，口中妖氣又未將人迷倒，知道不能討好，不敢再將手中妖網發出。還未及回身逃遁，英瓊劍光已疾若閃電，飛射過來，紫虹齊腰一繞，登時了帳。

　　黎成比較膽小，見神鵰飛來，英瓊已和韋居對面，抱了坐山觀虎鬥的主意，原不想上前。一見黎紹輕敵，到底骨肉關心，喊了一聲「且慢」未喊住，忙也縱身入林，想將黎紹喚住，正趕上英瓊連斬韋居、黎紹。英瓊見神鵰中弩飛墜，不知吉凶，飛身出林，尋蹤查看。一見黎成飛來，再也湊巧不過，兩下連話都未說一句，被英瓊紫光迎面當中穿過，黎成祇「噯呀」一聲，肚腸已被劍光穿破。

　　英瓊連誅三凶，聽神鵰在前邊長嘯，更比彌塵旛還要來得關心，也不顧搜檢三凶屍首，忙駕劍光飛身過去。祇見神鵰正站在林外一塊岩石上面，兩爪緊抓石根，兩翼展開，似飛不飛，渾身羽毛根根直豎，抖顫不已，彷彿平時抖翎發威的神氣。身旁不遠，散落著一地的小弩箭，箭頭黃色火星早已熄滅，祇微微有些放光。

　　英瓊起初不知神鵰身受重傷，見牠依舊神駿，略放寬心。一眼看到適才妖人施放的法寶，順手便要拾取。可憐神鵰業已周身寒顫，不能奮飛，一見主人又要步牠後塵，奮起神威，一聲長嘯，倏地從岩石上躍掠下來，微微將英瓊身子一撞，撞出一兩丈遠近。

　　英瓊見神鵰無故撞她，兩翼不收，身上毛羽老是不倒，才

覺出有些異樣。忙停了手，走近身旁，用手一摸，到處都是冰涼抖顫，觸手麻木。不由吃了一驚，忙問道：「我看你這樣兒，莫非受了妖人的害了麼？」

神鵰聞言，將頭連點幾點，不住低頭去挨英瓊手臂，漫聲長嘯，甚是依戀。英瓊忙將身上丹藥與牠吃了，仍是無效。言語不通，又不知怎樣才能解救，飛又飛不起來。意欲用自己劍光勉強帶牠飛轉巖穴，牠又祇是搖頭，心中焦急萬狀。

一會神鵰強掙著將頭低到地面，連顫帶抖地用嘴在地上畫了一個「袁」字。英瓊猛想起神鵰異常靈異，必然自知解救之方，祇苦於鳥語難通，想必是要叫袁星前來代牠傳話，問了問，果然點頭。明知鄰近妖人窟穴，不知是否還有餘黨，丟牠在此，去帶袁星，不大放心。但是事已至此，無可奈何，祇得囑咐牠不要叫喚驚動敵人，自己去去就來。神鵰又點了點頭。

英瓊什麼都不顧，忙駕劍光直飛巖穴。袁星倒不曾外出，英瓊祇說得一聲：「跟我走！」，命袁星橫倒，伸出一雙皓腕，將牠抱定，駕劍光飛回來路。劍光迅速，來去不到一個時辰，且喜沒有出事。

神鵰見主人帶袁星飛來，不住低鳴，示意袁星跑近前。袁

星問了問，對英瓊道：「牠和妖人對敵時，見妖人放的冷箭太多，抓收不及，恐防中了要害，壞了功行，仗著佛法，運用真氣，護住前胸，特地展開雙翼，將那些冷箭一齊收去。牠卻中了妖法，衹是外面寒顫，不能飛行。又服了主人給的靈丹，並不妨事。不過眼前不能飛動，須在附近擇一隱祕之處藏身，由牠自運玄功，將陰寒之氣從翎毛中抖散，須要好幾天工夫，才能復舊如初。命中該遭此劫，仗著主人福庇，沒受大傷，還算便宜。請主人不要憂驚。」

英瓊聞言，略放寬心。想起適才曾見妖人從西面崖腳洞中飛出，遠看那洞倒不甚小，如無妖人餘黨在內盤踞，這裡峰迴路轉，四周山嶺排天，林巒幽靜，倒是絕好藏身之所。想了想，命袁星看護神鵰，自己飛往洞中一看，那洞果然高大明亮，細細搜尋了一遍，並無妖人餘黨，心中甚喜，連忙回身。因神鵰已不能飛行，縱躍俱覺為難，便命袁星伏下地去，舉起神鵰雙腳，同往洞內放下。才準備去尋彌塵旛，出洞搜檢三個妖人的屍首。

袁星忙道：「適才鋼羽說，妖人冷箭是採北海陰寒之精煉成，雖然妖人死後失了作用，尋常還是近它不得，遺留此間，恐為別的妖人得去。請主人用紫郢劍將它毀了，切不可用手去拿。」英瓊才明白神鵰撞她用意。仍命袁星守護，逕往林中一

161

看，三個妖人屍首俱在林中未動，血污遍地，蚊蠅紛集。惟獨第二次殺死的白衣妖人，身上一個蚊蠅都無有，猜他懷中有寶。因恐又有冷箭之類的東西，用劍挑破衣服一看，竟是一無所有，祇左手拿著一個五色網兜，隱隱放光。試探著拾起一看，輕如條綃，薄比蟬翼，顏色鮮明，似絲非絲。估不透來歷，且揣在身旁囊內，將來回山問了諸同門再說。

妖人左手卻壓在下面，用劍背撥翻轉來，見還壓著一個裝寶物的兜囊。挑開一看，中有一塊似晶非晶、似玉非玉的東西，色如渥丹，入手陰涼。另有一柄小劍，一本道書，翻了翻，俱是符籙，全不認得。再將那兩個屍身細細搜檢，除最後死的妖人身旁也檢出一口同樣小劍，那行刺自己的妖人，除了那柄放妖霧的拂塵，已被紫郢劍斬斷，冷箭被神鵰收去外，別無長物。連搜數次，哪有彌塵旛的蹤跡，不由又著急起來。因天已不早，須赴莊易之約，無可奈何，祇得把所有搜來的東西，全裝入自己寶囊以內，用劍光將許多冷箭斷成粉碎，飛身入洞。命袁星不許離開神鵰，駕劍光飛回地穴。

第一一五回　重返仙山　靈泉初孕暖冰肌　三探妖窟　毒眚齊飛裂地肺

　　黃昏將近，英瓊算計莊易不會再來，便照他所說的捷徑，往靈玉崖妖尸洞內飛去。起身時節，彷彿見身側下面，似有一絲銀光一閃，因為時機緊迫，沒有在意。黑暗之中，藉著劍光照路，不多一會，便從那枯樹窟中，穿了出去。一看，靜悄悄的，一個人影俱無。天空霧漾漾，低得似要到了頭上。再看二層洞門，黑氣瀰漫，定睛細看，僅僅辨出門戶。

　　英瓊大著膽子，身劍合一，冒險從二門穿了過去。裡面倒還光明，祇封鎖門戶的黑氣有二三尺厚，雖然聞見奇腥，卻無他異。到了裡面一看，一排五間天然生就的石室，几榻丹爐，森然羅列，石壁瑩潔，似玉一般。因早得莊易指示，知道當中一間鐘乳屏障後面，甬道盡頭處，有一深穴，下面便是妖窟，便將劍光按住，悄悄循路走進。

　　走完甬道，忽覺奇腥刺鼻，霉氣襲人。指劍光一照，果然有一深穴，又有黑氣籠罩，看不見底。祇得加緊戒備，仍用劍光護身，往下飛落。在濃密黑氛裡彎曲轉折，降有數十百丈，

才得到底。又前行了幾丈遠近，忽睹微光，漸漸身子也穿出濃霧。劍光照處，看出兩旁岩石低合，祇有人高。前面現出一個廣洞，到處都是濕陰陰的，霉氣中人欲嘔，那微光便從洞中發出。

英瓊知妖人巢穴已到，且喜沒有驚動。二次收了劍光，移步行近洞前，微微聽得獸息咻咻。探頭往裡一看，洞裡竟是一個怪石叢列，窮極幽暗深窟，寬約百丈。滿地上豎著數十面長旛，俱畫著許多赤身魔鬼。每面旛底下，疊著三個生相猙獰的馬熊、猩猿的頭顱，個個睜著怪眼，磨牙吐舌，彷彿咆哮如生。當中有一面一尺數寸長小旛，獨豎在一個數尺高的石柱之上。旛腳下有一油燈檠，燈心放出盌大一團綠火，照在妖旛和獸頭上面，越顯得滿洞都是綠森森陰慘慘的，情景恐怖，無殊地獄變相。英瓊雖然膽大，看看也未免心驚。

正在細查妖尸蹤跡，忽聽當中主旛後面起了一陣怪聲。接著滿洞吱吱鬼叫，陰風四起，大小妖旛一齊搖動，那些獸頭也都目動口張，似要飛起。英瓊疑心妖尸又鬧什麼玄虛，待要使用劍光護身時，怪聲忽止，陰風頓息。猛一眼看見石柱背後，還躺著一個綠衣怪物，微將身縱起，辨出正是日前對敵的妖尸。周身四圍，突現出一圈綠火，將他圍住，綠衣赤足，僵臥地下，口裡黑煙裊裊。胸前盌大一團紅紫光華，正是那塊溫玉放光。

心中大喜，不問青紅皂白，就要飛進。

　　剛一入洞，忽然劈面一樣小東西打來，被劍光一擋，落在地下。同時好似見石柱往裡閃動，迎面有一道烏金光華飛來。定睛一看，哪有什麼石柱，竟是啞少年莊易，穿著一身墨綠怪樣衣服，垂手站在那裡，頭頂一個燈檠，因為滿洞幽碧，適才沒有看清。

　　見他飛劍來得甚慢，知是示警，叫自己退去，並非為敵。暗想：「日裡明明和他約定，來此一試，他既未再見自己的面，事前又未說明妖窟還有這般佈置，祇說往常妖尸回死，他便可隨意飛出，怎又與妖人去作燈檠？尤其是以前兩次和自己對敵，總怕紫郢劍傷了他的劍光，且戰且退，這次卻死命抗拒自己的飛劍，攔住去路，不能上前搶玉，令人不解。」一面迎敵，一面盤算。還待抽空衝到妖尸身旁動手時，忽聽洞頂怪石上有人喝道：「膽大女娃，竟敢前來送死！」言還未了，便聽噹噹幾聲磬響，襯著地下回音，眼前怪狀，格外令人心悸。

　　英瓊循聲注視，看出洞頂怪石上面，還站著日前所見的米、劉兩矮，穿著麻衣麻冠，臉如死灰。手中一個持磬連敲，一個持鐘待打，手卻指著英瓊，往外直揮，意思也是要她退出。英瓊雖然明白他們示意妖尸厲害，但是事已至此，一不作，二不

休，嬌叱一聲：「妖孽休要猖狂，還不納命！」說罷，算計莊易劍光不會傷害自己，打算不管莊易，上前搶玉。正在這連前帶後沒有多少分晷之際，猛地磐聲才畢，鐘聲又響，地下妖尸突然緩緩坐起。先是目瞪神呆，宛如泥塑。倏地咧開闊嘴，露出滿口獠牙，似笑似哭地怪嘯一聲。接著把手一指，大小妖旛全都展動。

霎時，滿洞陰風起處，鬼聲啾啾，獸息咻咻。暗綠光影裡，數十百個獸頭，帶起濃霧黑煙，直撲過來。妖尸身旁綠火，化成千萬點黃綠火星，一窩蜂般飛起，妖氣薰人，頭暈目眩，地動山搖，又和上回被陷情形一樣。英瓊驚弓之鳥，才知先未見機，後退嫌遲，不敢怠慢，忙將身劍合一，依原路往外飛逃。

且喜紫郢劍光畢竟是長眉真人至寶，英瓊又是不求有功，但求無過，始終不曾離身。就在這驚慌昏暗之中，暗運玄功，一任劍光覓路飛遁，紫光閃閃，宛如飛電駕虹般，往上遊走穿行。不時聽到後面地合石墜，宛如雷震山崩，驚心悸膽，哪敢回看！

不多一會，穿過甬道，出了二洞石室，慌不擇地忙往古樹穴內鑽去。到了地穴，見那裡猩、熊三個一堆，二個一叢，分散在穴內盆地之上，自在嚼食籐草花果。看見紫光飛來，一齊

昂首長鳴示意，跳躍不停。暗想：「誰說畜生無知？猩猿一向素食，倒沒什麼，這些馬熊都是天生異獸，兇猛絕倫，性喜血食，多厲害的虎豹豺狼，遇上便無倖理，竟會被自己當初幾句勸勉的話，改用草木充飢，不再殺生害命，真是難得。」心中惦記鵰、猿，適才拚死命從妖窟衝逃，雖仗有紫郢劍護身，仍沾染了一些妖氣，兀自覺得頭腦昏眩，心頭作嘔。見猩、熊無恙，便不下落，祇在穴中略一迴翔，逕往兔兒巖玄霜洞飛去。

袁星早在洞口等候，迎接進去，見神鵰仍在抖顫不停。英瓊問袁星：「鋼羽可曾好了一些？」袁星說：「鋼羽須照這樣運用玄功接連七日七夜，才能將陰寒之氣一齊驅散。洞外三個妖人屍首，已經埋好，以免顯露形跡。適才聽到山北地震，疑是主人又遭失陷，袁星和牠都非常著急。再候一個時辰，主人不歸，便要命袁星去尋找日前那位救星了。」

英瓊見鵰、猿如此忠義，甚為感動，近前抱著神鵰頭頸，撫摸牠的毛羽，覺得雖然冷氣侵人，已不似先前觸手麻木，知道好些，略微寬慰。

漸漸月上中天，月光從洞內移向洞外。黑暗之中，祇有神鵰一雙火眼金睛放光。英瓊覺得心頭發煩，又為失了彌塵旛無處尋找，神鵰中邪不能遠離，好生焦急。待了一會，嫌洞中黑

暗悶氣，出洞飛上頂去一看，半輪明月高懸空表，碧空萬里，淨無纖雲。下面卻是四山雲霧齊起，到處都是白茫茫成團成絮，包圍著許多遙峰近嶺，祇露角尖，宛如大海汪洋獨掉扁舟，容於洪濤駭浪之中，時見遠方島嶼出沒隱現。轉覺昔日莽蒼山夜月梅花，有此清麗，無此壯闊。奇景當前，終因心事在懷，身體不適，無意留連。

兔兒巖原是山中最高所在，洞在巖根，一面平岡，一面下臨絕壑，雲霧都在足下。英瓊正想心事，忽見巖岡之下，似有銀光一閃，低頭一看，一片輕雲，正從腳下升起。先似成團白絮，籠以輕絹。不一會零雲整霧，暖魂凝合，山下雲層逐漸升高。身在銀海，一片渾茫，更覺得沒什麼意思，心頭又煩熱作惡。便將身轉回洞去，尋了一塊石頭坐下，盡自盤算心事。

英瓊越來越覺得頭暈難受。無聊中想起日裡在妖人屍身上搜來的幾樣東西，見洞口雲稀，月光又現，打算取出觀看。往寶囊中一伸手，首先摸著日裡所得的那一塊似晶非晶、似玉非玉的圓石。才一取出，頓覺滿洞黃光閃耀。定睛一看，那光竟從石上發出，光雖不強，近身三兩丈內，已能畢睹，猛想起彌塵旛失落，因為歸時天晚，還忘了搜尋洞內，何不搜尋一回？當下又強打起精神，持玉照路，在洞中尋找。

　　找來找去，忽然發現石壁旁邊還有一個石穴。鑽將進去一看，裡面也是一間石室，有兩個石榻，一個石案，陳列著一些酒肉、乾糧、鮮果之類，還有半葫蘆丹藥，知是妖人遺留之物。正苦煩渴，隨手取了兩個桃杏吃了。再找室內，別無他物。剛喊袁星進來，將案上果子取去，與鋼羽同吃，猛覺頭腦昏眩，身上煩熱，越發厲害起來。一個懶勁，坐在榻上，便即暈倒，以後便神志昏昏，不知人事。有時清醒，覺著周身寒熱酸疼，仍難坐起。

　　見袁星已用葫蘆吸來清泉，隨侍在側，問想飲不。英瓊問天亮了沒有。袁星道：「天已亮了。鋼羽說主人身染妖氣，有一半天將養，便見痊癒，並不妨事。千萬不可勞動心神，求速轉緩。」

　　英瓊聞言，想起自己又病倒荒山，妖穴密邇，雖有鵰、猿隨護，神鵰一樣的在那裡受苦；尤其是溫玉未得，反將彌塵旛失去，無顏回山。一陣焦急，心如油煎，立時又昏了過去。迷惘中，不知過了多少時候，彷彿聽見袁星在喊：「主人醒來！秦仙姑來接你了。」睜眼一看，果然是秦紫玲含笑坐在身旁。先以為是心切成夢，及見是真，想起彌塵旛，不由「咦」了一聲，羞得無地自容。

　　正要起身開口述說，紫玲道：「你受毒不輕，現在尚未復原，且緩起來。我們正在後洞抵禦許多妖人，忽見神鵰獨自回山，你又多日不返，疑你失陷，大師姊特地命我抽空由前洞暗開教祖封鎖，偷偷前來，探個動靜。行至中途，想起你身邊的彌塵旛，不知可曾失落？那旛經我母親和我用過心血祭煉，已與身合，雖然非我母女親手相借，外人不能使用，但是那妖尸神通廣大，恐用邪法毀去。

　　「一時情急，姑且用收寶之法一試，遂從東南方飛來。上面還附著我母親一封小柬，說近來得三仙相助，功行大進，參透玄祕。那日正受完了風雷之苦，忽見彌塵旛飛回，以為我姊妹失了事，大吃一驚。忙拔了一根頭髮，用三昧真火，點起信香，請玄真師伯駕到洞前，哀求解救。經玄真師伯運用玄機，告知因果，才知你還有八難未滿，掌教師尊特地命你飽歷艱辛。我姊妹並未遭難，旛是在你手中失去。並知你連在妖穴失利之事。你中的乃是萬年地煞陰霉之毒，仗你一身仙根仙骨，並無大礙，僅祇數日，便可滿難。

　　「我母親因靈元初復，不能多耗真氣，將旛給我送回，知我不久便會知道，用法收轉。又以超劫在即，囑我峨嵋事完之後，與司徒師兄同寒妹等大劫到前再去等語。及至神鵰將我領到這裡，才放了心。至於仙府，目前正值多事之秋，被妖人大

170

舉圍困，業已多日，須等你將玉盜回，英雲遇合，才能將妖陣破去，妖人逐走。

「所幸前洞通天絕壑，長年雲封，下臨無地，又仗教祖靈符障眼，沒被妖人覺察，出路未斷，才能前來接你回去，將息好了再來。有了彌塵旛，更可隨意出入。一切話長，你多日不歸，大師姊們雖知你不致失陷，總不甚放心，神鵰一回，更是懸念，還以先回山去為是。鋼羽、袁星尚有用牠之處，無須同回，仍留在此，省得山中出入不便。」

英瓊聞言，又感又愧，不便再說什麼，祇得由紫玲扶起。出室一看，神鵰業已昂首長鳴，依然神駿。先問袁星，才知剛剛病了二十三晝夜，且喜未生變故，臥憶前塵，好不心驚。

當下二人同出洞外，囑咐鵰、猿小心潛伏，祇可探查情形，休要輕舉妄動。然後由紫玲抱定英瓊，取出彌塵旛一晃，化成一幢彩雲，飛回峨嵋。

英瓊在空中往下一看，妖雲密佈，山壑潛蹤，時見光華亂竄，也分辨不出底下是什麼所在。就在這微一尋思的工夫，覺得身子往雲霧中飛沉，忽然滿眼光明，仙景如繪，已降落在凝碧崖前。南姑正在太元洞前閒立，一見彩雲飛墜，現出二人，

慌忙迎了上來，說道：「適才敵人又用風雷攻襲飛雷後洞，諸位仙姊俱往後洞迎敵去了。」

　　紫玲聞言，忙對英瓊道：「瓊妹身尚未癒，千萬不可造次，可由南妹扶你進洞養息。我去見了大師姊們，叫她們放心。」英瓊身子也委實軟得厲害，眼看紫玲仍用彌塵旛一晃，竟往側崖飛雷捷徑飛去。南姑慇勤來扶英瓊進內，到了室中一看，祇有虎兒一人在石榻上面壁兀坐。南姑要喚他下來相見，英瓊連忙攔阻說：「用功夫時，不宜中斷，等他坐完再說。」

　　南姑笑道：「他哪有那個福氣就得傳授？就是妹子，學了一些入門口訣和坐功，除了轉教他打打坐，養養心神外，本門真傳，慢說自己尚未得著皮毛，就是會了，沒有諸位姊姊吩咐，怎敢私相授受？不過是怕他淘氣，仙府正在多事之秋，恐他又和上次一樣闖禍，逼他面壁養心罷了。」說時，虎兒已跳下來，上前施禮相見。英瓊見他果然安詳得多，隨口誇獎了幾句。正要問妖人侵犯之事，幾道光華閃處，靈雲、輕雲、紫玲姊妹及芷仙先後入室。

　　諸同門相見之後，靈雲首先說道：「異派妖人想乘各位前輩煉寶不能分身，欺我等年幼力薄，勾結許多同類侵犯仙府，打算劫取芝仙和七口飛劍。石、趙兩位師弟被困飛雷洞前，業

已數日，仗有掌教師尊靈符護體，沒有受害。如今全山雖被妖法封鎖，一日三次風雷攻山，有我等支持，並不妨事。英男師妹，已蒙掌教夫人飛劍傳書，收歸門下。知取溫玉尚須時日，憐她受苦，特賜殊恩，用靈符開了本山溫泉，將她身體自腰以下浸入泉眼，借靈泉陽和之氣暖身，已能言笑如常，就祇暫時不能隨意走動。再將溫玉得來，當時便好。

「這裡的事，話說起來太長。你中邪情形，我們業已盡知。你須要服了丹藥，靜養一半天，痊癒之後，再與周師妹同往莽蒼，先尋師祖遺留的青索劍，再去盜取溫玉。祇有你兩人雙劍合壁，用彌塵幡護身，飛入妖陣，斬斷妖人的都天神雷烈火旗，才能將妖人封鎖破去，大獲全勝呢。」

英瓊聞英男回生，心中大喜，急著想見一面。靈雲說：「此後成了同門，朝夕聚首。她既不能離開泉眼，你又急於調治，好在不出數日，諸事全了，何須急在一時？你走後接連飛劍傳諭，莽蒼妖尸自被你誤破火雲鏈，脫了羈絆，情知正教要和他為難，你必還要再去。一則聚獸妖法尚未煉成，不捨功虧一簣；二則意狠心毒，還想藉著機會報仇，到時將山脈倒轉，將來人陷身地肺，和他以前所遭一樣。

「助你的莊、米、劉三人，除莊易是奉有師命，準備歸入

本門外，那米、劉二人，又將妖人的鐘磬故意慢打，才使你於萬分危急之中，脫身而去。彼時稍慢一些，地肺翻裂，縱有紫郅劍護身，也難脫走。這三人都被妖尸看透行藏，處死他們，不過一舉手之間，因為尚有利用之處，表面故作不知，心中已恨如切骨。

「莊易有華仙姑傳授仙法，到時尚可脫險。米、劉兩人，以前雖行不義，近已洗手多年，又有向善之心，不宜負他們。掌教夫人說，你將來光大門戶，用人之處甚多，與別人不同，特授取捨之權，任你伺機處置。不過你到底年幼道淺，一切仍須小心謹慎為是。」

英瓊見師尊如此器重，自是感奮異常。靈雲說完了話，便取飛劍傳書中附來的丹藥，與英瓊服了，吩咐好生靜養，一交子夜，起來運用兩次玄功，便可痊癒。說罷，等眾同門略微寒暄，便即一同出去。關於妖人侵犯凝碧之事，留為後敘。

且說英瓊服藥不久，便覺神氣漸漸清健，到了第四日早上，已經復原。苦思英男，正想前去探望，忽見輕雲一手拿著彌塵幡，飛將進來說道：「適才寒萼師姊輕敵，從正門上空出去，繞向飛雷崖敵人陣後，想破掉妖陣中央主旗，沒有得手，若非仗有彌塵幡護身，差點陷入陣內。歸途看見你那神鵰獨自盤空

下看，似要擇門飛入。恐妖法厲害，將神鵰陷住，命牠暫在遠方高空等候，回來送信。

「紫玲師姊袖占一卦，說是應在袁星身上。大師姊因你身體業已瘁可，本想敵罷妖人，回來命我和你遵照飛劍傳諭，同往莽蒼。一聽神鵰飛回，必然莽蒼有事，不便延遲，著我和你即刻動身，現在一干妖人正用妖法攻洞，我們由前洞通天絕壑上去吧。」

英瓊聞言，連忙接過紫郢劍，與輕雲同駕彌塵旛，一幢彩雲，飛出通天壑，直升高空。神鵰早在空中等候，迎上前來。當下二人一鵰，同往莽蒼山飛去。先到了地穴之中一看，果然袁星不見蹤跡。又飛往兔兒巖玄霜洞，亦是無有。英瓊忙問神鵰：「袁星被妖尸捉去了麼？」神鵰點了點頭。

依著英瓊，當時便要前往探看。還是輕雲再三主張慎重，說：「既然妖窟有了三位內應，妖尸又在黃昏時分回死，何必急在一時？」英瓊祇得勉強忍耐。因地穴之內黑暗卑濕，穴中猩、熊又未被妖尸發現，決定暫住玄霜洞內，與輕雲先尋那口青索劍的藏處，到了傍晚再作計較。

輕雲取出飛劍傳書附來的柬帖一看，大意說紫郢、青索，

一個陽剛，一個陰柔。青索劍原埋藏在妖洞左近，離昔日英瓊斬木魁的山塹不遠。自那日妖尸倒轉山谷，洩了地氣，封鎖靈符失去效用，青索劍原本靈通，逕自在地下穿行，已離奧區仙府不遠。三日之內，便要穿透地殼，自行飛往北海。不到時候，沒法掘取。到時稍一防備不及，稍縱即逝，難於追尋。那奧區仙府，在猩、熊潛伏的地穴附近，已由醉道人派一位與輕雲有三世宿緣的弟子在彼準備，命輕雲於後日午前趕到，一切自能應手等語。

英瓊惦記袁星，祇草草看過，不曾留神。輕雲猛想起昔日餐霞大師傳授飛劍時，曾有「宿緣三世，有礙飛昇」之言，不但把來時一腔歡喜一齊冰消，反倒羞急起來，當時也未便說明。

到了黃昏將近，輕雲與英瓊騎著神鵰，便往靈玉崖飛去，離崖不遠落下。英瓊以為仍可從三個內應口中，得知一些底細，照舊由袁星所指的祕徑出去。那祕徑原來窄小，自經那日妖法震動，好些地方俱被堵塞。兩人用劍光費了好些事，才得走到出路的缺口。

英瓊首先聽到外面有人笑語和野獸悲號之聲。探頭往外一看，並非莊、米、劉三人，乃是兩個從未見過的道童，地下生著一堆火，一邊躺著一個被妖法禁制的野豬。兩個道童便坐在

豬的身上，一人手持一柄短劍，另一人手持一個半片葫蘆，裡面盛著一些紅水，不住拿短劍就活豬身上挑開皮毛，切那生肉，就火烤吃，也不將豬先行殺死，一任牠悲鳴呼號，以為笑樂。

火光之下，照見兩童雖然不過十六七歲，卻都生相異常兇惡。再見了這般慘惡之狀，英瓊首先按捺不住，將手一拉輕雲，相繼飛身出去。才一照面用，那兩個道童已經覺察，知道來了敵人，同時站起，手揚處，各將短劍化成一道黃光飛出。

輕雲暗笑：「小小么魔，也會賣弄。」玉肩搖處，早將劍光飛出，將兩童黃光繞住。接著飛縱過去，用玉清師太所傳禁身擒拿之法，雙雙捉住。那兩道黃光已被英瓊劍光絞斷。一同將兩童擒入缺口喝問，其中一童說道：「妖尸發覺莊、米、劉三人聯合背叛，終覺有些不妙。偏偏這日又來了一個惡黨，便是這兩個小道童的師父、雲邊石燕峪三星洞的青羊老祖路過莽蒼山，看見一隻猩猿在那裡舞劍，宛然峨嵋嫡派，細看無人在側，用妖法將牠擒住。

「那猩猿竟通人言，說劍是在土內掘的，因昔日偷看別人舞劍，學得一些，並沒師傅，祇要放了牠，自願拜師，跟回山去。牠說這山裡還有一口劍，可惜拿不出。青羊老祖自是心喜，要牠領去。領到一處山崖，忽從空中飛來一隻大黑鵰，那猩猿

177

忽然高叫起來，那鵰聞聲，往下飛撲。青羊老祖看出那鵰是白眉和尚的神禽，才知上了當。正和那鵰對敵，巧遇洞中妖尸神遊洞外，幫著青羊老祖用妖法將鵰趕走，將猩猿擒回洞去，留青羊老祖師徒幫他幾日的忙。

「那猩猿非常狡猾，幾番想逃，都被識破。本來想將牠殺死，因為妖尸要用牠日後煉那妖法，如今吊在地穴，已有數日了。」

正說到這裡，輕雲見那兩個道童一身妖氣，知非善類，本想殺他們除害，又因他二人年紀太幼，於心不忍。正在尋思，忽聽缺口外面一聲怪叫，兩童聞聲，同時高喊道：「師父快救我們！」

輕雲手提二人原未沾地，因見他們俱都馴服乞憐，毫不掙扎，漸漸疏了防範。這時聽外面有了怪聲，略一分神，兩童喊了一聲，倏地往下猛力一掙，一道黑煙閃處，直往缺口外面飛去。英瓊、輕雲也跟蹤追出，見迎面飛來一個青臉長鬚道人，穿著一身青服，手持一根竹杖，一顆頭長得如山羊一般。那兩個道童業已落地，一溜煙往洞裡跑去。

那道人將手中竹杖一晃，化成一條青蛇飛來。英瓊知是道

178

童師父，手起處紫光飛出。道人一看見紫光，知道不妙，想收法寶，已來不及，紫虹過去，將那青蛇斷成兩截。略一迴旋，更不怠慢，直往道人頂上飛去。道人見情勢危急，不及再使別的妖法，化成一溜黑煙，逕往洞內飛逃。

英瓊剛要追進，倏地四周黑煙瀰漫，地動山搖，鬼聲啾啾，慘霧漾漾。隱約聽到神鵰在空中連聲示警，不敢怠慢，連忙招呼輕雲，用劍光和彌塵旛護體，縱身高空，上了鵰背，故意往東遁走。初升起時，還聽後面怪聲，轉眼不聽響動，才繞回兔兒巖落下。

英瓊見今晚情形和那日涉險一樣，妖尸到時並未回死，越發長了凶焰。尤其袁星被擒，三個內應俱被妖尸覺察，適才可惜不曾問那兩個道童，三人情況如何，估量吉少凶多，越發焦急。輕雲也是另有心事在懷，默默相對。

到了次日清早，英瓊又要輕雲前往奧區，早將飛劍到手，便可早日將事辦完。輕雲說：「師尊命有時日，早去也是無用。」英瓊道：「不是還有一位同門道友在那裡守候嗎？我以前怎地竟未發現？就是不能得劍，早作商量也好。」輕雲仍是推託不去。英瓊無法，對於妖穴三個內應畢竟仍然放心不下，見這日無事可作，覺得既有彌塵旛可以護身退走，索性日裡前

179

去探上一回。輕雲不便再不應允，祇得答應一同前往。

這次神鵰也不帶，命牠守洞，逕自出其不意，直撲妖穴，與他一個迅雷不及掩耳。或者盜玉，或者救出袁星，一得手便即遁回。祇須兩人緊持彌塵旛，形影不離，再加有紫郢劍光護體，雖不一定有功，料無閃失。

商議已定，由輕雲將彌塵旛一展，化成一幢彩雲，直往二層妖洞飛去。剛要到達，離地還有數十丈，便見下面黑霧沉沉，將一座山洞完全罩住。轉眼之間，雲幢護著二人身體，業已穿過霧層，落在二層洞內一看，四外靜得一點聲息俱無。二人見未被敵人覺察，忙將彌塵旛收起，暗持手內。

英瓊原是熟路，悄聲將那已成化石的古樹穴指給輕雲，以備萬一脫身之用。然後輕悄悄照日前行經之路，仍由當中石室走了進去。才一進門，便聽見側面一同石室有人嘆息，英瓊側耳一聽，甚是耳熟。一個道：「你說救星快來，怎麼還不見動靜？時機一過，沒活路了。」另一個正要還言，英瓊已經探頭往裡，看出說話這人腳上頭下，倒懸空中，兩腳似被什麼東西綁住，卻又不見繩索痕跡。

英瓊正要近前相救。輕雲自在成都辟邪村與玉清大師同居

多日，對於旁門妖法已經知道不少，看出那兩個矮子被妖法禁制，倒吊室中，身旁定有妖法埋伏，防人援救。見英瓊毫不思索，便要走近，連忙拉住，悄悄對英瓊說了，叫她不可造次。同時兩矮也看見英瓊同了一個仙風道骨的女子站在室外，正議論救他二人之事，忙同聲喊道：「我們雖被妖尸用黑煞絲綑住吊起，身旁設有埋伏，但是並攔不住李仙姑的紫郢劍，祇須用那紫光朝我兩人頭腳身側繞它一繞，便可破去。我們已和莊易商量好了，決計改邪歸正，助李仙姑盜溫玉斬妖。快請下手相救吧！」

英瓊不俟二人把話說完，早指揮手上劍光，直往二人近身之處飛繞了兩圈。紫光影裡，果然看見百十條黑絲似斷線一般，滿室飄揚。米、劉兩矮脫身之後，慌不迭地跑將過來說道：「那妖尸甚是機警，此時必因煉法將身絆住，如不快走，等他發覺，必然又用妖法移形換岳，將我等困住，再用陰飈地火，化成齏粉，那時想走，便走不脫了。」

言還未了，英瓊正想向他打聽袁星、莊易蹤跡，猛覺雙腳一軟，往下一沉，腳下的地平空直陷下去。同時陰風四起，鬼聲啾啾，黃霧綠煙一齊飛湧，紅火星似火山爆發一般往上升起。

輕雲本就時刻留神，一見不好，首先一手抓住英瓊，一手

展動彌塵旛，往上升起。煙霧火星中，眼看足下成了一個無底火坑。米、劉二矮猝不及防，哪裡存身得住，竟似彈丸飛墜，往下翻滾飛落，口中不住哀號：「仙姑救命！」

就在英瓊、輕雲轉瞬升起之際，一見二人命在頃刻，竟忘了危險，同時大動惻隱之心，連話都未及說，好似彼此都有意會，不約而同地手中掐訣，返身往下飛沉。彩雲飛墜中，降沒有二十多丈，早一人抓著一個，同喊得一聲：「起！」比電閃還疾，沖霄直上。英瓊百忙中注視下面，忽見一朵火花一閃，往腳底衝上，耳旁又聽怪聲。

那妖尸突地從地穴下面現身追上，睜著一雙黃綠不定怪眼，張開滿嘴獠牙，手拿著一面妖旛，一手掐訣，那五色焰火似春潮一般，往上衝來。且喜挨近彩雲，全都消滅。再抬頭往上一看，不禁大吃一驚，原來二人祇顧救人，忘了危機四伏。就在彩雲下沉之際，雖然時光不及分暑，上面適才裂開的地穴，突又四面合將攏來，眼看祇剩二尺寬的隙口。下面是無邊無底的火焰地獄，上面地殼又將包沒，如何不急。剛要將紫郢劍飛出手去，猛聽嚓嚓連聲，身子已在彩雲保護中穿出地面。再看下面，石塊如粉，已將地殼包沒，真個是危機一髮，少遲便未必能夠脫身。

　　這時石室業被妖法震裂，二人便駕著彩雲，提著米、劉二矮，穿透黑氛，直往空中飛去。到了兔兒巖落下，米、劉兩矮先謝了救命之恩。英瓊問起袁星，才知袁星被擒以後，幾次逃脫，都為不捨那兩口寶劍，想要一同盜走，最後仍被那羊面妖人擒住。先因想將袁星帶回石燕峪看守門戶，並沒害牠之心，後來看出野性難馴。同時妖尸谷辰又因主旛短一靈獸真魂，起初礙著青羊老祖情面，本想就莊、米、劉三人中擇一代替，及見袁星不肯馴服，用牠作主旛元神，自是再好不過。

　　如今袁星同莊易俱被妖尸困入地穴，業已二日。早先三人未被妖尸看出行藏時，會定本月庚辰為妖法煉成之期，頸上殘留的半截火雲鏈也同時可以脫卸。自從英瓊來到，它知敵人厲害，日夜加緊祭煉。近來雖說每日仍有幾個時辰在穴中行法，已無須回死。大後日才是庚辰，如果日期不改，莊易、袁星尚有數日活命。青羊老祖手下兩個道童雖然年幼，也是窮凶極惡，每日常去凌虐米、劉二矮。昨早聽他們在室外說話，彷彿說妖尸有突然改計，在期前下手之說，莊、袁吉凶就不可知了。

　　米、劉二矮說著，忽然跪了下來，說是他二人雖然身在旁門，業已洗手多年，這回偶因一時貪心，幾蹈不測。算出此次雖得僥倖脫難，因為以前造孽太多，魔劫還重，非歸入正教門下，跟著廣積功行，不能免禍。又看出英瓊一身仙根仙骨，前

程遠大。明知峨嵋門下男女弟子不能亂收徒弟，尤其是異派旁門中人。但因向善與避禍心切，他二人也頗會一些旁門道術，善於隱行潛蹤，入地穿行，並不一定要求傳授，祇望作為驅遣的奴僕。一則借她福庇；二則除了妖尸時，好代他們奪回已失的幾件法寶和他們所煉的護命元丹。說罷，叩頭不起。

英瓊正為袁星之事愁煩，一則念他二人前次在妖穴兩番提醒之功，二則又不忍見他們身遭慘死，三則想得一點虛實，才奮勇冒險將他們救出。一聞跪求之言，又不便伸手相扶，不禁著起急來道：「你兩人真是胡鬧！我在峨嵋不但所學有限，為時不多，而且許多年長功深的同門，並無一人收徒。無心收了一鵰一猿，已恐教祖怪罪，何況你二人雖在旁門，俱是得道多年，又是男的，我怎能違了教規，做你們的主人師父？你們如有心向善，事成之後，待我代你們稟過大師姊，教她給你們設法，此時萬萬不可。」邊說邊往側面避開。

米、劉二矮仍不起來，一味哀求說：「仙姑來歷我等已早聞傳言，非比尋常。又從卦象上看出，主人如不收容，我們早晚必遭橫死。否則，這位周仙姑一樣是仙根深厚，因為無緣，所以不敢相求。主人既因教規為難，我等情願立下重誓，永歸正教，祇求收為奴僕，託庇門戶。也不敢隨主人廁居仙府，但求事完帶往峨嵋，我們另在附近擇地潛修，不奉呼喚，也不妄

與主人相見。有事驅遣，再命我二人前去，豈不可以兩全？鵰、猿畜類尚蒙主人收留，何況我等。」無論如何懇切陳詞，英瓊祇是一味躲閃。

二矮忽然對使了個眼色，一陣旋風，似走馬燈一般將英瓊圍住，跪拜哭求起來。輕雲本就見二矮生相奇特，又見英瓊受窘，不禁好笑。正要開言勸說，英瓊被迫不過，倏地秀眉一聳，說道：「我一肚皮愁煩，你二人卻如此糾纏，真悔適才誤救了你們。再不起來，休怪我下絕情了！」說罷，手一揚，將劍光飛出，指著二人。

英瓊原是想將二人嚇退，誰知出手快了一些，二矮又是十分情急，不曾留神躲避，紫光照處，祇聽「噯呀」兩聲。英瓊一見不好，忙將劍光收起時，二矮已雙雙倒於就地，鮮血淋漓。英瓊連忙同輕雲近前一看，一個削落半截手臂，一個將頭髮削去大半，頭皮也削去一層，痛暈過去，好生過意不去，直說：「怎好？」忙著便要取靈丹出來救治。

輕雲早看出二人受傷不重，一多半是用幻術打動英瓊憐憫。一則因來時有靈雲吩咐；二則代米、劉兩人設想，也是旁門中得道多年有數人物，祇為脫劫心切，情願為一女子奴僕，可見修行委實不易，早動了惻隱之心。一見英瓊為難，樂得覷便成

全，便說道：「瓊妹你忘了臨來時大師姊傳掌教夫人法旨麼？三英二雲，獨你根厚，日後光大門戶，險難正多，不比旁人，須多要幾個助手。鵰、猿遇合，因是仙緣注定；這兩人如此存心，也非偶然。人家為做你門人，落得受了重傷，你還不屑答應麼？」

英瓊著急道：「你怎麼也幫著說情？你看他兩人生相和以前行為，漫說教規有礙，我也不敢當此大任，保他們將來。如說助我盜玉有功，向善心切，我情願遇見機會，盡力量幫助他們，不是一樣，何必非做我徒弟奴僕不可？於我有損無益，還傷了他們的體面呢。」

輕雲道：「緣有前定，由不得你。掌教夫人怎不准別位同門相機行事？你如再為難，不妨和他們說明，須等事完回山，稟過大師姊，問了諸同門，再定可否，如蒙讚許，不論為徒為僕，仍照他們自己請求，在仙府附近另尋修真之所，平時供你驅遣，到時助他們脫劫。你看如何？他二人俱是旁門，被你仙劍所傷，不易痊可。我曾從玉清師太學了一點旁門法術，你如依得，我情願成全他們，將傷治好。否則成了殘廢，你又不收人家，孽由你造，我可不管。」

英瓊經輕雲再三勸說，祇得勉強應允。輕雲才含笑過來，

186

祇取了兩粒靈丹，在二人傷處各按一粒，口中唸唸有詞，喊一聲：「疾！」二人應聲而起，先向英瓊叩完了頭，又謝了輕雲成全之德。英瓊一看地上血跡雖在，二矮傷處卻是好好的，任何仙丹，也無此快法，才知上了人家的當。既已答應，不便反悔，埋怨了幾句。輕雲祇含笑不答。米、劉二矮卻是垂手侍立，非常恭敬。因知袁星被困地穴，除了制伏妖屍，萬難入內，祇得先商議尋劍之事。

第一一六回　合群力　同收青索劍　從眾請　初試火靈珠

二人正在商議之間，英瓊一眼瞥見米、劉二矮站在洞門口邊交頭接耳，低聲細語。神鵰在洞外，也不住長鳴。英瓊對這兩人本是無可奈何，暫時將他們收下，並非出於心願。一聽神鵰鳴聲有異，出洞一看，夕陽偏西，松林晚照，四外靜盪盪的，悄沒一些聲息。回頭見二矮仍在低語不休，越發起了疑慮。

正待開言喝問，二矮已走近身側，躬身說道：「弟子等蒙恩收錄，異日超劫有望，祗是寸功未立，難邀主人及各位仙長信任。回想以前，弟子等原在北海潛居，為了莽蒼山這塊萬年陽和之精凝成的溫玉與長眉真人遺留的青索劍而來。那劍原分雌雄二口，交相為用，能有無窮變化，神奧超玄。即使不能雙劍合璧，能得一口，也非異教旁門所能抵禦。一時起了貪心，冒險前來盜劍。自經劫難，痛悟前非，才知神物有主，弟子等福薄道淺，不配覬覦。

「因見主人已將雄劍紫郢得去，如再將青索到手，異日必為一代宗主。未來時商量，本想脫出妖穴，取來獻上。無奈那

劍原藏在妖洞不遠深壑之內，起初不知地點，四處搜尋不遇。自那日主人被陷脫身，震穿地肺，無心洩了地氣。那劍因有長眉真人封鎖，不能即時往上飛昇，連日順著洩口，在地下穿行。晚來寶氣上燭重霄，弟子等剛剛尋見一些蛛絲馬跡，未及下手，便被妖尸發覺行藏，用黑煞絲困住，不能脫身。

「偶聽主人與周仙姑商量取劍之事，不知是否此劍？如是此劍，主人與周仙姑雖然劍術精深，仍恐難以到手。當初長眉真人原為此劍未煉到火候純熟，非常野性，極難駕馭，所以才將它封鎖地肺之內，受地底水火風雷晝夜淬煉，循環不息。一出地面，便有千百丈精光，照耀天際。幸是此山有石處太多，不然，此劍早已出土飛去。

「須要預先有人深入地肺，取了劍囊，順著此劍穿行之路，由後追趕，直追到它出土之所。上面更須有劍術極精之人，還得用四五口極好仙劍攔堵。那劍異常靈通，一見不能飛越，必然掉轉頭來，飛回故道。恰好地下之人，正手持劍囊等候；上面的人，再一用峨嵋本門收劍口訣。一入劍囊，得劍之人祇須受過峨嵋真傳，行法之後，再照預先佈置防它飛遁，取出試習，一與身合，此後便能應用自如。

「當日我等探尋寶氣來源，發現長眉真人遺偈，參詳後，

知道此劍如此難收，自知能力不濟，恐求榮反辱，所以不敢下手。那劍囊現時仍在那深壑巖縫之中，弟子等雖有入地之能，祇是還有長眉真人封鎖，非有本門解法，不能近前。

「那妖尸和青羊老祖原知此劍來歷，一則此劍是他剋星，又無法駕馭。因見寶氣上騰，知道快要出世。又因主人迭次和他為難，一見那口紫郢劍，便料出是長眉真人所命，越發驚慌。更因祭煉妖法，不能離開，出洞尋仇，誠恐那劍被正教中人得去，神物遇合，於他不利。所以晝夜趕煉，想在期前成功飛遁。所幸他還不知長眉真人留有收劍偈語；又因黨羽太少，一心煉法，不及兼顧。那劍囊所在，雖與妖尸近隔咫尺，但沒有防守。如果今晚趁妖尸入定之時，命弟子等前去，弟子等得到劍囊，照適才所言行事，必能成功。

「這裡山脈陰陽向背，地層厚薄，昔日尋劍，弟子等業已查勘詳細。祇須傍晚時分，先行看準那劍穿行之處，算好出土之時，至多不過二日，那劍必衝破地層，斬斷山脈而出。主人和周仙姑祇在那裡守候，此劍一得，雌雄二寶遇合，如妖尸不在期前遁去，決無倖理。祇是期前須要再約兩位劍術精通、持有仙劍之人，以保萬無一失才好。」

英瓊聞言，方在半喜半疑，沉吟不語，輕雲早看出二矮雖

190

在旁門，並非凡士，所說真誠，亦無虛假，心中大喜。便代答道：「你二人如此誠心，異日必蒙教祖嘉許。至於收劍一層，我們事前已有掌教夫人傳偷，到時自有安排。惟獨你們所說劍囊，甚關緊要。你二人既有入地之能，等到今晚，看準寶劍穿行所在，由我們親身保護爾等前去，用解法解開深壑封鎖，好讓你們下去。此乃入門第一件奇功，你二人所受艱苦不少，須要格外仔細。我再給你二人靈丹數粒，以防地氣中人。」說罷，取出四粒丹藥，分給二矮。

二矮連忙稱謝，接過道：「弟子等當初所煉旁門左道，原善於在地下潛形遁跡，尋常陰寒卑濕惡毒之氣，已是不能侵害。可惜此山石質太多，寶劍穿行範圍恐怕不大，稍覺費事。更恐時久，有些窒息，無處吸引清氣。有此靈丹，更無妨害了。」

四人一陣問答，時光易過，不覺到了黃昏。出洞一看，神鵰不知何時他往。六月天氣甚長，夕陽雖已沒入崦嵫，遠方天際猶有殘紅，掩映青旻。近處卻是暝煙晚霧，籠冪林薄，歸嶺閒雲，自由舒捲。時當下弦，一輪半圓不缺的明月，掛在崖側峰腰，隨著雲霧升沉，明滅不定。崇山峻嶺，茂林修竹，因風碎響，與澗底流泉匯成音籟。端的是清景如繪，幽麗絕倫。惟獨干莫寶光，深藏地肺，渺難追探；不似豐城劍氣，上射穹霄，可以跡象。

看了一會，忽然風起雲湧，瀰漫全山，月光底下，彷彿銀濤，又和那晚英瓊所見一樣，濃雲廣覆，寶光劍氣，更難尋覓。漫說李、周二人覺與二矮所言不對，連二矮也自驚奇，說道：「那劍光祇初發現時最盛，光華上燭，就是俗眼，也不難窺見。第二日祇在西南方現得一現，便被雲遮。本山常起雲霧，雖是時隱時現，但是象適才那樣清明景象，應無不見之理。此劍決不會為妖尸得去。若說就在弟子等被困之時，為外人取去，又無這等容易。這都不足為慮，祇恐神物變化通靈，業已穿出地肺，化龍飛去，那就太可惜了。」

輕雲雖知飛劍傳書仙諭，不會落入外人之手，聽二矮一說，也覺可慮。正想命二矮去探劍囊在否，忽聽一聲鵰鳴，神鵰從半峰腰上穿霧摩雲而來。英瓊剛要問牠適才到哪裡去了，神鵰業已近前落下，口中啣著一封柬帖。

英瓊取過一看，上面寫著：「青索劍明日正午便當出世。妖尸明晚子時定將妖法煉成，因為自恃窮凶，一意孤行，急於飛遁，不俟庚辰正日，便行舉動，弄巧成拙。命輕雲等仍照已定之策，明日午前前往奧區仙府，自有能人相助。得劍以後，稍微練習純熟，一齊飛往妖穴深處，有此兩劍合璧，便能護身無礙。那溫玉掛在妖尸胸前，妖尸一斬，急速用彌塵旛罩住妖

192

尸，以防他變化元神搶走。那劍光華沖霄，恐為外人發現，已用法術隱沒，少時便當一現。」等語。

周、李二人正看之間，忽然二矮齊聲喊道：「那不是寶光，主人們快看！」周、李二人順二矮指處一看，西南遠方，相離數十里之間，果然有一團青氣，穿出雲霧之上，緩緩往前移動，轉眼消逝。二矮道：「弟子等日前所見，較此還要明亮，不知何故？」

周、李二人才將柬帖與他二人看了，祇未署名。英瓊看出是那日所見紙卷華瑤崧筆跡，一問神鵰，果然點頭。料知明日便可告成功，心中甚喜，和輕雲望空拜謝了一陣。

因二矮說那劍既是明午出土，恐來不及，須要早些前去，取那劍囊，照計而行。當下仍留神鵰守洞，四人站在一起，英瓊原本去過，展動彌塵旛，直飛昔日生朱果的深壑之中落下。二矮以前曾用許多心機探尋，更是輕車熟路。先尋到一個巖凹之內，將石上遺偈與周、李二人看了，果與所言相符，便由二矮自去進行。因離妖穴太近，恐防呆得時候久了，驚動妖尸，便用彌塵旛同轉兔兒巖，決計當晚不再前往妖穴，養氣凝神，靜等明日午前，趕往奧區仙府，尋著相候之人，先取那口青索劍。

　　時光易過，不覺到了巳時。英瓊主張不用彌塵旛，駕了神鵰先去，兩翼翔雲，一會到了巖穴前面落下。金蟬已早在半路相候，迎接下去，與嚴人英、笑和尚相見，互說經過。

　　人英因為醉道人事前有話，先時見了輕雲，未免神態不寧。談了一陣，因見為時無多，那劍又該歸輕雲所有，祇得忸怩對輕雲說道：「小弟來時，奉有師命，原有柬帖一封，面交師姊。小弟祇知上面寫有取劍之法，不過家師曾說此信祇可令師姊一人觀看罷了。」說罷，躬身正色，將柬帖取出，放在身旁石上。

　　輕雲原本心內有病，連忙拾起，走向旁邊一看，不禁臉上紅了又紅。轉身對人英說道：「醉師叔柬上說，師兄已知收劍之法，就請師兄吩咐，相助妹子成功吧。」

　　人英道：「理應如此。不過師姊原是主體，目前尚少一人相助，不知會不會有差錯？時機已到，我們先到外面指定的地方商量，以防萬一如何？」

　　金蟬忍不住答道：「嚴師兄，先前問你怎樣取劍，你不願說。如今又和周師姊對打啞謎，說什麼還缺少一個人。莫非以我們五人之力，還不行麼？」說時，五人正往外走，忽見外面

一道烏光，一閃而過。人英驚呼道：「那口仙劍在這裡了！」

　　一言甫了，大家全以為青索仙劍出世，紛紛駕起劍光飛出。英瓊在後面，先未聽清，及至隨了眾人飛出一看，烏光斂處，現出一個青衣少年，正是那被困妖穴的莊易，連忙喚住眾人，分別引見。莊易急匆匆在地上寫出時辰已到，速照仙柬所言行事。輕雲忙請人英領到那日金蟬、笑和尚第一次發現的洞中，說道：「莊道友來，恰好足了人數。現在就請莊道友和笑師兄、嚴師兄、瓊妹分守四角，如見仙劍出土，急速攔住，再由瓊妹用紫郢劍去逼它回轉。那時我已從二矮手內取過劍囊，用本門收劍之法，引它歸鞘。」

　　那洞原本甚大，眾人分配已畢，才將方位站好，便聽地下隱隱起了異吼。眾人俱都聚精會神，目不旁瞬，覷準中心柬帖所指之處。一聽地下聲音越吼越近，一聲招呼，除英瓊，餘下四人各將劍光飛起，烏光、銀光與金蟬、笑和尚霹靂雙劍的紅紫光華，連結成一團異彩光圈，照眼生輝，籠罩地面。

　　不一會，地皮震裂，漸有碎石飛起。英瓊也連人帶劍，化成一道紫虹，飛貼洞頂，注目下視。頃刻之間，石地龜訴，裂紋四起，全洞石地喳喳作響。忽然轟的一聲大震，洞中心石地粉碎，宛似正月裡放的火花一般，四下飛散，地下陷了一個大

洞。砂石影裡，一條形如青虯的光華，離土便要往洞外飛騰。

　　當門一面，正是莊易、嚴人英，一道烏光，一道銀光，如銀龍黑蟒，雙絞而上，攔住去路，祇幾個接觸，便覺不支。恰好笑和尚、金蟬二人的霹靂劍也轉瞬飛來，才行敵住。四口仙劍，糾纏這道青光，滿洞飛滾了好一會，漸漸青光越來越純，也不似先時四下亂飛亂撞，急於逃遁。輕雲也飛身入穴，從二矮手中取來劍囊，估量時候已到，喊一聲：「瓊妹還不下手！」英瓊早等得不甚耐煩，聞言指揮紫郢劍飛上前去，才一照面，青光倏地在空中一個大翻滾，大放光華，掙脫原來四口飛劍，撥轉頭便往原來地穴飛去。

　　輕雲正用自己飛劍護著全身，口誦真言，使用收劍之法，一見青光飛來，方要手舉劍囊，收它入鞘，猛覺一股寒氣，鑑人毛髮，竟將自己劍光震開。剛喊得一聲：「不好！」幸而人英飛劍追來，一見輕雲危急，不顧利害，飛身與劍合一，直穿過去。英瓊劍光也同時飛到，兩下一合，將青光壓住。輕雲才覺站定，六人五道劍光，緊逼著這道青光緩緩歸鞘，入了劍囊，才行停手。

　　大功告成，輕雲自是心喜。因為急於要用此劍去盜玉除妖，一切都顧不得談，先回人英洞內，尋了間石室，請大家在室外

守護，以防不測。獨自在室內，用峨嵋心法煉氣調元，身與劍合，一俟純熟，便可前往除妖奪玉。

那口青索劍也真奇怪，先時那般神妙莫測，夭矯難制，一經用了峨嵋本門心法，收劍歸鞘之後，便即馴服。輕雲入門較久，功夫頗深，因知此劍非比尋常，仍是絲毫不敢大意。先將真氣調純，誦完口訣，二目聚精會神，覷定劍柄，謹謹慎慎，運氣吐納，直到那劍順著呼吸，出入劍囊，青光瑩瑩，照得眉髮皆碧，了無異狀，才敢放心大膽，將劍收起，凝煉先天一氣，指揮動靜。不消個把時辰，雖還不能身劍相合，已是運用隨心，不禁大喜。練到黃昏過去，居然可以馭劍飛行。輕雲便駕著劍光出室，滿洞遊行了一轉，才收去劍光，落下與諸同門相見。大家自免不了一番稱讚道賀。

英瓊對輕雲道：「這位莊道友被困妖穴，業已數日。原來妖尸要拿他和袁星擇一個來祭煉妖法，祇因青羊妖道愛袁星質地，執意想收回山去看守門戶。妖尸性情執拗，說一不二，祇為妖法煉成飛走之後，青羊妖道雖無他厲害，於他卻甚有用處，這次又幫他的忙不少，不好意思違拗。盤算了多時，最後決定，用莊道友生魂主持妖旛。又因事機緊迫，不及等待庚辰正日下手，恰好今日時辰是個庚辰，便定在今早辰時祭旛。

「一切俱已佈置完備。如在原來地穴下手，莊道友甚難倖免。想是妖尸惡貫滿盈，作法自斃，要等我們前去除他，莊道友不該遭他毒手，好端端在前些日倒翻地肺，變了形位，洩了東方太乙之氣，所居地穴已成死戶，與日時生剋不合，將地下法壇移至二層洞前舉行，仗著妖法封閉嚴密，以為外人萬難入內擾亂。

「誰知青囊仙子華仙姑，早已預料到此，埋伏在二洞前面古樹穴內，眼看時辰快到，乘妖尸閉目入定，準備身與旛合，再由青羊妖道代他攝取莊道友生魂，連那口玄龜劍，一起拘納主旛之際，倏地冒著百險，隱身上前，從青羊妖道字下搶了莊道友，便向古樹穴中逃去。這不過與妖尸一個措手不及，知道莊道友受妖法禁制，神志昏迷，逃時萬不及使用隱身之法，必被妖尸、妖道覺察，跟蹤追趕。彼時我等青索劍尚未到手，要任他追到此間，豈不引鬼入室，給我們添了大患，誤了取劍之機，妖尸豈不更為難制？但是上有妖法封鎖，不能逃出，除此之外，別無他法。

「剛避入穴底凹處，正要先連莊道友身形一齊隱去，妖尸、妖道已經追離切近，匆促忙亂之間，妖尸忽然又使故智，移山換岳，想將逃人困住。不料弄巧成拙，地形才倒轉一些，華仙姑退路忽然裂了一條大縫。華仙姑見後面上石已夾著妖氣潮湧

一般捲來，後退一樣無路，姑且冒險，連用劍光衝進，萬一地層不厚，破上而出更好，總比束手待斃強些。恰巧那條裂縫正通青索劍穿行之路，上面便是我等昨日所見藏劍的入口，居然一些也未費事，平安逃出。當時真是危急，間不容髮。華仙姑帶了莊道友，隱身遁到別處，妖尸已追趕不及了。

「更巧的是地層變動，將通奧區那一條捷徑，被妖尸無心堵死。他不知我們有多少人和他為難，恐再將袁星失去，妖法更煉不成功，追敵未得，便趕回去，未曾覺察，尚是幸事，否則剛才取劍，豈不棘手？如今妖尸因時辰已經錯過，計算干支，除了今夜子時勉強可用外，餘者便非等庚辰正日不可，否則便不能得天地交泰之氣，妖旛靈效更差。生魂定用袁星，青羊妖道自無話說。

「我們因為時間不足一個整日，華仙姑說妖尸鑑於以前失誤，這次防備更為嚴密，所以妖術、法寶，全數使用出來，宛如設下好幾層天羅地網。沒有紫郢、青索兩口仙劍開路，縱使彌塵旛也難入內。這口青索劍非常神異，收時那般難法，萬一師姊駕馭不住，錯了機會，溫玉未得，反誤了袁星性命，如何是好？不想師姊功夫如此深純，煉得這般快法，真是難得。」

輕雲道：「哪是我功夫深純。一則仗諸位師兄妹道友相助，

先免去收劍時難關；二則教祖仙劍不比尋常，原是本門之物，一經收伏，自能運用。你得那口紫郢劍，不比我更易吧？」

金蟬道：「仙劍合璧，本門光大，妖尸授首在即。先時李師妹那般著急，如今正該早些前去除妖奪玉，也省得袁星多受許多罪，怎麼大家都說起閒話來了？」

英瓊道：「大家都說我性急，小師兄竟比我還要性急。你沒見適才莊道友所寫華仙姑的話，須在妖尸、妖道行法之時前去，乘妖尸入定，下手奪玉，比較要容易些麼？」

金蟬方才無話。英瓊見笑和尚總是悶悶不語，便笑問道：「聽說師兄得了一粒寶珠，何妨取出來大家鑑賞一回！」

笑和尚道：「再休提這粒珠子。我如非一時貪心，尚不致惹出這般大禍，將多年辛苦煉成無形仙劍，成了頑鐵。此珠雖在身旁，因尚未除去妖物，將珠獻過家師，奉命收用，一則不知用法，二則有些悔恨，實不願取出來賞玩。日前祇蟬弟強著看了一次，不看也罷。」

輕雲道：「師兄休要心中難受。那無形仙劍乃是苦行師伯獨門傳授，不同尋常寶劍。是凝聚五金之精，採三千六百種靈

藥，吸取日月精英，化成純陽之火，純陰之氣，更番洗煉成形。再運用本身真元，兩門靈氣，合而為一。可惜師兄功夫尚未上臻絕頂，所以才被邪污。但是靈物一樣要受災劫，才成正果。聽家師說，三仙二老以及各位前輩所用鎮魔之劍，哪一口不經幾回災劫，才到今日地步。何況靈氣未失，本元尚在，祇須除妖回山，略破一些功夫，必比以前還要神妙，何必為此愁煩呢？

「倒是這粒寶珠，委實非比尋常，異日一經苦行師伯祭煉，化邪寶為靈物，足可照耀天地。上次在凝碧仙府未及鑑賞，還請取出，我等一開眼界如何？」

笑和尚本來見了女子不善應答，被周、李二人相繼一說，雖不甚願意，不便再為拒絕，祇得說道：「此珠我尚不會應用，不過早年隨家師學了一些藏光晦影的障眼法兒。因見此珠精光上燭九霄，自知本領不濟，恐啟外人覬覦，特地將它收入寶囊，將光華用法術封閉。如就這樣觀看，祇是一顆鵝蛋大小的紅珠，並無什出奇之處。如要看它原形，須稍費一些事罷了。」說罷，從僧袍內先取出一個形如絲織的法寶囊，然後把那粒乾天火靈珠取將出來，請大家觀看。

眾人圍攏前去一看，那珠果有鵝蛋大小，形若圓球，赤紅似火，攤在笑和尚掌上，滴溜溜不住滾轉，體積雖大，看去卻

甚是輕靈，餘無他異。英瓊好奇，便請笑和尚將法術解去，看著光華如何。笑和尚答道：「此珠自經那日在東海當著諸葛師兄封閉寶光之後，雖與蟬弟看過，並未顯露寶光。妖穴密邇，一旦被妖尸警覺，豈不有了麻煩？」

英瓊說：「此洞深藏壑底，寶珠雖然靈異，光華豈能穿山貫岳而出？」執意要看。金蟬也因以前未見此珠靈異之處，從旁力請。

笑和尚無奈，答道：「我此時正當背晦，還是謹慎些好。我這寶囊乃是家師採集東海鮫絲，轉託嚴師兄的令祖姑、太湖西洞庭山妙真觀方丈嚴師婆用神女梭織成，經過法術祭煉，專一收藏異寶。另有一根鮫絲絛，繫在頸間，一經藏寶入囊，不但不會遺失，外人也休想奪去。既是諸位同門道友執意要看，好在離除妖還有兩個時辰，待我將它先收好了再看，也是一樣。」說罷，先將火靈珠收放囊內，手持囊頸，盤膝打坐，口誦真言。

約有頓飯時頃，漸漸囊上發出一團紅光，照得滿洞皆赤，人都變成紅人。寶囊原極稀薄透明，先還似薄薄一層層淡煙，籠著一個火球。頃刻之間，光華大盛，已不見寶囊影子，彷彿一個赤紅小和尚，手擎著比栲栳還大的火團一般。除了金蟬一

雙慧眼，餘人俱難逼視。更不知經過祭煉，運用時節，還有多大神妙。大家齊聲稱讚了一會。

笑和尚正要施展法術，封閉寶光，英瓊猛聽洞外神鵰連聲鳴嘯，心中一動，喊聲有警，便駕劍光飛出洞去。寶光果然上透崖頂，把天紅了半邊，星月都映成了青灰色。循聲一看，山北面一道黃光，如電閃星馳般飛走，神鵰展開雙翼，正在追趕。

英瓊知有妖人窺探，哪裡容得，忙駕劍光追上前去。身還未到，神鵰已先追臨切近，那黃光條地回頭朝神鵰飛來。英瓊見這道黃光與那日妖洞道童所用雖是一樣路數，光華卻強盛得多，恐怕神鵰有失，手指處，紫郢劍飛迎上去。後面眾人也隨後追到，紛紛將劍光祭起。還未近前，黃光已被英瓊紫光絞個粉碎，化成百十點金星四散。再尋那行使飛劍之人，已經不知去向。

第一一七回　斬妖尸　得寶返仙山　逢巨惡　無心留隱患

　　英瓊聽神鵰隨著落下，還在叫喚，過去一看，原來鋼爪之下，還緊緊抓著一個妖人，神氣業已奄奄待斃。英瓊認出是那日所見羊面妖人的徒弟，正要接過來問，莊易連忙搶上前去，口誦禁法，從身旁取出一根絲條綑好，提在手上，不使沾地，與眾人比了比手勢。

　　輕雲想起那日被他掙逃，明白用意，知道小妖人曾借土遁逃走，便和眾人說了。那道童先是裝死，後知識破機關，決難活命，不住口大罵，尤其把莊易罵了個淋漓盡致。眾人問他話，也不言語，祇管罵兩聲，高喊一聲「師父救命」。金蟬恨他不過，順手一個嘴巴，連門牙打掉了好幾個，他仍是罵不絕口。

　　這時笑和尚也收了寶珠飛來，見他拚死大罵，過來說道：「你好好招出實情便罷，否則你想好死，且不能呢！」說罷，將手一指，使用佛門降魔鎖骨縮身之法，那道童立刻覺著周身又疼又癢，骨髓奇酸，實在禁受不住，忙喊：「快請住手！我說就是。」

　　眾人問他來意，才知他名杜遠，還有一個師兄名叫甄柏，俱是青羊老祖門徒，適才妖尸正將袁星綁出，佈置法壇，忽見南山紅光燭天，看出是一種千年修煉的稀世奇珍。因為時辰快到，妖尸和青羊老祖俱不能分身。兩童寶劍又已被周、李二人日前破去，沒有防身利器，雖然得了袁星兩口長劍，尚難運用飛行。便命二童同駕青羊老祖的劍光前去探看，準備到子夜煉成了妖旛之後，再去取那寶物，同回雲邊石燕峪三星洞去，聯合各異派能手，與峨嵋為仇。

　　二童到了奧區仙府前面，正遇神鵰盤空巡視，哪裡容得，祇一下先將杜遠抓擒。甄柏一見不好，首先撇下杜遠，獨駕劍光逃走。眾人一聽還逃走了一個，少不得回去報信，已經打草驚蛇，多數主張就此前往。惟獨笑和尚不以為然，說道：「妖尸自恃妖法厲害，決不捨去煉旛機會，輕易逃走，至多尋了前來。既然華仙姑事前指示，還以到時進行為是。好在為時無幾，我們如不放心，且將人分佈妖穴上空，相機行動如何？」金蟬、英瓊不肯，仍主早些下手。笑和尚不好意思拗眾，祇得作為罷論。

　　依了笑和尚與人英，妖童到底年幼，既已說了實話，不妨告誡一番，饒他活命。英瓊卻說那日親見他殺豬飲血兇惡之狀，

妖人手下絕無善類，還是除去好。米、劉二矮也從旁說此人萬不可留，久必為惡多端。杜遠還待哀求，金蟬已等得不甚耐煩，祇說了一聲：「這還有什麼為難的？」把手一揚，劍光過處，斬為兩截。

當下由米、劉二矮前導，同駕劍光，直飛妖穴。到了一看，到處都是黑煙妖霧籠罩，哪裡看得出山崖洞府。眾人端詳了地位，按照前定，首由周、李二人當前開路；餘人由金蟬手持彌塵旛護身，跟蹤下去。

英瓊、輕雲二人剛一落地，便見庭院之內，景象陰森，無殊地獄變相，與那日地穴所見大略相同。滿院雲煙籠罩，到處獸嗥鬼哭。數十面大小妖旛，發出黃綠煙光，奇腥刺鼻。二人劍光到處，黑煙隨分隨聚，雖然不為妖法所傷，祇看不清妖尸、妖人與袁星所在。正待指揮劍光，往發光的妖旛上掃去，忽聽金蟬高叫道：「周師姊，那西邊古樹前面，不是袁星麼？你們還不趕快上前救牠！」

英瓊聞言，忙和輕雲駕劍光往西飛去。身臨切近，青紫兩道光華照處，才看見袁星綁在一面長旛之下。英瓊劍光過去，數十縷黑絲，化為飛煙四散。袁星脫了羈困，看見紫光在黑煙中飛翔，方要趕過，忽然一隻枯如蠟人的怪手伸將過來，一把

將袁星抓去，接著群旛齊隱，不見蹤跡。英瓊聞聲追上，那怪手已隱入黑煙之中。這裡嚴人英、莊易、笑和尚、金蟬與米、劉二矮六人，仗著金蟬一雙慧眼，早借彌塵旛掩護，各人指揮劍光，將青羊老祖圍住。

周、李二人見黑煙越來越盛，看不見妖尸所在，袁星又被妖尸搶去，情知危險，又恐妖尸逃脫，焦急萬狀。一會工夫，青羊老祖的飛劍連被人英等劍光絞斷，自知不敵，一同沒入黑煙以內。眾人益發冥搜無著，祇得由人英等六人將劍光在空中交織，以防妖尸遁走。正在無計可施，劉遇安忽對笑和尚道：「滿天都是黑煞絲，妖尸將溫玉光華祭起，我們雖有至寶護身，要想傷他，頗非容易。妖尸詭計多端，遲則生變，莫要中了他的道兒。大仙那粒乾天火靈珠，精光上燭重霄，是純陽之寶，何妨取出一試？」

笑和尚自得此珠，因為取自妖物身上，未奉師命，不知用法來歷，從未用過。被劉遇安一句話提醒，心想：「用雖不能，若持在手中，照覓妖跡，或者可用，也說不定。」當下忙請金蟬、人英等到一處，用彌塵旛護身，盤膝坐地，口誦真言，解了禁法。剛剛將寶囊取到手中，便覺地皮震動，同時一團紅光透起，照徹天地，妖氣盡掃，闔院通明。這才看出妖尸已將滿院妖旛全數移在隱僻之處，袁星又被綁在一根旛腳之下，青羊

207

老祖守護在側。妖尸閉目兀坐，口誦手搖，五指上發出五道黑氣，指著袁星。

英瓊、輕雲一見袁星情勢危急、雙雙飛出劍去，一取妖尸，一取青羊老祖。紫光過處，青羊老祖應聲而倒，斬為兩截。剛要協助輕雲夾攻妖尸，猛聽地底砰的一聲大震，立刻地覆天低，當院陷下一個無底的深坑，坑內罡風夾著烈焰，如怒濤一般往上湧起。就趁眾人驚心駭顧之間，妖尸倏地化成一股黑氣，比電閃還疾，衝到英瓊身邊。

英瓊日前吃過苦頭，不知是妖尸煉成的黑煞飛劍與身相合，微一顧忌卻步，被他就地上又將袁星搶起，也不和眾人為敵，滿院亂飛，所到之處，將地上豎立的數十百面大小妖旛逐一拔起；二矮知道妖尸就要收旛夾了袁星逃遁，連忙齊聲高叫：「諸位大仙！妖尸就要拔旛遁走，溫玉在他胸前黑煞絲結成的囊內，非有生血，不能點破，快快下手！」二矮祇顧一路狂喊，眾人早將劍光紛紛飛上前去，雖有劍光彌塵旛護身，烈火不侵，但是妖尸非常厲害，一條黑氣，宛如烏龍出海，在七八道劍光叢中閃來避去，怪聲啾啾，並沒有受著一些傷害。得便就將妖旛收去，轉眼工夫，妖旛剩了不到十面。

英瓊既恐袁星喪命，又恐妖尸帶了溫玉逃走。正在著急，

恰巧笑和尚觸動靈機，暗想：「妖尸如此重視那些妖旛，到了這般田地，還想帶了逃走，我們怎的見事則迷，何不先將妖旛斬斷？」想到這裡，逕將劍光直往那妖旛上面飛去。

這些妖旛，共是八十一面，每一面都經妖尸在地底修煉多年，好容易才採得千百隻猩、熊生魂，如何肯捨，打算收一面是一面，到了勢在臨危，再行遁走。一見眾人祇顧追敵，不曾顧到妖旛，益發得志。他那黑煞劍在異派中最為厲害，又存心不與紫郢、青索迎敵，一味避讓，所以眾人困他不住。祇可惜安壇之時，頗費手腳，雖能隨意移動位置，收起來也非頃刻可能了。知道今日雖無倖理，祇須避開紫郢、青索二劍，餘人劍光不能傷他。

英瓊、輕雲一時情急，忘了雙劍合璧之訓，由他往復縱橫，乾自著急。這時一見笑和尚飛劍去斬妖旛，猛被提醒，二人一個在東，一個在南，雙雙不約而同，各將劍光直朝一面旛前飛去。也是妖尸該遭劫數，自恃不走，搶旛心切。英瓊的紫郢劍原與金蟬的霹靂劍同是一般的顏色，祇光華威勢略有差異，先與金蟬同追妖尸。

妖尸一見笑和尚已將妖旛連連斬去兩面，九九之數既不能全，恐再不足八九之數，異日報仇更難，情急匆忙，回顧紫光

追來，祇圖避讓，直往旛前飛去，沒料到英瓊倏地分道揚鑣。妖尸一到，正要用收訣取旛，猛見輕雲青索劍迎面飛來，一時亂了步數，不及躲閃，打算姑且一擋再走，諒不妨事。無巧不巧，英瓊紫郢劍也同時飛到，青、紫兩道光華無心合壁，光華大盛，幻成一道異彩，繞著黑氣祇一絞。祇聽「吱哇」兩聲慘叫，黑氣四散，一朵黃星疾如星飛，沖霄而去。

這時上面妖霧未散，地下烈焰猶在飛騰。金蟬眼快，一眼看見黑煙散處，兩團黑影正往火坑中墜落，想起袁星在那黑煙之中，忙將彌塵旛展動，往下一沉，伸出兩手，一把一個，抓個正著。上來未及說話，嚴人英叫道：「此處快要地震，我們飛身出去再說吧！」

眾人見金蟬一手提著妖尸軀殼，一手提著袁星，還帶著一團紅紫光華。知道袁星遇救，妖尸除去，溫玉已得，心中大喜。聞言紛紛各駕劍光飛起，到了遠處峰頭落下。妖尸天靈蓋震破，直冒白煙。袁星滿口血跡，兩手緊持那塊溫玉，業已死去。英瓊見了，不由悲慟起來。

米、劉二矮道：「主人不必難受。袁道友想是聽我二人說那溫玉在黑煞絲結成的囊內，潛光晦華，非有生血，不能破去，趁妖尸夾著牠飛行，疏於防範之際，咬碎舌尖，破了妖法，將

玉搶到手中。正值妖尸在遭劫之時發覺，急欲運用元神遁走，沒顧得下手將袁道友弄死，也許祇噴了一口妖氣。如將牠帶回仙府，必能設法起死回生。那妖尸神通廣大，幸是我們下手快了一步，妖尸又祇圖留著牠活命，以為煉旛之用；不然微一彈指之間，怕不將牠身體裂如碎粉，縱有起死靈丹，也難活命了。」

袁星一死，雖然周身依舊溫暖，眾人因為連用丹藥施救無效，牠兩口寶劍也不知失落何方，縱得溫玉，也覺得不償失，個個感然無歡。惱得英瓊、輕雲性起，各將飛劍放出，指著妖尸枯骨，青紫光華連連繞轉，祇聽碎骨沙沙之聲，頃刻粉碎。

正待商量攜著袁星骸骨回山，忽聽山崩地裂一聲大震，連眾人站立的峰頭都搖搖欲墜。眼望妖洞那邊沙石紛飛，揚塵百丈，把一座大好靈山仙洞，震塌了一個深坑。金蟬眼快，看見塵沙之中，似有兩道光華衝起，正隨著許多殘枝碎木，由上往下飛落。知是寶物，忙將彌塵旛一晃，一幢彩雲直往塵沙之中飛去。少時飛回，撈了許多東西回來。內中正有袁星兩口寶劍，祇是劍鞘全失。還有一柄拂塵，兩個鐵鈴，一柄烏金小劍。

二矮一見大喜道：「我等知道地肺倒轉，頃刻山崩地裂，不及收回法寶，原打算事定之後，再去掘土搜尋，不想齊大仙

竟施妙法，代我們取來。祇此兩件，是我二人多年辛苦煉成，雖被妖尸收去，靈氣已失，再加祭煉，仍可還原。餘下還有幾件東西，且等隨了諸位大仙回轉靈山，認明仙府，再來尋取吧。」說罷，拿眼望著輕雲。輕雲知他二人志在尋回故物，又恐後返峨嵋事有變局。因已看出二人向善心誠，便對他們道：「你們隨我們同返，或是後去，俱不妨事。我等回山，必代你二人力求，如有仙緣，早晚俱是一樣，莫如你二人還去尋你們的法寶，就便尋取袁星失落的劍鞘，以免落入外人之手。」說時，金蟬早將所得之物交還二矮。

二矮聞言，正合心意，一面謝了金蟬，答道：「既承周仙姑體諒微衷，還望主人開恩成全。萬一袁道友難於回生，我二人情願深入北海，盜取返魂香，救牠活轉，以報收容之恩。」

英瓊點了點頭。二矮剛走，英瓊猛想起神鵰為何不見？正問眾人可曾看見，忽見神鵰健羽摩雲，從西南方面盤空而來，轉眼到眾人頭上，鋼爪鬆處，擲下一封柬帖。更不停留，旋轉雙翼，竟往妖洞陷落之處飛去。

英瓊打開柬帖一看，乃是青囊仙子華瑤崧交神鵰帶回來的，大意說：眾人去得稍早了一步，妖尸末劫未終，僅僅兵解而去。所煉妖尸、邪寶，俱已失去，解卻異日凶焰不少。笑和尚所得

乾天火靈珠同這塊溫玉，俱是純陽至寶，未有師承，不可妄用。袁星乃被妖尸邪氣所中，昏迷不醒，祇須回轉仙山，用九天元陽尺驅走邪氣，再用靈丹調治，即可回生。袁星劍匣與米、劉二矮失去的寶物，俱被埋藏地底，業已告知神鵰，自會取去。

還有妖尸遺下的數十面聚獸妖旛，也在地下埋藏。妖尸元神雖然遁走，對他心血祭煉而成之物必然不捨，一將元神凝煉成形，或借軀還形，定要回來收取。那旛已與妖尸心靈相通，無論藏在何方，都能跟蹤尋覓。尤其那旛上許多無辜猩、熊生魂，永受妖尸禁制，也覺可憐。青囊仙子意欲自己帶去，尋一位道行高深的同輩，設下法壇，將旛上邪法破去，解了猩、熊生魂羈縛，以便轉輪化生。等神鵰將妖旛搜出以後，可做一堆放好，自會來拿；並命眾人不可私自攜走，無益有損。

信上又說，莊易可隨笑和尚、金蟬同往百蠻山先立外功，自有復音良機。餘人回轉峨嵋，雙劍合璧，解困退敵之期已至。不久便是妙一真人夫婦回山，開闢峨嵋五府，眾弟子分寶修真，出世濟人之時。等語。

眾人讀罷，少不得望空拜謝一陣。尤其是啞少年莊易，受恩深重，臨別竟未得向青囊仙子當面叩辭，異日有無見面之期，柬上未曾提起，心中更為難過。金蟬道：「笑師兄，我們此去

百螢山，又得一個好幫手了。」莊易聞言，連忙搖手遜謝不迭。

再說神鵰一經飛落靈玉崖妖尸地穴之上，鋼爪起處，沙石翻飛，頃刻之間，便掘深下去有三數十丈。米、劉二矮又幫著用徹地玄功，一同尋找。不多一會，將七十餘面妖旛、兩個劍匣，連米、劉二人失去的寶物，全都搜掘出來。

二矮當中，以劉遇安存心最貪。他知妖尸主旛共是大小九面，還有兩面最小的才祇七寸多長短，更見妖尸行法時持在手內，估量是個厲害法寶，恰巧尋時首先被他自己發現，便悄悄取來藏在寶囊以內。

神鵰何等靈異，況且來時青囊仙子說過數目多少，那妖旛不運用時雖然看似黃色粗麻織成，上面僅祇畫些赤身男女魔鬼與奇怪符籙，並無異處，但是上面妖氣怎能瞞得過神鵰，事完以後，還不住在他頭上盤桓飛鳴。偏偏眾人也飛身過來，劉遇安不由又悔又驚。先已藏過，再當著眾人取出，深覺不便；不取出交還，又恐神鵰不允。祇得悄悄低聲默祝：「鵰仙成全，容我這一回。」

神鵰意似不允，眼看越盤越低，眾人也身臨切近。劉遇安正在為難，忽聽一陣破空聲音，一道黃光自東方飛來，落地現

出一個黃冠草履、身容威猛的長髯道者，直奔那一堆妖旛，伸手便要拾取。事出不意，柬帖又有「自己來拿」之言，多半疑是青囊仙子遣來，方打算上前問訊。祇莊易看出來人是異教之士，打算上前攔阻。忽然一道光華一閃，比電還疾，光華斂處，現出一個年老道姑，認出來人正是青囊仙子華瑤崧，業已搶在道人前面，將旛取在手中，對那道人道：「吳道友，飛昇在即，還要此物何用？讓貧道拿去，解卻這些沉淪的冤魂吧！」

那道人原是個異派中的能手，路經此地，看出便宜，打算飛身下來，搶了妖旛便走。沒料到青囊仙子早已隱身在此，沒有得手，反鬧了個無趣，不由厲聲喝道：「老虔婆，自從那年青城一遇之後，多少道友尋你報仇，俱不知你下落，以為你死多年，不料你卻在此興妖作怪，移形換岳，倒轉靈玉崖，壞了靈山仙景，定是你這老虔婆和你手下這一干無知的小輩所為的了。你不露面，還可饒你，你既敢現身出來，如不將靈玉崖那塊溫玉獻出，我定和你清算青城舊帳，叫你這老虔婆難逃公道！」

青囊仙子聞言，一絲也不冒火，含笑說道：「我們一別多年，沒料道友還是這般氣盛。奪去道友金鞭崖，乃是當年道友誤聽惡徒蠱惑，擅起兵戎，以致為矮叟朱道友趕走。貧道當時因為貴門徒雖然多行不義，道友本身尚少慚德，曾為道友再三

215

緩頰，才得免遭飛劍殞身之難。怎麼不去尋朱道友報仇，倒怪起貧道來了？

「至於倒轉地肺，破壞靈玉崖仙景，乃是妖尸谷辰所為。貧道祇為峨嵋門人斬了妖尸，取去溫玉，所遺妖旛附著千百野獸生魂，意欲解除異類冤孽，向峨嵋諸道友要了，還未取走，便遇道友駕臨，不得不現身出來相見。聞得道友功行不久圓滿，理應名山靜養，以等仙緣，何苦出山多事？難道忘了極樂真人前時預言麼？」

那道人聞言，轉身往左右一看，見英瓊、輕雲、金蟬、笑和尚、莊易、嚴人英等個個仙風道骨，不比尋常，俱都環立在側，怒目相視，不由又驚又怒道：「原來老虔婆仗著峨嵋小輩人多，故爾口出狂言。須知我吳立一生言出法隨。你既然在此，盜玉之事，決非這幾個小輩所能辦到，必定是你主持無疑。快將旛、玉獻出，免我動手。」

青囊仙子未及答言，金蟬早向莊易、英瓊問明敵友，一見道人出言不遜，一個忍耐不住，用手一拉笑和尚，先喝一聲：「無知妖道，擅敢在此猖狂！」接著各將霹靂雙劍飛出手去。

那道人先見這些少年男女資稟出群，雖然驚異，心中還以

216

為不過是峨嵋門下新收弟子，以前又未聽說過，仗著自己本領，並沒放在心上。一聽罵聲，回臉一看，竟是那面如冠玉，垂髮披肩，頸戴金圈，在眾人當中最年幼的一個，還不屑放出飛劍，祇打算行法禁制，略微給他一點苦吃。就這一轉念頭之際，忽見那幼童同另一個小和尚將手朝他一指，便有紅紫兩道光華，夾著風雷之聲，迎頭飛來，認得是峨嵋掌教的霹靂雙劍，才知這些小孩並非易與。忙將手一張，先飛出兩道黃光，分頭敵住。

英瓊本來早想動手，因為輕雲見青囊仙子一任來人出言冒犯，並不發怒動手，猜那道人必非弱者，力主慎重行事，英瓊雖被輕雲攔住，心中還是躍躍欲試。一見金蟬和笑和尚動手，莊易、嚴人英也跟著將劍光放出，如何能耐，也將紫郢劍放起。輕雲見大家動手，戰端已開，道人既非易與，自然是相助為佳了。

吳立分出兩道黃光，敵住了金蟬、笑和尚。因為對面強敵青囊仙子尚未動手，不敢怠慢，正待另使法術、飛劍取勝時，側面又飛來一道銀光、一道烏光。喊一聲：「來得好！少時讓爾等這一干小妖孽知道祖師爺的厲害。」隨說將手一揮，又飛起七八道黃光，打算一半迎敵，一半乘隙飛將過去，乘敵人措手不及，傷他性命，再另用一口主劍，去敵青囊仙子。

　　誰知這些少年年紀雖輕，劍光卻如游龍一般，神化無窮。黃光雖然較多，休說飛越過去傷人，竟被這四道光華阻止，休想上前一步。暗忖：「這些小孩，哪裡來得這許多好飛劍？」方在失驚之際，倏地又聽兩聲嬌叱，對面兩個少女，各人又飛出一道紫光、一道青光，比電閃還疾，直往劍光叢裡穿去。越知不比尋常。

　　略一遲疑，後來這兩道青紫光華；已與自己黃光接觸，祇繞得一繞，倏又合攏，盤繞著三四道黃光，似毒龍互鬥，絞結掙命一般，微一屈伸，便見黃光收斂。知道不妙，想收回已經不及，被敵人青紫兩道光華聯合截住三道黃光一絞，黃光四碎，往下飛落，宛如明月天香，灑了一天桂子。

　　餘下六道，一道被敵人銀光盤住，一道被烏光盤住，先時兩道被霹靂劍盤住，急切間一道也收不回來。剩下還有兩道，又被這後兩道青紫光華二次盤住，光華漸斂，眼看又要步適才兩道後塵。再看青囊仙子，仍是含笑旁立，始終不曾動手。才知今日輕敵，上了大當，不由又痛又惜，又悔又恨，急出一身熱汗，無計可施。

　　末後實實不捨多年心血煉就的飛劍，把心一橫，用手一拍頂門，先披散了頭髮，口中唸唸有詞，正要將舌尖咬碎，行法

向敵人噴去。忽見滿天黃雨，紛紛落下，空中六道黃光，同時又被敵人破去四道。下餘兩道也在危急，敵人更不容情，立刻破了，紛紛如隕星墜落一般，直飛過來。又聽青囊仙子說道：「峨嵋諸道友雖然年輕，已受本門心法，內有紫郢、青索兩口仙劍。道友一再執迷，莫非還要待斃麼？」

吳立一聽那青紫光華，竟是長眉真人當年煉魔之寶，久已聞名，不想今日在此遇上，眼看大禍臨頭，危機一髮，再不見機遁走，定要身敗名裂。

他自前些年和矮叟朱梅鬥劍，失去金鞭崖後，懷恨在心，立志報仇，煉成了二十六口黃精劍，準備約好當年同住金鞭崖的同門伴侶麻冠道人司太虛，去尋朱梅晦氣，奪回金鞭崖。到了嶗山一談，才知司太虛自青城一敗，隱跡參修，已悟正果，不但不肯相助，反勸他道：「你我二人超劫在即，以前原是自己錯誤，難怪旁人，何苦又動無明，自尋魔障，耽誤飛昇？」

吳立終覺惡氣難消，見司太虛執意不肯下山，一怒而去。因為以前朱梅有追雲叟、青囊仙子等人相助，這多年來，更聽說與峨嵋派有了密切交情，唯恐眾寡不敵，想另約幾個能人，異日可壯聲勢，再尋朱梅晦氣方休。剛越過莽蒼山，迎面飛來一朵黃星，疾如電駛，知是異派中人的元神破空出遊。因想看

看是誰，給他開個玩笑，忙用玄門先天一氣大擒拿法，想將那黃星收住。

那黃星竟似早已料到此著，並不躲閃，眼看近前，倏地黃光一閃，自動飛入吳立袍袖之內。吳立很是驚異，便問：「適才我沒留神，今見道友這般行徑，莫非是我的熟朋友麼？」說罷，忽聽袖中尖聲答道：

「吳道友，你不認得我，我卻認得你。現在時機緊迫，沒工夫多說。我現在被人所害，軀殼已失，須要借你法體隱身，日後另覓屋舍，報仇雪恨。我在地肺之內採地下萬年玄陰之氣，用黑煞絲凝煉成了數十面玄陰聚獸旛，也一同失去。幸而我預先掩去旛上靈氣，敵人並不知就裡。誠恐我走後，敵人將它破壞，現在情願送給道友。你可速往前面靈玉崖，那裡已經陷成深坑；你如見一人俱無，那旛便已失去，可以不必找尋；如見有人，想他們必然還在尋找，可來個迅雷不及掩耳，搶了就走，省得肥水便宜仇人。」

吳立一聽，暗忖：「久聞人言，當初玄陰教祖谷辰未死以前，慣煉聚獸之法。這玄陰旛乃是異教中至寶，如得在手中，再知用法，足可報仇，勝似尋人相助。」因為袖中連連催促，說時機稍縱即逝，利心一動，也未計及袖中元神是誰，所言真

假，不計利害，便照所言往靈玉崖飛去。

到了地頭一看，崖已倒陷成穴，地下塵土飛揚，果然有數十面黑旛妖氣隱隱，放在一堆。離旛不遠，站定幾個少年男女。此時神鵰正在低飛追迫著劉遇安將私藏的旛現出。吳立志在取旛，也未留神到這一個白眉和尚座下神禽，一催劍光，逕往下面飛墜。

原以為對方既能移形換岳，斬了袖中之人，本領必不尋常，祇打算搶了就走。及至現出一個老道姑，正是當年幫助朱梅奪去金鞭崖的青囊仙子，以為一切之事，俱都是她所為。旛未到手，還吃人家奚落，已是羞惱成怒。自問能力，還可抵敵，想起前仇，正要動手，誰知反吃了幾個小孩的大虧，連被破去好幾口黃精劍。知道紫郢、青索厲害，縱使法術，也是無效。如要脫身，不但外面剩餘兩劍難保，還得犧牲兩口，才能免禍。

就在這一轉瞬之間，所有放出去的飛劍全數消滅，敵人飛劍紛紛往自己頭上飛來。幸而吳立早已見機，先放起四道黃光迎住，接著又放起兩道黃光去敵霹靂雙劍。事已至此，多延一刻，多遭一點殃。又想起袖中黃星，竟是那厲害魔王妖尸谷辰的元神，有名的心狠意毒，請是請來了，不知該如何打發，福禍委實難測。又悔又急，又惜又恨，心亂如麻。

221

他微一躊躇，第二次放出去的劍光又有消滅之勢。暗道不好，將腳一頓，也不再收那六口飛劍，逕駕劍光破空逃走。剛剛飛過峰頂，忽聽一聲鵰鳴，金睛火眼，一隻大黑鵰直從下面沖霄追來。定睛一看，認出是白眉和尚座下神禽，不由嚇了個亡魂皆冒。一面駕著劍光逃遁，一面默使隱身之法，已是慢了一步，被神鵰追來，鋼爪舒處，正抓在吳立背上，連皮帶肉，抓下一大片去。吳立拚命掙脫，且喜身形隱去，神鵰也未窮追，才得逃命。

這裡英瓊等見吳立逃走，正要分人去追，青囊仙子連忙止住，吩咐眾人：「暫且停手，待我奉些微意。」說罷，將手一指，飛起一道光華，先將空中六道劍光圈住，然後默用玄功收了下來，分給眾人，恰好六人各得一口。原來是六柄黃色短劍，大小長短，一般無二，非金非鐵，映日生光。眾人心中大喜，連忙拜謝。

第一一八回　絕巘立天風　朗月疏星白雲入抱
幽巖尋劍氣　攀蘿捫葛銀雨流天

　　青囊仙子道：「吳立雖是異教，除了性情剛愎外，並無多大過惡。他因心慕正教，採取黃金之精，煉成此劍，辛苦淬礪，已有多年。先還不敢自信，一出手先遇見峨嵋派兩位道友，因他飛劍有二十餘回之多，眾寡不敵，敗在他的手內，漸漸自滿得意。意欲再尋幾個助手，找矮叟朱道友報仇雪恨，奪回金鞭崖。卻不想遇見你們，雖是入門不久，各人仙劍俱非尋常。尤其紫郢、青索二劍，乃長眉真人遺命傳授，你們前輩諸道友中，也找不出第三口，他如何能是敵手？

　　「他功行將滿，不久羽化飛昇。我始終不出手者，就是想使他敗在你們手內，讓他知道峨嵋後輩尚且如此，如何能再為仇？知難而退，免遭兵解之苦。後來我又留神觀察，他竟帶著一身妖氣，為以前所無，而他所煉飛劍，並無邪氣。適才明明見他從遠方飛來，一到就搶妖旛，好似預定一般。如非我早在旁隱身防備，幾乎被他拿去，為禍後來。假使他是無心路過，遇見妖尸元神，得了指示，在妖尸固然是得益不少，如虎生翼，可是他本人異日慘禍，恐怕還不止於兵解呢。袁星現雖昏迷，

回山之後，有了元陽尺，解去邪毒，自然會醒，爾等事已辦完，可以速返峨嵋，去解圍退敵了。」

英瓊、莊易又分別上前叩謝解救之德。米、劉二矮也雙雙過來，跪請指示仙機，並求代向眾人說項。

青囊仙子對英瓊道：「你應劫運而生，光大峨嵋門戶，與別人不同。三英二雲，獨你傑出。雖然殺氣太重，然亦非此不可。不久齊道友回山，自會特許你一人便宜行事。他二人雖然出身邪教，現已悔悟回頭，向道真誠，你盡可收錄，決不受責。吳立走時，我攔阻白眉仙禽稍慢了一步，臨逃還吃了大虧。此人心地偏狹，必然痛恨切骨。他門戶以外，有本領的朋友甚多，如不見機改悔，必從此多事。米、劉二人，於你也甚有用，不過他們所煉法寶、飛劍，均屬旁門左道，暫時又不能使他們丟棄，務須用之於正，以免耽誤正果罷了。」說罷，拿眼看了劉遇安一眼。

劉遇安原本心中有病，適才向青囊仙子求情時，語帶雙關，唯恐青囊仙子向他索取妖旛。一聞此言，又喜又愧，首先起誓明心：「弟子如將那寶去行錯事，必遭慘禍，永久沉淪！」

青囊仙子早明白他言中之意，微笑說道：「你二人苦修也

224

非容易，既能如此，再好沒有。倒是我不久超劫，原不想參加此次劫數，所以祇在暗中相助，並不露面，以為妖尸決難知道有我。誰知臨時生變，非出面不可。如今造下惡因，決難脫身事外。起初我原想將這妖旛去尋一位道友，共同解去冤孽。這一來，又須緩日行事，留它以毒攻毒，相助三次峨嵋鬥劍時一臂之力了。祇是我如用這妖旛致勝，傷我清名，我索性成全你們。你二人到了峨嵋，等候教祖回山。入門聽訓之後，可仍回此地。我當再到奧區仙府，傳你二人用旛之法，以備異日即以其人之道，還治其人之身，何如？」

米、劉二矮聞言驚喜，尤其劉遇安更是喜出望外，形於顏色。青囊仙子當時微微皺了皺眉頭，眾人俱未覺察，祇笑和尚看在心裡。青囊仙子又道：「莊易自赴百蠻山相助除去文蛛，不久便可復音還原。現在髯仙李道友飛雷洞被毀，除妖之後，他門下弟子移居凝碧，人英前去，也不愁起居寂寞了。」說罷，向眾人一舉手，道聲：「各自珍重前途！」一道光華閃過，破空而去，轉眼沒入雲中不見。

這裡眾人也各自分手。英瓊、輕雲、人英三人，帶了袁星屍體，與米、劉二矮用彌塵旛同回凝碧仙府。笑和尚、金蟬、莊易仍往奧區，共商二上百蠻山之策。

笑和尚道：「都是蟬弟心急，如不是米、劉二人提醒我，取出乾天火靈珠，後來妖尸又不捨棄旛逃走時，險些功敗垂成。此番到了百蠻山，再心急不得了。」

金蟬道：「我也是怕時間稍縱即逝，早去豈不更好？誰知妖尸竟那般厲害，黑煙密佈，離開劍光和彌塵旛光華所照之處尺許以外，連我都看不清楚，別位更是不行。彼時我一手持定彌塵旛，一手指揮霹靂劍，這旛和劍俱非尋常法寶。旛因發出妙用，非運玄功不能把持。那劍更因我學劍成功日淺，不敢大意。祇顧全神貫注，大敵當前，簡直無暇將懷中天遁鏡取出。後來準備收劍取鏡，你已將火靈珠取出。此珠真也神異，發出來的光華四面均亮，不似天遁鏡祇照一面。你雖吃了許多辛苦，壞了無形飛劍，得此也足以自豪了。」

笑和尚道：「你說哪裡話。休說那劍經我多年苦修，而且出諸師父，豈能與珠去比得失？何況祇我冒險一試，尚不知用法呢？」

金蟬道：「事已過去，悔也無益。你得此珠，總可算是慰情聊勝於無。適才李師妹託我，說此間猩、熊對她有些恩義，因為回山匆忙，不及招呼。牠們現藏在地穴之中，還有一些在山南覓地潛伏，因為懼怕妖尸，不敢外出求食，恐怕日子久了，

地穴內的叢草不夠吃的，請我去放牠們出來。我們何不去看一看？」說罷，同了笑和尚、莊易，逕從天窗洞下去。

那些猩、熊先見紫光紅光，以為英瓊回來，個個踴躍歡呼。及至三人落地一看，並不認得，尤其莊易昔日捉過牠們，有的嚇得亂叫亂竄，有的竟拚命向三人撲來。三人將劍光升往高處，下面猩、熊還是咆哮不已。金蟬道：「這種勝於虎豹的惡獸，見人就撲，放了出去，豈不造孽？」

笑和尚道：「這話並不一定，也許是我等面生之故，你且將話說明了試試看。如果真的冥頑無知，哪怕李師妹異日見怪，不但不能放牠們，還得懲治一番，以免將來受害。」

金蟬答道：「你的話不錯。李師妹日裡相見時不是說過，牠們俱有靈性，自從收伏以後，輕易從不傷生，祇知以草木為食麼？」說罷，高聲喝道：「爾等休要咆哮。爾等的恩人李仙姑，已和我們合力除去妖尸，因為急於回山，不及來此看視，請我們到此，放爾等出去。爾等如係一時誤會，以恩為仇，可一齊俯伏，我便放爾等過去；倘如自恃猛惡，出去為禍生靈，我們飛劍便不容情了。」說罷，下面猩、熊便馴服了一大半。金蟬又高聲再喝一遍。先是下面猩猿朝著那些馬熊叫嘯了幾聲，倏地同時俯伏，昂首鳴嘯起來。三人都覺奇怪。

金蟬還不甚放心，又親自飛落下去，試探一回。那些猩、熊見金蟬落下，不但不似先前磨牙張口，咆哮撲噬，反而緩緩爬行過來，圍著金蟬跪伏，不時用口在金蟬腳底聞嗅示媚，神氣非常馴善親暱。金蟬心中大喜，又招呼笑和尚與莊易飛身下來。那些猩、熊對笑和尚也和金蟬一樣，惟對莊易卻有好多都是怒目猙猙，帶著又恨又怕神氣。

金蟬、笑和尚才知適才咆哮，是為了莊易。便對牠們說道：「這位莊大仙已經棄邪歸正，與我們是一家人了，你們怕他則甚？外面已無敵人，爾等去留，可以隨便，無須再存戒心了。」說罷，又叫莊易特地去挨近牠們。眾猩、熊仍是望而卻退，也不往外走出，意似觀望。金蟬、笑和尚俱覺牠們能解人意好玩，不時摸摸這個，撫撫那個。

過有頓飯光景，忽聽外面隱隱有猩、熊鳴嘯，聲音由遠而近。洞內猩、熊也互為應和，聲震耳鼓。正要分人出外看視，忽聽撲騰騰響成一片，百十隻大小猩、熊，相繼由壁側縫中轉了過來。同時滿洞猩、熊，俱都悲鳴起來。三人料是山南那些猩、熊已發覺妖尸伏辜，前來會合。

不多一會，眾猩、熊忽向三人跪下，昂首吼了幾聲，紛紛

站起，猩猿在前，馬熊在後，轉過巖壁，逕往入口之處縱跑上去。三人跟在後面，一同走出。

那些猩、熊到了後面，又都回身伏地，意甚依戀。笑和尚道：「妖尸已除，爾等已無後慮。此後可各尋巖穴潛伏，優遊歲月，將來轉劫，自有善果，勿傷生靈，以干天戮。我們不久也要他去，爾等無須再為依戀，祇顧走吧。」說罷，將手一揮。眾猩、熊又同聲狂吼了一陣，才起立歡嘯，三五成群，躍高縱矮而去。

三人見此光景，甚為感動。笑和尚道：「這般猛獸，為數又多，不是李師妹以德感化，正不知每日要傷多少生靈。無怪諸位前輩，說她將來要光大門戶，領袖群英。即以這件事而論，出世不久，便積了若干外功，雖然仙緣注定，一半也可算得時勢造成，好事都叫她遇上，豈非奇怪麼？」

金蟬道：「這幾日除了練劍，無什事做。聞說此山頗多奇蹟，莊道兄先來多日，定然知道，我們去玩一玩，好麼？」二人點頭稱善，一同離了奧區，先往兔兒巖走了一遭。見崖上洞府甚是清幽雅淨。金蟬嫌奧區黑暗，人英又將各室懸的星光收走，青囊仙子曾約米、劉二矮來此傳授妖旛用法，此時不歸，想是為了三人借居之故，主張移居玄霜洞內。好在三人除身以

229

外，俱無長物，決定了移居之後，因見星月交輝，又往別處遊了一會，才行回洞打坐。

到了午夜過去，笑和尚運用玄功，將真氣轉透三關，連坐完了兩個來復，覺得身心異常舒泰。想起借用金蟬這口寶劍，雖已運轉精熟，到底還是比不了自己的無形劍，用過多年苦功，可以隨意變化，出神入化。又見洞外月朗星明，景物幽靜，想到外面崖前練上一回。回看金蟬、莊易，俱在瞑目入定，便不去驚動他二人，逕自起身，走出洞外。見月雖不圓，因為立身最高之處，雲霧都在腳下，碧空如拭，上下光明。近身樹林，繁蔭鋪地，因風閃爍。遠近峰巒巖岫，都回映成了紫色。下面又是白雲舒捲，繞山如帶，自在升沉。月光照在上面，如泛銀霞。時有孤峰刺雲直上，蓊莽起伏，無殊銀海中的島嶼，一任浪駭濤驚，兀立不動。

忽然一陣天風吹過，將山腰白雲倏地吹成團片，化為滿天銀絮，上下翻揚。俄頃雲隨風靜，緩緩往一處挨攏，又似雪峰崩裂，墜入海洋，變成了大小銀山，隨著微風移動，懸在空中，緩緩來去。似這樣隨分隨聚，端的是造物雄奇，幻化無窮，景物明淑，清澈人間，比那日英瓊對月，又是一番境界。（這般清奇雅麗之景，漫說難於形諸筆墨，也不能繪以丹青，作者一支禿筆，僅能略述梗概，尚未窮其萬一。）閒言少敘。

　　且說笑和尚振衣絕頂，迎著天風，領略煙雲，心參變化，耳得目遇，無非奇絕，頓覺吾身渺小，天地皆寬，把連日煩襟法除淨盡，連練劍都忘卻了。正在越看越捨不得離開，猛想：「如此靈山勝域，縱無異人寄跡，亦定多有仙靈來往，怎麼連日除遇青囊仙子和新來不久的嚴、莊二人，並無多士，難道偌好靈山，祇供妖尸盤踞麼？好在還有幾日不走，明日會同金蟬、莊易二人，且去搜尋一下，或有奇遇，也未可知。」

　　剛想到這裡，倏見下面崖腰雲層較稀之處，似有極細碎的白光，似銀花一般，噴雪灑珠般閃了兩下。要是別人，早當是月光照在白雲上的幻景。笑和尚幼隨名師，見聞廣博，何等機警，一見便知有異。心想：「日裡俱駕劍光往來，崖下還不曾去過。適才所見，明明是寶物精光，破雲上燭，豈可失之交臂？」想到這裡，更不怠慢，急駕劍光，刺雲而下。

　　到了崖腳一看，這一面竟是一個離上面百餘丈高的枯竭潭底，密雲遮蔽崖腰。雖不似上面到處光明如畫，時有月光從雲隙裡照將下來，景物也至幽清。滿崖雜花盛開，藤蔓四垂，鼻端時聞異香。矮松怪樹，從山左縫隙裡伸出，所在皆是。月光下崖壁綠油油的，別的並無異狀。再往銀光發現之所仔細找尋，什麼跡兆都無。悄悄潛伏在側，靜候了好一會，始終不曾再現。

又一會，雲層越密，霧氣濕衣，景物也由明轉暗，漸漸疑是自己眼花。還想再候一會，忽然下起雨來，又聞得上面金蟬相喚之聲，覺著無可留戀，便駕劍光飛身直上。行近崖腰雲層，劈面一陣狂風驟雨，幸是身劍相合，沒有沾濕僧衣。到了上面一看，依然月白風清，星光朗潔。金蟬早迎上前來，問他到下面去則甚，可有什麼好景物？笑和尚便將適才所見說了。金蟬道：「你說得對，這樣仙山，必有異人懷寶潛藏，明日好歹定要尋他一尋。」

莊易聞言，過來用樹枝在月光地下寫道：「我自隨妖尸不久，常於夜晚在靈玉崖閒眺，時見銀光在雲海裡飛翔，一瞬即逝，知有異人在此，幾次追蹤，沒有追上。後來見嚴道兄用的劍光也是銀光，以為是他，見面匆促，沒有細問。適才聽笑師兄所說，那光華彷彿是灑了一堆銀花，這才想起除妖奪玉時，所見嚴道兄的銀光似一條匹練，與此不類。

我們如過於加緊追尋，恐寶物警覺遁去。笑道兄既然記準了地方，我每次觀察寶物出現，多在午夜以後頃刻之間，地點也在這附近一帶。現在時間已過，莫如暫不驚動。明早先下去端詳好了地勢，看看有無可異之處。等到晚來寶物出現時節，上下分頭埋伏準備，稍顯痕跡，便跟蹤尋找。難道它還勝過青

索，怕它跑上天去不成？這時仍以少說為是。」

　　笑和尚、金蟬聽了，點頭稱善，便丟下這個不談，同賞清景，靜候天明。轉眼東方有了魚肚色，極東天際透出紅影。三人都巴不得早些天明，談笑之間，一輪朝日已現天邊。一邊是紅日半規，浮湧天末。一邊是未圓冰輪，遠啣嶺表。遙遙相對，同照乾坤。橫山白雲，也漸漸散去，知道下面雨隨雲收。山居看慣日出，夜間清景已經看夠，志在早些下手覓寶，無心觀賞日出，天甫黎明便一同飛身下去。

　　宿雨未乾，曉霧猶濃。三人到了下面，收去劍光，端詳地勢，不時被枝籐露水弄了個滿身滿臉。朝陽斜射潭底，漸漸聞得岩石縫間矮樹上的蟬鳴，與草地的蟲聲相為應和。知了卿卿，噪個不住，從笑和尚所指方向仰視，峭壁排雲，苔痕如繡，新雨之後，越顯肥潤。間以雜花紅紫，冶麗無恃，從上到下，碧成一片。僅衹半崖腰上，有一塊凸出的白圓石，宛如粉黛羅列，萬花叢裡，燕瘦環肥，極妍盡態當中，卻盤坐著一個枯僧，方在入定一般。

　　昨晚笑和尚因下來匆忙，衹顧注意潭底，那地方又被密雲遮去，沒有看到。這時一經發現，三人不約而同，又重新往上飛去。落到石上一看，孤石生壁，不長寸草，大有半畝，其平

若倚。一株清奇古怪，粗有兩抱的老松，從巖縫中輪囷盤拿而出。松針如蓋，剛夠將這塊石頭遮蔭。石頭上倚危崖，下臨絕壑，俱是壁立，無可攀援，決非常人足跡所能到達。細看石質甚細，宛如新磨。拔去壁上苔蘚一看，石色又相去懸殊，彷彿這塊石頭並非原來生就，乃是用法術從別的地方移來一般。

三人當中，笑和尚見聞較廣，早已看出有異。金蟬、莊易二人也覺奇怪。那石又恰當昨晚笑和尚發現銀花的下面，便猜寶藏石中，和尉遲火得那靈石仙乳萬載空青及靈玉崖溫玉一樣。先主張剖石觀看，又因那石孤懸崖腰，將它削斷，既恐壞了奇景，又恐墜落下去，損了寶物；不削斷，又不知寶物藏在石的哪一端。正在彼此遲疑不決，金蟬一面說話，一面用手去揭那挨近石根的苔蘚，揭來揭去，將要揭到古松著根的有罅隙邊，笑和尚道：「蟬弟真會淘氣，苔蘚斑駁，多麼好看，已經看出這石不是崖上本生，何苦盡去毀殘則甚？」

正說之間，猛聽金蟬大喝一聲道：「在這裡了！還不與我出來！」一言未了，倏地從樹根罅隙裡冒起一股銀花，隱隱看見銀花之中，包裹著一個赤身露體、三尺多高的嬰兒，隕星飛雪一般，直往崖下射去。三人一見，如何肯捨，忙駕劍光跟蹤追趕。到了崖底一看，已經不知去向。

234

　　金蟬直怪笑和尚、莊易不加小心，被他遁脫。笑和尚道：
「我看那嬰兒既能御光飛行，並非什麼寶物。那銀花正而不邪，
定是他煉的隨身法寶。衹是他身上不著寸縷，又那般矮小，衹
恐不是人類，許是類乎芝仙般的木石精靈變化，也說不定。好
在他生根之處，已經被你發現，早晚他必歸來，衹須嚴加守候，
必然捉到無疑。假如我所料不差，又比芝仙強得多了。」

　　金蟬道：「適才我因看出石色有異，便想窮根究底，看那
塊石頭是怎生支上的。衹要找著線索，便可尋根。你偏和莊道
兄說寶藏石中，我又防寶物警覺，未便囑咐。其實我揭近根苔
蘚時，已彷彿見有小孩影子一閃了。我仍故意裝作不見，原想
聲東擊西，乘他不備，搶上前去。後來我身子漸漸和他挨近，
猛一縱身，便看見他兩手抱胸，蹲伏在樹根後洞穴之中，睜著
兩隻漆黑的眼睛望著外面。先一見我，好似有些害羞，未容我
伸手去捉，衹見他兩隻手臂一抖，便發出千點銀花，從我頭上
飛過，冷氣森森，又勁又寒，我幾乎被他衝倒。隨後再追，已
經晚了！

　　「你說他與芝仙是一類，依我看，不一定是。因為我和芝
仙平時最是親熱，它雖是天地間的靈物，到底是草木之精英所
化，縱然靈通善變，周身骨肉柔而不剛，嫩而不健。我們愛它，
常時也教它些本門吐納功夫，它卻別有長進，與我們不同。而

235

且見了刀劍之類就怕，不能練劍。適才所見小孩，雖然看似年輕，卻甚精煉，體健肉實，精華內蘊。若非人類修煉多年，得過正宗傳授，不能到此。看神氣頗和你我相類，怎能說是草木精靈所化？

「他昨晚既有心顯露，今日與我初見時，又那般樂呵呵的。如存敵視，我適才未想到他如此厲害，絲毫沒有防備，要想傷我，易如反掌。既不為仇，何以又行避去？祇怪我太忙亂了些，果真快一步，未必不可以將他攔住。否則先打招呼，和他好好地說，也許知他來歷用意。如今失之交臂，豈不可惜！」

笑和尚道：「如照你所說，他要是有本領來歷的高人，必有師長在此，待我向他打個招呼。」便向崖上大聲說道：「道友一身仙氣，道術通玄，定是我輩中人，何妨現出法身，交個方外之友？我們決無歹意，不過略識仙蹤，何必拒人千里，使我們緣慳一面呢！」說了兩回，不見答應。又一同飛回石上，照樣說了幾遍，仍無應聲。再看他存身的樹根石隙，外面是藤蔓香蘿掩覆，一株老的松樹當門而植，壁苔長合，若從外看，簡直看不出裡面還有容身之所。再披藤入視，那糠隙寬祇方丈，卻甚整潔，松針為蓐，鋪得非常勻整。靠壁處松針較厚，拱作圓形。

　　三人恐有變故，早將劍光放出，光華照處，隱隱看見石壁上有一道裝打坐的人影子，身材比適才所見嬰孩要大得多，此外空無所有。又祝告了幾句，仍無動靜。金蟬提議，分出莊易在崖底防守，笑和尚在崖頂瞭望，自己卻埋伏在側，一有動靜，上中下三面一齊會合，好歹要知道他到底是人是寶？

　　分配已定，一直等到天黑，仍無動靜。因為再過一會，便是笑和尚發現銀光之時，莊易往常所見，也差不多是這時候，所以並不灰心，反而聚精會神，守候起來。誰知半夜過去，依然是石沉大海，杳無影蹤。轉眼天將黎明。

　　今晚不比昨晚清明，風霧甚大。崖頂上笑和尚因為地位最高，有時還能看見星月之光。崖下莊易立身最低，也不過是夜色冥濛，四外一片漆黑。惟獨苦了金蟬，身在崖腰危石上面，正當雲霧最密之處，不多一會，衣服盡都沾濕。雖然修道之人不畏寒侵，又生就一雙慧眼，可以洞察隱微，到底也是覺得氣悶難受。天光明後，知道暫時不會出現，便招呼崖上笑和尚與崖下莊易，同到危石上面。

　　金蟬因為渾身透濕，又沾了許多苔蘚，甚是難看，便對笑和尚道：「這東西想是存心避著我們。你一人且在這裡，不要走開。容我去尋一溪澗，洗上一個澡兒，就便將衣衫上面的五

237

顏六色洗了下去，趁著這熱天的太陽，一會就曬乾了。今晚他再不出現，我非連他的窩都給拆了不可。」

笑和尚、莊易見金蟬一身通濕，沾滿苔痕，說話氣忿忿的，鼓著小腮幫子，甚是好笑。等金蟬走後，笑和尚和莊易使了個眼色，然後說道：「蟬弟雖然年幼，從小便承掌教夫人度上九華，修煉至今，怎麼還是一身孩子氣？穴中道友耽於靜養，不樂與我們見面，就隨他去吧，何苦又非逼人家出面不可？少時他回來，他一人去鬧，我們已守了一天一夜，且回洞歇息去吧。」莊易會意，點了點頭，二人一同飛身上崖，且不入洞，各尋適當地位藏好，用目注定下面。

約有半盞茶時，先見危石松樹隙後，似有小人影子閃了一下。不一會，現出全身，正與昨晚金蟬所見小孩相類，渾身精赤條條，宛如粉裝玉琢。烏黑的頭髮，披拂兩肩。手上拿著一團樹葉，遮住下半身。先向上下左右張望了一下，倏地將腳一頓，直往天空飛去。日光之下，宛似灑了一溜銀雨。

笑和尚也不去追趕，逕對莊易道：「果然金蟬弟所料不差，這小孩確非異類。看他天真未鑿，年紀輕輕，已有這麼大本領，他的師長必非常人。祇不明白他既非邪教，何以不著衣履？這事奇怪，莫非此人師長沒有在此？昨晚蟬弟守株待兔，他卻仍

238

在穴內，並未走開，如非巖下另有間道，必是用了什麼法術，將我等瞞過。如今我們已看出他一半行徑，祇須趁他未回時，到他穴內潛伏，便可將他攔住相見。如能結為好友，或者拉他歸入本門，也省得被異派中人網羅了去。」說罷，同了莊易，飛回懸石，潛身樹後穴內藏好，暗中戒備，以防又和昨日金蟬一樣，被他遁走。

又待有半個時辰過去，忽聽風雷破空之聲，往石上飛來。笑和尚見金蟬回轉，恐他警覺小孩，自己又不便出去，正想等他近前，在穴口與他做個手勢，叫他裝作尋人上去時，金蟬已經收了劍光，落到石上，臉上帶著一臉怒容。一眼看見笑和尚在穴口探頭，便喊道：「笑師兄，你看多麼晦氣！洗個澡，會將我一身衣服丟了。」

第一一九回　滌垢汗　失衣逢異士　遭冤孽　闘石孕靈胎

笑和尚一看，金蟬穿著一身小道童的半截破衣服，又肥又大，甚是臃腫難看，果然不是先時所穿衣履。因已出聲相喚，祇得和莊易一同走出問故。

金蟬道：「我去尋溪澗洗衣浴身，行至靈玉崖附近，見下面馬熊、猩猿正在撕裂人屍，因為日前才行告誡，怎地又殘殺生靈？便飛身下去，想殺幾個示做。那些猩、熊一見我到，竟還認得，紛紛歡呼起來。我心裡一軟，手才慢了一些，否則又造了無心之孽。

「原來牠們所撕的，竟是那日所斬的妖童，牠們也未嚼吃人肉，祇不過撕裂出氣，牠們身受其害，也難怪牠們。我祇略微警戒幾句，逼著牠們扒土掩埋。我又見那妖童所穿衣服雖剩半截，又有泥污，因為猩猿是給他先脫下來再撕裂的，尚是完好。又見一隻小猩猿穿著一條褲子，更是乾淨。想起昨日所見小孩赤身露體，我便將這身衣褲取來，打算見時送他。

「到了靈玉崖那邊，尋著溪澗，連我衣服，一齊先洗淨，擇地曬好。還恐猩、熊們無知淘氣，乘我洗澡時取走，特意還找了幾個猩、熊來代我看守。馬熊還不覺怎樣，那些猩猿竟是善解人意，不但全明白我所說的話，還做出有人偷盜，一面和來人對敵，一面給我送信的樣子。我逗了牠們一會，安心樂意，洗了一個痛快澡。因為那水又清又甜，不捨起來，多耽延了一會。忽聽猩、熊咆哮呼嘯，先以為牠們自己鬧著玩，沒有想到衣服上去。及至有兩個跑下來作手勢喚我，趕去一看，我的一身衣服已不知去向，祇剩下這妖童所穿的半截道袍和一條褲子，業已快乾。

「我大怒之下，既怪牠們不加小心，又疑猩猿監守自盜。後來見猩猿俱舉前爪，指著崖這面的天上，日光雲影裡，隱隱似有些微銀星，一閃即逝。才想起是那小孩，見我們昨晚守候在此，不讓他歸巢，懷恨在心，暗中跟來，將我衣服盜去。否則那猩、熊固然無此膽子，那樣兇猛精靈的野獸，平常人物也不敢近前呀。總算他還留了後手，要是連這一身一齊偷去，我也要和他一樣赤條精光了。」

笑和尚、莊易聞言，好生發笑。笑和尚對金蟬道：「這都是你素常愛淘氣，才有這種事兒發生。適才你走後，我們想看一看這穴壁上的人影，才到，你便飛回。這位小道友既避我們，

必然不會出面。這身衣服送給他，交個朋友，有何不可？如嫌這身衣服不合適，好在為期還有數日，我二人陪你回轉凝碧崖，換上一件，再去百蠻，也不至於誤事。我們無須在此呆等，且回崖上去商談吧。」

笑和尚原是故意如此說法，好使那小孩不起疑心，仍用前策行事。金蟬不明言中之意，聽了氣忿忿說道：「衣服事小，若是明送，休說一件，祇要是我的，除卻這兩口飛劍，什麼都可。他卻暗取，讓我丟人，不將衣服收回，日後豈不被眾同門笑話？他如不將衣服送還，或者現身出來與我們相見，我早晚決不與他干休。」

笑和尚又再三相勸，說包在自己身上，將衣服尋回，這事大小，還有要事，須回洞中商議，才將金蟬拉了一同飛上崖頂。先和莊易說了幾句耳語，然後高聲說道：「莊道兄，你和華仙姑相熟，你可到奧區去看她回來不曾？」說完，等莊易走後，又拉金蟬同往洞中。金蟬便問笑和尚：「意似做作，是何緣故？」

笑和尚道：「我適才和莊道兄，親見那小孩現身，同往樹後石穴守候，無心中看見對崖有一通天巖窗，外有蘿樹隱蔽，埋伏在彼，甚是有用。那小孩雖然現在還斷不定他的家數，可

242

是質地本領俱非尋常，恐防異派中人網羅了去。又因他異常機警，恐被覺察，不便在石上商量，請莊道兄藉著探望華仙姑為名，繞道往對面巖窗埋伏。

「他既盜你衣服，存心與你作耍，必然還要再來。我們祇須裝作沒有防備，等他來到臨近，才行下手，將他收服。即使被他遁回穴內，莊易已經由對崖轉往他存身的穴內隱藏，三面一齊下手，何愁不能將他擒住？昨晚你在他穴旁等了一夜，他卻另由間道回去，不再出現。如仍在那裡守候，豈非守株待兔麼？」

金蟬聞言，點頭稱善。先在洞中等候了一陣，隨時留心，並沒什麼動靜。金蟬耐不住，又拉了笑和尚裝作崖前遊玩，舉目下視，石上仍無小孩蹤影。對崖看不見莊易，知道他藏處必甚隱祕。算計小孩出現，定在晚間，祇得走回洞去。路上金蟬悄對笑和尚道：「這廝如老不出現，到了我們要去百蠻山時，豈不白費心思？」

笑和尚正說不會，忽然一眼望到洞中，喊一聲：「快走！」首先駕劍光飛入洞去。金蟬也忙駕劍光，跟人一看，洞門石上，放著自己適才失去的那件上衣，褲子卻未送還。四外仔細一尋，哪有絲毫人影？

笑和尚想了一想，對金蟬道：「我明白了，此人早晚必和我們做朋友。他明明是因為赤身露體，羞於和我們相見，所以將你衣服盜去。後來你在石上一罵，他恐你懷恨，壞他洞穴，所以又將上衣給你送還。祇不懂此人雖然幼小，已有如此神通，他的師長必非常人，何以他連衣服都沒一件？以我三人之力，用盡方法，俱不能查出他的蹤跡，始終他在暗處，祇能以情義結納，收服之事，恐非容易。姑且先不將莊道兄喚回，等你將自己衣服換了，待我將這一件送到石上，和他打個招呼，看看如何，再作計較。」

說罷，將金蟬換下那件半截道衣拿了，回身到了石上，對穴內說道：「小道友根器本領，我等俱甚佩服。我師弟一身舊衣，既承取用，本可相贈，無奈遊行在外，尚有使命他去，無可穿著。今蒙道友將上衣送還，反顯我等小氣了。現有半截道衣一件，雖然不成敬意，權供道友暫時之需。如荷下交，今晚黃昏月上，我等當在崖上洞中相候。否則我等在此已無多日，事完之後，當為道友另製新衣，前來奉約如何？」說罷，將衣掛在松樹上面，仍返洞內。

沒有多時，莊易也飛了回來，金蟬便問可曾見那小孩。莊易往地上寫道：「先並未見他出現。後來二位道兄到石上與他

244

送衣，通白走後，才平空在石上現身，也未看出他從哪裡來的。身上穿著齊道兄那條褲子。先取那半截衣服試了試，他人本矮小，那條褲子雖是短褲，他穿了已差不多齊著腳面，這半截道衣雖不拖地，卻是太肥大，實在不成樣子。他試了又試，好似十分著急，忽然臉上一變，帶著要哭的神氣，拿了這半截衣服，逕回穴內去了。我見二位道兄適才那般說法，自忖一人擒他不住，也未曾過去驚動，就回來了。」

話還未完，金蟬早跑了出去。笑和尚知道金蟬去也白去，並未在意，祇和莊易一個用手，一個用口，互相計議，怎樣才能和那小孩見面。

談有頓飯光景，忽聽金蟬與人笑語之聲，由崖上傳來。出洞一看，見金蟬褲子也換了原來所著，同著一個羅衫芒履，項掛金圈，比金蟬還矮尺許的幼童，手拉手，一同說笑歡躍走來。定睛一看，正是適才石上所見的小孩，生得面如凝玉，目若朗星，髮際上也束著一個玉環，長髮披拂兩肩，玉耳滴珠，雙眉插鬢，雖然是個幼童，卻帶著一身仙氣。

笑和尚與莊易俱都喜出望外，忙著迎了上去。金蟬歡笑著，給二人引見道：「這是我新結交的石兄弟，他名叫石生，他的經歷，我祇知道一半。因為忙著要見二位道兄，給他裝扮好了，

就跑來，還沒聽完。且回洞去，等他自己說吧。他還說要同我們去百蠻山呢。」

那石生和三人都非常親熱，尤其是對金蟬，把哥哥喊了個不住口。大家興高采烈，回至洞中坐定，細聽石生講述經歷。才知石生的母親，便是當年人稱陸地金仙、九華山快活邨主陸敏的女兒陸蓉波。

陸敏原是極樂真人李靜虛的未入門弟子。九華快活邨陸姓是個首富，到了陸敏這一輩，幾房人祇有陸敏這個獨子，幼年酷好武藝，專喜結納方外異人。成家以後，父母叔伯相繼去世，陸敏一人擁有百萬財富，益發樂善好施，義名遠播。因為尚無子息，家務羈身，不能遠方訪友，於是廣用金帛，派人出外，到處約請能人，到快活邨教他本領。

自古祇聞來學，不聞往教，異人奇士，豈是區區金銀所能打動。凡來的人，差不多俱是些無能之輩。陸敏並不以此灰心，祇要來的，不管有無真實本領，莫不以禮相待。他這千金市駿骨的辦法行了數年，終無影響。幸而他為人饒有機智，長於經營田產，並不因食客眾多，而使家道中落。

有一年聞得黃山出了一個神尼，在天都峰結茅隱居，善知

246

過去未來，因為相隔甚近，悄悄獨自一人前去拜訪。起初不過想同一點休咎，也是合該仙緣湊合。他裹糧在黃山尋了數日，把天都峰都踏了個遍，並無神尼蹤影。以為傳聞之誤，正要回去，行至鼇魚背附近，不知怎的，一個失足，墜落懸崖下面。此時他雖不會道術，武功已甚了得，墜到懸崖中間，抓著一盤春籐，僥倖沒有葬身絕壑。當他失足墜落之時，看見一道光華，由側面峰頭疾如閃電飛來，等他抓住了壁上春籐，又倏地飛了回去。

陸敏攀籐上崖，驚魂乍定。想起這道光華，頗似江湖上傳說的飛劍。異人咫尺，豈可當面錯過，便息了回家之念，逕往側面文筆峰上下尋找。僅見峰頂危石旁邊，放著一個石丹爐，一個蒲團。日前沒有走到危石前面，所以不曾發現。這一來，更證實了所見不差。

連在峰頂候了數日，把乾糧俱都吃盡，終不見劍仙蹤跡。心知這般呆等，決無效果，故意裝作糧盡回去，口裡自言自語，埋怨劍仙拒人太甚，此番決計回去，心中卻逐處留神。時當三四月間，遍山俱是果樹，一路採了些充飢，連頭也不回，逕往峰下走去。其實他沿路採果耽擱，並未走出多遠。那峰筆立千丈，途徑極為難走。由上到下，須要攀籐扶樹，繞峰旋行。

　　漸漸轉行到危石下面，上下相隔，不過兩丈來高，倏地施展輕身功夫，一個鷂子翻身，出其不意，直躍上去。果然看見一個中年女道姑，面對丹爐，端坐蒲團上面。才一照面，便放起一團光華，連身帶丹爐一齊罩住。近身數尺以外，眩眼生花，冷氣鑑人毛髮。陸敏不敢再進，祇得向前跪下，低聲默祝。道姑始終不走，光華也未撤去。一會丹爐裡面放出火花，顏色由紅轉黃，由黃轉白，變幻不定。

　　陸敏跪了一天一夜，直到第二日正午，直跪得形骸皆散，痛楚非常，將要委頓不支。忽見丹爐內一道青焰衝起，爐頂焰頭上結著一朵五色蓮花。同時光華收處，道姑現身，伸手在丹爐內取出一捧丹藥，清香襲人。爐中火焰蓮花，也都不見。

　　那道姑緩緩起立，對陸敏道：「居士請起說話。」陸敏見已肯和他說話，知道有望，精神一振，痛楚全忘。哪裡敢立起身來，越發虔敬，跪請收錄。道姑道：「居士義俠，本是我輩中人，無奈貧道門下不便收容。且請起來，當為設法如何？」

　　陸敏不敢再為違拗，好容易勉強起立，腰腿都酸疼得要斷。道姑道：「居士生長膏粱富厚之家，卻有這般誠心，委實難得。這裡有丹藥一粒，服了下去，可解痛苦。以居士根骨而論，原是上品，祇可惜純陽之質已喪，縱有奇緣，難參正果罷了！你

且回去，一月之內如有異人來訪，倘蒙收錄，縱不能置身仙佛，將來亦可解脫塵孽，千萬不要錯過。」

陸敏躬身接過丹藥服下，不消一會，果然神清氣爽。重又跪謝，苦苦哀求，並問法號。道姑道：「貧道餐霞，日前採來靈藥，欲在此峰煉丹，見有一人失足墜崖，前去援救。不料你竟會武功，墜至中途，攀籐而上。因此現了形跡，被你跟蹤尋來。我因與你無緣，本不想見你。一則見你意念虔誠；二則預定時機，不便錯過。明知你必去而復轉，祇是正當發火時候，不能與你分說，倒累你跪在風露之中，受了許多苦楚。將訪你的那位金仙，是貧道的前輩，已經快成正果，勝似貧道百倍，與你別有一種因果。急速回去，準備靜室迎候吧！」

陸敏情知仙人不會誑他，再求也是無益，便道謝拜辭而去。到了家中，將所有江湖上賓朋，俱都設辭多送金銀遣開。另闢了一間淨室，每日在村前恭候。

過了半月光景，果然來了一位長身玉立，仙風道骨的道人，陸敏看出有異，慌忙下拜。那道人也不客氣，逕由陸敏迎接到了淨室之中。屏退從人，跪問姓名，才知道人便是名馳八表的極樂真人李靜虛，因為成道在即，要五方五行的精氣凝煉嬰兒。這次根尋東方太乙精氣，循搜地脈，看出九華快活邨陸敏後園

石巖底下，是發源結穴所在。因為時機還差月餘，便道往黃山
閒遊，遇見餐霞大師上前拜見，談起陸敏如何向道真誠。

極樂真人道：「我因門戶謹嚴，雖有幾個門徒，魔劫尚多，
未必能承繼我的衣缽。陸某質地雖佳，已非純陽之體。不過既
借他家採煉太乙精氣，總算與我有緣。且俟到日後，我親去查
看他的心地如何，再行定奪吧！」

餐霞大師原是極樂真人的後輩，見真人並未峻拒，知道有
望，不敢再多說。因憐陸敏虔誠，略示了一點玄機。由此陸敏
便從極樂真人學了一身道法和一種出奇的劍術，祇是正式列入
門牆，未蒙允許，祇算做一個循牆未入室的弟子罷了。

陸敏自得仙傳，當時看破世緣，便想棄家學道。反是極樂
真人說：「世上無不孝的神仙，你家嗣續尚虛，又早壞了純陽
之體，非超劫轉世，不能似我平地飛昇。即使要出家靜修，完
成散仙功業，也須等有了嗣續以後。」

陸敏不敢違拗，且幸往黃山時，妻子便有了身孕，等到臨
盆，竟然雙生一男一女，不由心中大喜。這時極樂真人已經將
法煉成別去，陸敏便將撫育兒女之事交託妻子，獨自在靜室之
中勤苦用功。

　　他那子女，男的單名叫達，女的叫做蓉波，俱都生得玉雪可愛，聰敏非凡。蓉波尤其生有夙根，自幼茹素，連奶子都不吃葷的。等到長到十來歲光景，每當早晚向陸敏室中問安之時，必定隔戶跪求學道。陸敏此時已是大有精進，家中雖然一樣有求必應，廣行善舉，自己本人，卻是推說遠遊在外，杜門卻掃，連妻子兒女都不常見面。後來看出蓉波小小年紀，不但根器極好，向道尤其真誠。心想：「神仙也收弟子，何況親生。」漸漸准她入室，教些入門功夫。蓉波竟非常穎悟，一學便會。陸敏自是心喜。

　　又過了幾年，見兒子已經成人，嗣續無憂，家聲不致廢墮，索性帶了蓉波，出門積修外功，交結劍仙異人。隔個五七年，有時也回家看望一次。因愛莽蒼山兔兒崖玄霜洞幽靜，便以那裡為久居之所。陸敏常以自己壞了純陽之體，遇著曠世仙緣，仍不能參上乘正果，引為終身恨事。所以對於蓉波非常注意，幾次訪著極樂真人，代她求問將來，俱沒有圓滿答覆。氣得蓉波賭神罰誓：如墜情孽，甘遭天遣。最末一次見面，極樂真人對蓉波道：「你志大力薄，孽重緣淺，甚是可憐。我給你一道靈符，作為保身之用吧。」

　　蓉波跪謝領受之後，極樂真人便不再見。陸敏不再回家去，

父女二人隱居玄霜洞，一意修持。有時出門積修點功行，原無甚事。偏偏這一年，南海聚萍島白石洞凌虛子崔海客，帶了虞重、楊鯉兩個門人閒遊名山，行至莽蒼山，與陸敏父女相遇。凌虛子原是散仙一流，陸敏昔日帶了蓉波往東南海採藥，曾經見過兩面。多年不見，異地重逢，又有地主之誼，便留他師徒盤桓些日。

凌虛子本愛莽蒼山風景，又經陸敏慇懃留住，便在玄霜洞住了下來。凌虛子喜愛圍棋，益發投了陸敏的嗜好，每日總要對弈一局。虞重生性孤僻，沉默寡言，雖在客居，每日仍是照舊用功，一絲不懈。楊鯉卻是凌虛子新收弟子，年才十六七歲，生得溫文秀雅，未言先笑，容易與人親近。又是入門未久，一身的孩子氣，與蓉波談得來。仙家原無所謂避忌防閒，楊鯉貪玩，蓉波久居莽蒼，童心未退，自以識途老馬自命，時常帶了楊鯉各處遊玩。

這日兩人又在洞前閒眺，見下面雲霧甚密。楊鯉道：「此崖三面都有景致，惟獨這一面筆立千尋，太過孤峭了。」隨便談說，兩人並未在意。後來又一同去南山一帶閒遊，看見一條大溪中，兀立著兩塊大石，溫潤如玉。蓉波猛想起適才之言，便對楊鯉道：「你不是嫌我們洞前崖壁太過孤峭麼，我將這石運回去，給它裝上，添些人跡難到的奇景如何？」楊鯉年輕喜

事，自然十分贊同。

彼時崖壁下面，還有瀑布深潭。二人商量好了形勢，便由蓉波用法術將大石移去一塊，就在瀑布泉眼下面，叱開崖壁插入。又移植了一株形如華蓋的古松。那石突出危崖半腰，下面是絕壁深潭，頭上瀑布又如銀簾倒捲，白練千尋，恰好將那塊石頭遮住，既可作觀瀑之用，又可供行釣之需，甚是有趣。二人佈置好後，坐談了一會，回洞各向師父說了，也都付之一笑。

第二日蓉波做完早課，不見楊鯉，還想給那塊石頭添些花草做點綴。到了石上一看，楊鯉正如醉如癡地靠壁昏睡，身旁散堆著許多奇花異卉，俱是山中常見之物。以為楊鯉也和自己是一樣心思，並沒想到修道之人，怎能無端昏睡，正要上前將他喚醒，忽然看見那些花草當中，有一種從未見過的奇花，形狀和曇花一般無二，祇大得出奇。花盤有尺許周圍，祇有一株，根上帶著泥土，獨枝兩歧，葉如蓮瓣，歧尖各生一花，花紅葉碧，嬌豔絕倫。更有一椿奇處：兩花原是相背而生，竟會自行轉面相對，分合無定。

蓉波本來愛花成癖，見了奇怪，不由伸手拾起端詳，放在鼻端一聞，竟是奇香透腦，中人欲醉。方要放下，轉身去喚楊鯉，忽然覺得一陣頭暈目眩，耳鳴心跳，一股熱氣從腳底下直

透上來，周身綿軟無力，似要跌倒。知道中了花毒，隨手將花一扔，方要騰身飛起，已經不及，兩腿一軟，仰跌在石頭上面，昏沉睡去。

直到日落西山，楊鯉先自醒轉。他原是乘早無事，採了些異樣花草，想種植在近石壁上。採時匆忙，並未細辨香色，祇要見是出奇的便連根拔來。及至到了石上，種沒兩株，越看那朵大花越覺出奇，拿近鼻間一聞，當時異香撲鼻，暈倒於地。蓉波後來又步了他的後塵。

那花名叫合歡蓮，秉天地間淫氣而生，聞了便是昏沉如醉，要六個時辰才能回醒。輕易不常見，異派邪教中人奉為至寶，可遇而不可求。不想被楊鯉無心中遇見採來，鑄成大錯，幾乎害了蓉波功行性命。蓉波如不隨手將花擲落潭底，也不至於險些惹出殺身之禍。雖然因禍得福，到底受了多少冤苦，這些留為後敘。

且說楊鯉一見蓉波跌臥在地，如果稍避嫌疑，回洞去請凌虛子與陸敏來解救，原無後來是非。總是二人相處太熟，祇知是中了花毒，想將蓉波喚醒。喊了有十幾聲，約有半盞茶時，蓉波才得醒轉。再找那花，已經不知去向。還等種植餘花時，忽聽陸敏在上面厲聲呼喚。二人飛身上去一看，才知南海來人，

說島中有事，請凌虛子師徒急速回去。相處日久，彼此自不免有些惜別。蓉波見陸敏送客時節面帶怒容，當時既未在意，也忘了提說中了花毒之事。

從這日走，蓉波兀自覺得身上不大自在，漸漸精神也有些恍惚，心神不定，做起功課來非常勉強。又見陸敏每日總是一臉怒容，愁眉深鎖，對自己的言動面貌，非常注意，好生不解。幾次想間，還沒出口。這日又到了那塊石上閒眺，想起前事，暗忖：「我雖中了花毒，昏迷了幾個時辰，但是既能醒轉，當然毒解，怎麼人和有病一般，身體上也有好些異樣，每日總是懶懶的，無精打采？」想了一陣，想不出原因，便隨意臥倒在石上，打算聽一會瀑聲，回去請問她的父親。身才躺下，便聽崖上一聲斷喝：「無恥賤婢，氣煞我也！」一言未了，一道銀光，如飛而至。

蓉波聽出是父親陸敏的聲音，心想：「父親近年來很少呵責自己，今日為何這般大怒，竟下毒手？」這時蓉波處境危機一髮，已不容多加思索，忙將自己平時煉的飛劍放起抵禦。一面高聲問道：「女兒侍父修道，縱有過失，也不應不教而誅，為何竟要將女兒置諸死地？」

言還未了，祇見對面銀光照耀中，陸敏厲聲罵道：「無恥

賤婢，還敢強辯！昔日恩師極樂真人常說你孽重緣淺，成不得正果。我幾番要將你這賤婢嫁人，你賭神罰咒，執意不從。你雖修道多年，自是將近百歲的人，竟會愛上一個乳臭未乾的黃口孺子，還在我眼皮底下，公然做出這樣醜事。我如留你，一世英名，被你喪盡。」說罷，將手一指，千萬點銀花，如疾風驟雨而至。

原來那日陸敏正和凌虛子對奕，忽然凌虛子一個門人從南海趕來，說島中出了變故，須要急速回去。陸敏一見蓉波、楊鯉俱不在側，又見他師徒正在愁煩商議，恍如大禍之將至，知道他二人定在新移大石上觀雲聽瀑，便親自出洞呼喚，起先並未有什麼疑心。及行至巖前，忽聽下面楊鯉連喚師姊醒來，聲甚親密，不禁心中一動。想起昔日極樂真人之言，女兒素常莊重，祇恐孽緣一到，墜入情魔，不但她多年苦功可惜，連自己一世英名，俱都付於流水。

又想起二人連日親切情形，越覺可疑。連忙探頭往下面一看，正趕上蓉波仰臥地上醒轉，楊鯉蹲在身旁不遠，不由又添了一些疑心。厲聲將二人喚了上來，首先端詳楊鯉，英華外舒，元精內斂，仍是純陽之體。心雖放了一半，懷疑蓉波的心理，卻未完全消除。暗幸發覺還早，凌虛子師徒就要回去，省卻許多心事。送客走後，再看蓉波，雖不似喪失精神元氣，總覺她

神情舉止，一日比一日異樣。

末後幾日，竟看出蓉波不但恍惚不寧，腰圍也漸漸粗大，彷彿珠胎暗結，已失真陰。猛想起自己和凌虛子一言投契，便成莫逆，以前相見時短，連日祇顧圍棋，竟不曾細談他修行經過。散仙多重採補，莫非他師徒竟是那一流人物？楊鯉這個小畜生，用邪法將女兒元精采去，所以當時看不出他臉上有何異狀？越想越對，越想越恨越氣。已準備嚴詢蓉波，問出真情，將她處死，再尋凌虛子師徒算帳。

一眼瞥見蓉波又悶懨懨地往石上飛去，便咬牙切齒，跟在後面。由崖上往下一看，蓉波神態似乎反常，時坐時立，有時又自言自語。後來竟懶洋洋地將腰一伸，仰臥在石頭上面。更想起那日所見情景，一般無二，以為是思戀舊好，春情勃發。不由怒火中燒，再也按捺不住，想迅雷不及掩耳，飛劍將她刺死。

蓉波天資穎異，隨父名山學道多年，已盡得乃父所傳。祇所用飛劍出於自煉，不比陸敏的太白分光劍，是極樂真人煉成之後相贈，所以差了一著。偏偏陸敏又是在萬分火氣頭上，一任蓉波悲憤填膺，哀號申訴，一味置之不理，口中怒罵不絕，祇管運用劍光，絕情絕義地下毒手。

蓉波眼看自己飛劍光芒漸減，危石上下左右俱被銀花包圍，危機頃刻，連抽身逃遁都不能夠。蓉波此時並非惜命，祇想辨明不白之冤。一面竭盡精力抗拒，一面不住在劍光中哀號道：「爹爹，你縱不信女兒，你祇暫為停手，略寬一時之命，女兒絕不逃死，祇求說幾句話。難道父女一場，這點情分都沒有麼？」

陸敏祇是不聽，又罵道：「一切都是我眼中親見，你還有何話說？想要乘機逃走，做夢一樣。我如不清理門戶，也對不起恩師極樂真人。」第二次又提起極樂真人，猛將蓉波提醒，暗想：「昔日師祖曾說我孽重緣淺，賜我靈符一道，以備臨危活命，何不取出一試？」想到這裡，忙伸手從胸前貼肉處，將靈符取出時，自己那道劍光已是光芒消逝，快要墜落。飛劍一失，便要身首異處，知道危急萬分，反正是死，生機祇靠在這道靈符上面。

驚慌悲憤中，將銀牙一咬，也不再顧那口飛劍，運用一口先天真氣，朝那道靈符噴去。神一轉注，耳聽卡嚓之聲，蓉波一看飛劍，已經被陸敏劍光絞成粉碎，銀光電閃星馳，飛近身來。人到臨死，自是忙亂求生。蓉波「哎呀」一聲，忙不擇地往後便退。倏地一道金光，上徹雲衢，從身後直照過來，金光

到處，崖壁頓開。蓉波慌忙逃了進去，身才入內，崖壁便合。猛見眼前銀光一亮，還疑是父親劍光追來，悲苦冤憤，拚死逃竄，業已精力交敝，嚇得魂不附體，暈死過去。

蓉波醒來見穴中漆黑，面前似有銀光閃動，定睛一看，竟是自己父親素常用的那口飛劍。試一運用，竟和往日自己向父親討來練習時一般地圓轉隨心。驚魂乍定，細想前事，知是靈符作用，祇猜不透為何要將自己關禁穴內？幾番想運用飛劍破壁而出，竟不能夠。正在驚疑，忽聽壁外隱隱有陸敏的聲音說道：「蓉兒醒來沒有？適才為父錯疑你了。幸而師祖靈符妙用，仙柬說明原因，才知我兒這段宿孽，非在穴中照本門傳授，靜中參悟三十六年，不能躲過魔孽，完成正果。

「你此時已有身孕，並非人為，乃是前孽注定，陰錯陽差，誤嗅毒花合歡蓮，受了靈石精氣，感應而生。此子將來成就，高出我父女之上，生育以後，務須好好教養。日期不到，因有你師祖靈符封鎖，不能破壁出來。你師祖賜我那口仙劍，已因追你時為你師祖靈符收去，現在便轉賜給你。日後道成，可再賜給爾子。我現奉你師祖之命，憐我修道多年，有功無過，命我到北海去受寒冰屍解，轉劫以後，才能與你相見。玄霜洞尚留有我父女煉的丹藥、法寶，將來可一併傳授爾子便了！」

蓉波聞言，不由放聲大哭。陸敏在外，不住勸慰，說是此乃因禍得福，暫時父女分別，無庸悲傷。蓉波自然禁不住傷心，陸敏又何嘗不是難受。

父女二人似這樣隔著一層巖壁，咫尺天涯，對面不能相見，各自哭訴了個肝腸痛斷。終因師命難違，不便久延，陸敏才行忍痛別去。蓉波由此便在穴中苦修，直到第二十一年上，功行精進，約知未來。算計日期，知道元胎已成，快要出世，才用飛劍開脅，生下嬰兒。因秉靈石精氣而生，便取名叫作石生。

母子二人在穴中修煉，又過了十五個寒暑。石生生具異稟，自然是無論什麼，一教就會。祇是沒有衣穿，常年赤身露體。蓉波將自己外衣用飛劍為針，抽絲當線，改了一身小孩衣帽服飾。又將身上所戴昔日離家時母親賜給的替環，用法術煉成了金圈。祇暫時不許石生穿戴，另行用法術封鎖藏好。臨要坐化時節，對石生先說明了以前經過。然後說道：

「我面壁三十六年，仗著師祖極樂真人真傳，靜中參悟，已得上乘正果。如今元神煉成真形，少時便要飛昇。我去以後，巖壁便開，你仗著我傳的本領，已能出入青旻，邀翔雲外。祇是修道之人，豈能赤身露體出去見人。我不是不給你衣穿，唯恐我去以後，你隨意出遊，遇見邪魔外道，見你資質過人，引

誘走入旁門。所以暫時不給你衣穿，也不准出山偷盜，壞本門家法。

「你須記住，此後你便是無母之兒，一切須要好好為人，莫受外魔引誘，但看洞外石上瀑布乾時，便是你出頭之日。接引你的人，乃是峨嵋派掌教真人轉劫之子，名叫金蟬，也是一個幼童模樣。不見此人，任何人都不許你上前相見。你二人相遇之後，他自會接引你歸入峨嵋門下，完成正果。」

石生聽說慈母就要飛昇，遠別在即，好不傷心難過。到了這日午夜將近，蓉波重新囑咐了石生一遍，將飛劍轉賜，說明了玄霜洞藏寶所在。然後兩手一擦，朝巖壁一照，一陣隱隱雷聲過處，巖壁忽然開闢，領了石生，走出穴外大石上面。又移植了許多藤蔓，將穴口遮沒，指點石生地勢景物。

石生初見天地之大，星月景物之美，雖然心中高興，也免不了失母的悲慟，悲悲切切，隨著回轉穴內。蓉波硬著心腸，又囑咐了幾句，將後壁一指，飛身上去，立刻身與石合，微現人影。石生一把未拉住，眼看一朵彩雲從壁上人影裡飛起，上面端坐著一個女嬰，與自己母親身容一般無二，冉冉出穴，飛入雲中不見。一陣傷心，獨自在穴內望著石像，哭了個力竭聲嘶，才行止住。

他雖是有一身驚人本領，一則初見天日，二則飽聞乃母警告，所以非常謹慎。先時每日並不外出，望著石影，面壁用功，與乃母在時一般。後來靜極思動，漸漸也知拾一些松毛樹葉，鋪在洞內。每日祇盼瀑布流乾，好和接引之人相見。這日正在石上閒眺，忽見崖上似有光華閃動。潛身上去一看，原來是一個女子和三個奇形怪狀之人動手。那女子所用紫光非常厲害，手下還養著一隻金眼大黑鵰，頃刻之間，便將三個怪人殺死。後來竟在玄霜洞住下。

石生見不是意中所期之人，甚是悶悶。因聽母親常說各派劍仙家數，猜是峨嵋派門下。想向她打聽，自己赤身露體，怎能和幼女相見？連日有過兩次地震，潭已枯乾見底，接引的人還未見來。屢次往北山一帶夜遊，總發覺有人駕著一道玄色光華，跟蹤追趕。幾次想和那人見面問訊，想起母親臨去諄囑，不到出世時節，不准和生人相見，祇得避去。獨處空山，好不寂寞焦急。生恐將機緣錯過，當夜又出去夜遊。回來時，雲霧甚密，形跡稍微顯露了些，差點被崖上的女子發現。

過了三日，忍不住飛上崖去窺探那女子有無同伴。行至洞前，那隻金眼大黑鵰竟展開一雙闊翼飛撲出來。心想：「一個大飛禽還有什麼，姑且將飛劍放出試試。」竟不能傷那黑鵰分

毫。又想：「一隻黑鵰已經如此，那女子必更厲害，無怪母親說外面能人甚多。」恐將洞中女子驚覺，連忙遁了回去。且喜那鵰見他一退，並未跟蹤追趕。

第一二〇回　兩仙童　風穴盜冰蠶　四劍俠　巒山驚醜怪

石生又等了多日，忽見又是接連一日兩次地動山搖，崖上瀑布點滴無存。正盼得兩眼將穿，忽有三道光華飛落崖上。內中有一道頗似那日女子所用，疑有接引之人在內。剛要上前探看，那三道光華倏又飛起，也未看清來人模樣。到了晚間，自己出外洗完澡回來，竟為崖上之人發覺，跟蹤下來尋找。他在石上往下一看，原來是個小和尚，並非預期之人。且喜雲霧甚密，沒有被他發現。

那小和尚在下面找到天明，又喊來兩人，內中一個幼童，竟與母親所說一般無二，不禁喜出望外。原想下去相見，後來一想到自己赤身露體，未免太不雅相；如不下去，又恐錯過機會。正在委決不下，忽被金蟬發現那塊大石，上來尋找，竟看出行跡，上前擒捉。兩下一對面，越發不好意思，慌不迭地駕起劍光逃走。當時並未逃遠。

他又長於隱形潛跡，眾人追他時節，他正潛伏在那塊石頭底下，乘人不覺，用隱形法回轉穴內，望著金蟬等三人商議分

264

路防守，暗暗好笑。幾次想和金蟬說話，都是羞於出口。雖知以前母親給他做過一身衣服，苦於當時未及問明，不知藏在什麼地方，遍尋無著，兀自在穴中著急。直到次日天明，金蟬要去洗澡，那小和尚也喚了那個同伴走開，聽二人語氣，彷彿對他不甚注意，不久就要離開此山，這才情急起來。暗想：「再不露面，定會失之交臂。他去洗澡，也是赤身露體，何不趁此時機，趕去相見？說明以後，再請他弄件衣服穿穿。」

　　想到這裡，探頭往上下看了看，且喜無人在側，便駕劍光跟蹤而去。因為金蟬先走了好一會，衹知照著他飛行的方向追趕，卻沒料到金蟬半路途中下去警戒猩、熊，取那妖童所遺衣服，無心中聽見泉聲，換了路徑。石生飛了好遠，連見下面幾個常去的溪澗，並無金蟬蹤跡。失望之中，也恐是走錯了方向，姑且再往回路找尋，仍未遇見。正行之間，猛見在下方許多猩、熊圍著一人在那裡咆哮。飛行前去，低頭一看，原來是幾件衣服，攤在一個石筍上面，遠望跟人一樣。當時以為是無主之物，衣服主人已享獸吻，自己正無衣穿，樂得拿走。

　　剛剛飛身下去，那數十隻猩、熊一見有人搶衣，紛紛怪吼，猛撲上來。論石生本領，這些猩、熊豈值得他一擊。一則出世不久，一切言談行動，無不幼稚，二則不願殺生害命，急匆匆地抱起便飛。剛剛升到空中，偶一偏頭，看見石後溪澗之中，

有人泅泳方歡，定晴一看，正是自己想見之人。再往手上一看，那衣服原本共是兩身，急忙之中，隨手拿了兩件。原想回穴穿好，再從隱處探他三人對自己有無嗔怪之意，然後出面相見。劍光迅速，頃刻回轉穴內。穿好一看，因為金蟬一身短裝，石生又是初次穿衣，覺得非常滿意。

正要出穴去見人家，猛想起母親在日，曾再三囑咐，說自己家法最嚴，不准偷盜他人之物，何況偷的又是接引自己之人，不告而取，怎好和人相見？不禁又為難起來。想要送還，又捨不得。正不知如何是好，忽聽石上有人說話的聲音。側耳一聽，正是金蟬和笑和尚在說失衣之事，並說如不將衣送回，決不干休。才知上穴還有人在彼守候。金蟬祇有一身衣服，恰巧自己取了來，暗幸自己回穴時節，逕往下層穴內，沒有到上穴裡去，未曾被那小和尚堵上。

因聽金蟬嗔怪，益發添了悔恨，便乘二人不覺，決計將衣服送還，再圖相見之地。及至繞到玄霜洞，剛將一件衣服脫下，金蟬、笑和尚已經回轉，恐怕撞見，連忙飛回穴內。一會又聽金蟬、笑和尚二次到了石上，商量贈衣之事，又感又愧。等二人去後，才從下穴回到上穴，探頭往外一看，大石上面果然無人守候。這才斷定，所來三人並無惡意，祇不過想和自己交個朋友。不由喜出望外，忙跑出去將所贈衣服拿起就穿。

266

　　道袍原本寬大，又斷去半截，雖然長短還可將就，祇是袖子要長出多半，肥胖臃腫，遠不如金蟬所穿衣服合身好看，越看越不順眼。來人走得快，更不容再為延遲。又想起母親教養恩深，如今天上人間，不知神遊何所，自己就要出世，連衣服都沒給留一件。想到傷心之處，一時忿極，發了童心，賭氣將衣服一脫，奔回穴去，兩手撫著壁上遺容，哀哀慟哭起來。

　　哭沒多時，恰好金蟬見衣追來，一眼看見昨日所見的孩子赤著上身，在穴中面壁而哭。恐怕又將他驚跑，先堵住穴口，暗作準備，身子卻不近前，遠遠低言道：「何事如此悲苦？可容在下交談嗎？」說罷，見那小孩仍是泣聲不止，便緩緩移步近前，漸漸拉他小手，用言慰問。石生原已決定和來人相見，請求攜帶同行，祇為盜衣之事，有點不好意思。又因慈容行將遠隔，中懷悲苦。一見金蟬溫語安慰，想起前情，反倒藉著哭泣遮羞，一任金蟬拉著雙手，也不說話，祇管悲泣。

　　金蟬正在勸解之間，忽聽四壁隱隱雷鳴，穴口石壁不住搖晃。石生一下地便被關閉穴內多年，知道石壁有極樂真人靈符，以前業已開闔幾次，恐又被封鎖在穴，不見天日，連忙止了悲泣，道聲：「不好！」拉著金蟬，便飛身逃出。忽見一道光華一閃，後面石壁平空緩緩倒了下來。二人剛剛飛到穴外石上，

267

將身坐定，那石壁已經倒下丈許方圓大小，落在地面，成了一座小小石臺，上面端端正正，坐著一個道姑。

石生定睛一看，慌不迭地跑了進去，抱著那道姑放聲大哭。金蟬也跟了進去，看那道姑，雖然面容如生，業已坐化多時。聽那小孩不住口喊親娘，連哭帶數，知是他的母親，便隨著拜叩了一番。立起身來，正要過去勸慰，猛見道姑身旁一物黃澄澄地發光，還堆著一些錦繡。拿起一看，原來是一個金項圈和一身華美的小衣服，猜是道姑留給小孩之物。忙道：「小道友且止悲泣，你看伯母給你留的好東西。」說時先將那件羅衫一抖，打算先給小孩穿上，忽見羅衫袖口內，飄墜下一封柬帖。

石生已經看見，哭著過來，先接過柬帖。還未及觀看，金蟬已一眼看清上面的字跡。同時穴口石壁上下左右，俱一齊湊攏，隆隆作響。知道不妙，慌忙一把將石生抱起，喊一聲：「石壁將合，還不快走！」二次出穴，才行站定，又是一道光華閃處，石壁倏地合攏，除穴口丈許方圓石壁沒有苔蘚外，餘者俱和天然生就一般，渺無痕跡。

石生見慈母遺體業已封鎖穴內，從此人天路隔，不知何年才能相見，自然又免不了一番悲慟。金蟬溫言勸慰了好一會，才行止淚。再細看手中柬帖時，外面祇寫著「見衣辭母，洞壁

268

重闈,見機速離,切勿延擱」十六個字。再打開裡面一看,大意是說石生的母親陸蓉波,在穴中面壁苦修多年,靜中參悟,洞徹玄機,完成正果,脫體飛昇。算準石生出世之日,特以玄功先期佈置,使石生臨別,得瞻謁遺體。此後由金蟬接引,歸入正教,努力前修,母子仍有相見之日。所留衣飾,早已製就,因恐石生年幼,有衣之後,隨便見人,離穴遠遊,錯走歧路,所以到日,才行賜與等語。

石生讀完,不禁又是傷心。經金蟬再三勸慰,說伯母飛昇,完成正果,應當喜歡,何況祇要努力向道,還有相見之日。一面說,又給他將上下衣服穿的穿,換的換,金項圈給他戴好。這一來越顯出石生粉裝玉琢,和天上金童一般。

金蟬交著這麼一個本領高強的小友,自然高興非凡。石生頭一次穿這般仙人製就的合體美衣,又加金蟬不住口地誇讚,也不禁破涕為笑。他自出娘胎,除了母親憐愛外,並未遇見一個生人。自從乃母坐化飛昇,每日守著遺容,空山寂寂,形影相弔,好不苦悶。一旦遇見與自己年貌相若,性情投契的朋友,既是接引自己的人,又那般地情意腕摯,哪得不一見便成知己,口中祇把哥哥喊不住口,兩人真是親熱非常。略談了一些前事,金蟬起初祇想和他交友,不料竟能隨他同去,喜得無可形容。為要使笑和尚、莊易聽了喜歡,忙著將他脫下的衣服換好,急

匆匆拉了他便往玄霜洞走去。眾人見面之後，自是興高采烈，覺著此行不虛。

談了一陣，石生便去玄霜洞後昔日英瓊寄居養病的石室裡面，用法術叱開石壁，取出陸敏遺藏的幾件法寶。然後又約了金蟬等三人，重到那大石上下觀察，見下穴也同時封閉，仙山瘞骨，靈符封鎖，不愁有異派妖邪來此侵犯，才行復回玄霜洞坐談。

金蟬笑問石生，昨日為何隱形回穴，讓自己在穴外白等一夜？才知那穴先時祇有上層，因為陸蓉波坐化以後，石生時常獨自遊行，屢次發現有人跟蹤，恐怕早晚無意中被人尋到地方，匆忙中不及隱形藏躲。他原會叱石開山之法，偏那石穴有極樂真人靈符作用，僅有一處石脈沒有封閉，被他用法術打通，裡面竟有極曲折的長石孔，通到大石下面兩丈遠近。有一石穴，穴口雖祇二尺多寬，祇能供人蛇行出入，穴內卻甚寬廣，比上穴還大得多。穴外藤蔓封蔽，苔痕長合，非知底細，撥籐而入，決難發現。而且上下兩層，須自己叱石開山，才可通行，所以外人不能發現。

笑和尚道：「那日我見蟬弟追你，銀光往下飛落，一閃不見，後來又發覺你仍在穴內，便知下面必有路可通，我曾經四

270

處細找，全穴並無縫隙。卻不知石弟還會玄門禁制大法，叱石開山。卻累蟬弟白白守了你一夜，豈不有趣！」

石生忙向金蟬謝過。金蟬又笑問石生：「既是等著了相見之人，何以來了又不肯相見？」石生紅著臉，又將赤身怕羞，及見眾人勢欲擒捉，其勢洶洶，拿不準來人用意好壞說了。眾人見他天真爛漫，一片童心，俱都愛如手足。金蟬嫌他怕和生人見面，又將如今異派紛起，劫運在即，遇見妖惡，須要消滅，為世人除害，才是劍仙本色，詳為解說了一遍。

石生道：「哥哥你看錯了。我怕見人是因守著母訓，不到時候之故。不然諸位未來時，我常往靈玉崖窺探，看見妖霧瀰漫，早就下手了。」

金蟬聞言，自是越發高興。再看陸敏給他所留的寶貝，共是三件，倒有兩件是防身隱跡之物。一件是兩界牌，如被妖法困住，祇須念動極樂真人所傳真言，運用本身先天真氣，持牌一晃，便能上薄青旻，下臨無地。一件是離垢鐘，乃鮫綃織成的，形如一個絲罩，運用起來，周身有彩雲籠罩，水火風雷，俱難侵害。還有一件，乃是石生母親陸蓉波費三十六年苦功，採來五金之精煉成的子母三才降魔針，共是九根。祇可惜內中有一根母針，因為尚未煉成，便因孽緣誤會，封鎖在穴內，運

用起來，減了功效。

大家觀賞誇讚了一陣。石生天賦異質，又經仙人教養，從小即能辟穀。其餘三人，笑和尚自不必說，金蟬、莊易，俱能服氣，原用不著什麼吃的。祇金蟬喜歡熱鬧，說想出去採些山果，作一個形式上的慶會。石生也要跟去。笑和尚道：「本派同門雖多，祇我和蟬弟知己，如今添了石弟，更是一刻都形影不離了。既然去採果子，何不我們大家同去，一則好玩，二則此山佳果甚多，多採一些，也省得遺漏。」說時，金蟬猛道：「前在凝碧崖見你時，你拿的那兩個朱果，這東西吃了可以長生，乃本山所產。這些日來，忙著除妖，也不曾想起，何妨同去找找？」

笑和尚點了點頭。當下約定，四人分成兩起：金蟬、石生去往山南；笑和尚、莊易卻往山北。分途往採佳果，回來聚餐，就便留神尋覓朱果。

先是金蟬、石生飛往山南，四處尋找，並沒什麼出奇的果子，不過是些特別生得肥大的桃、杏、楊梅、櫻、棗之類。路上遇見許多猩、熊，攔住兩個猩猿，連叱帶問，也問不出什麼來。因為笑和尚是往山北去尋朱果，便和石生也往山北飛去。這次飛行較遠，歸途在無心中飛越一個高峰，一眼瞥見山陰那

272

邊愁雲漠漠，陰風怒號，噓噓狂吼，遠遠傳來。猛地心中一動，想起日前英瓊曾說余英男被妖人誆去，代盜冰蠶，以致失陷風穴冰窟之內。後來她將英男救走，始終也不曾將冰蠶得到。反正無事，何不前去探看一回，僥倖得手，也未可知。便和石生說了，同駕劍光，直往山陰飛去。

兩處相隔，甚是遼遠，飛行了個把時辰，才得飛到。快要臨近，便聽狂颶怪嘯，陰霾大作，黑風捲成的風柱，一根根挺立空中，緩緩往前移動。有時兩柱漸漸移近，忽然一碰，便是天崩地裂一聲大震，震散開來，化成畝許方圓的黑團，滾滾四散，令人見了，驚心駭目。

二人雖駕劍光飛行，兀自覺得寒氣侵骨。一兩根風柱才散，下面黑煙密罩中，無數根風柱又起，澎湃激盪，谷應山搖，飛砂成雲，墜石如雨。試著衝上前去，竟會將劍光激盪開來。幸都是身劍合一，不曾受傷。二人一見大驚，石生忙將離垢鐘取出，將二人一齊罩上。金蟬也將天遁鏡取出，彩雲籠罩中，放起百十丈金光異彩，直往狂颶陰霾中衝去。

這天地極戾之氣凝成的罡風發源之所，竟比妖法還要厲害。二人雖然仗著這兩件異寶護身，勉強衝入陰霾慘霧之中，但是並不能將它驅散，離卻金光所照之外，聲勢轟隆，反而越發厲

害。

二人年少喜功，也不去管它。正在仔細運用慧目察看風穴所在，忽見下面危崖有一怪穴，穴旁伏著一個瘦如枯骨的黑衣道人，兩手抱緊一個白東西閃閃放光，似在畏風躲避的神氣，金光照處，看得逼真。金蟬一見，認定是妖邪，見他見了寶鏡金光並不躲閃，不問青紅皂白，手一指，劍光先飛將出去。石生自然隨著金蟬，也將劍光飛出。眼看劍光飛近道人身旁，倏地道人身上起了一道烏油的光華護著全身，也不逃避，也不迎敵。

及至二人飛離穴口較近，那道人忽然高聲喝道：「來的峨嵋小輩，且慢近前。你們無非為了冰蠶而來，這冰蠶已落在我的手中。祇因取時慢了一步，正值罡風出穴，無法上去。此物於你們異日三次峨嵋鬥劍大是有用，我也不來哄騙你們。此時我尚有用它之處，如能借你二人法寶護身，助我上去，異日必將此物送到峨嵋。如不相信，今日天地交泰，罡風循環不息，此時罡風初起，還可支持，少時玄冰黑霜，相繼出來，再加上歸穴狂飆，兩下衝蕩，恐你二人也難脫身了。」

金蟬見那道人喊自己做後生小輩，已是不快。再一聽所說的話，意存恐嚇，暗想：「既能下來，豈難上去？這道人身形

古怪，一身鬼氣，定是邪魔外道，不要被他利用，中了道兒。」
正要開言，那道人又厲聲喝道：「休要觀望，我並不怕你們。
前時你同門李英瓊來救那姓余的女子，一則仗著時日湊巧，罡
風不大；二則有仙劍、神鵰相助，僥倖得手。今日窟內玄霜，
被我取冰蠶時用法術禁制，才未飛揚。少時地下玄陰之氣發動，
我的法術不能持久，出穴時比較平常尤為猛烈，你們法寶僅可
暫時護身，一不小心，被歸來風旋捲入地肺，後悔無及！」

言還未了，忽聽穴內聲如雷鳴地陷，怪聲大作，早有無數
風團，捲起畝許大的黑片，破穴而出，滾滾翻飛，直往天上捲
去，那穴口早破裂大了數十百丈。那道人直喊：「不好！你二
人還不快到我跟前來，要被歸穴罡風捲入地肺了。」

金蟬、石生還要遲疑，就這一轉瞬之間，猛聽頭頂上轟隆
轟隆幾十聲大震，宛如山崩海嘯，夾著極尖銳的噓噓之音，刺
耳欲聾，震腦欲眩，無數的黑影似小丘一般，當頭壓下。金蟬
一看不好，連忙回轉寶鏡，往上照去。金光照處，畝許大小的
黑團散了一個，又緊接著一個，鏡上力量重有萬斤，幾乎連手
都把握不住。同時身子在彩雲籠罩中，被身側罡風激盪得東搖
西蕩，上下迴旋，漸漸往穴前捲去。用盡本身真氣，兀自不能
自主，寶鏡又祇能顧著前面，那黑霜玄冰非常之多，散不勝散，
才知不好。正在惶急，眼看被罡風黑霜逼近穴口，穴內又似有

千萬斤力量往裡吸收，危機頃刻之間。

那道人忽然長嘯一聲，張口一噴，同時兩手往上一張，飛出大小數十團紅火，射入烈風玄霜之內，立刻二人眼前數丈以外，風散霜消。風勢略緩得一緩，那道人接著又厲聲喝道：「你們還不到這邊來，要等死嗎？」此時二人驚心駭目，神志已亂，身不由己，直往道人身旁飛去，才得喘息。

道人所放出的數十百團烈火，已捲入罡風玄霜之內消逝。同時風霜勢又大盛，穴口黑霜時而咕嘟嘟黑花片片，冒個不住，時而又被穴外罡風捲進。二人持定寶鏡，護著前面，不敢再存輕視之意，回問道人來歷姓名，分別見禮。

那道人道：「現時無暇和你們多說。我雖不是你們一家，已算是友非敵。並且你們持有矮叟的天遁鏡，可以助我早些脫身，少受玄冰黑霜之苦。此時分則兩害，合則彼此有益。我立身的周圍十丈以外，已用了金剛護身之法，祇是地竅寒颼厲害，不能持久。又恐損害冰蠶，須要早些出去。

「今尚非時，須等狂颼稍息，我三人用這一隻鐘護身，用你天遁鏡開路，再借我本身三昧真火燒化近身玄霜，避開風頭，衝了上去，才能脫離危境。你二人雖有法寶，不善應用。我又

276

無此法寶，起初祇想趁今日天地交泰當兒，風平霜止，取了冰蠶就走，沒料到這般難法。所以如今非彼此相助不可。」

金蟬因道人是個異教中人，雖然尚未盡信，無奈適才連想衝上去好幾次，都被風霜壓回。又見道人語態誠懇，又肯在危機之中相救，除此別無良法，祇好應允。待了有兩個時辰，忽然驚雷喧騰中，數十根風柱夾著無量數的黑霜片，往穴內倒捲而入。

道人喊得一聲：「是時候了！」首先兩手一搓，放出一團紅火，圍繞在彩雲外面，三人一同沖空便起。金蟬在前，手持天遁鏡開路。那無量數的大黑霜片，常被旋飈惡颶捲起，迎頭打來，雖被鏡上金光沖激消散，囘耐去了一層，又有一層。金蟬兩手握鏡，祇覺重有千斤，絲毫不敢怠慢。身旁身後的冰霜風飈，也隨時反捲逆襲。尚幸其勢較小。

石生和那道人防備周密，挨近彩雲火光，便即消逝，金蟬不致有後顧之憂，祇一心一意，防著前面。由下往上，竟比前時下來要艱難得多。費了不少精神，約有頓飯時候，才由惡颶烈霜之中衝出，離了險地，一同飛往山陽，業已將近黃昏月上。二人見那道人雖然形如枯骨，面黑如漆，卻是二目炯炯，寒光照人。手上所抱冰蠶，長約二尺，形狀與蠶無異，通體雪白，

隱隱直泛銀光，摸上去並不覺得寒冷。

正要請問道人姓名來歷，那道人已先自說道：「你們不認得我，我名叫百禽道人公冶黃。七十年前，在棗花崖附近的黑谷之內潛修，忽然走火入魔，身與石合為一體。所幸元神未傷，真靈未昧，苦修數十年，居然超劫還原，能用元神邀翔宇宙。所居黑谷，四外古木陰森，不見天日，地勢幽僻，亙古不見人蹤。積年鳥糞，受風日侵蝕，變成浮沙，深有數丈，甚是險惡。任何鳥獸踏上去，萬無倖理。我的軀殼，便在那一片浮沙之上的崖腰石窟以內。

「那日剛剛神遊歸來，見一女子陷入沙內，救將起來一問，才知她名余英男，乃是陰素棠門下的弟子，因受同門虐待，欲待逃往莽蒼山，去尋她的好友李英瓊。見那女子生就仙風道骨，根器不凡。目前又聽人說起，峨嵋門下不久有三英二雲，光大門戶。內中有一李英瓊，座下有白眉和尚仙禽神鵰，新近又在莽蒼山得了長眉真人遺留的紫郅劍。因為那女子不會劍術，我又正在修煉法體，脫離石劫，不能相送，便指引她一條去莽蒼山的捷徑。

「那女子走後多日，我的功行也將近圓滿，忽遇多年不見的同門師姪玉清師太打從黑谷路過。招呼下來一談，才知李英

278

瓊早已離卻莽蒼，歸入峨嵋門下。余英男因走捷徑，路遇妖人，利用她去盜冰蠶，陷身冰窟之內。幸得英瓊得信趕去，將她救走。因那冰蠶是個萬年至寶，於自己修道甚有用處，功行圓滿以後，算明時日生剋，造化玄機，趕到此地。剛將冰蠶取到手內，便為霜霾困住，連使金剛護體之法，才得勉強保全。

「如果你二人不至，須要經受七天七夜風霾之苦，過了天地交泰來復之機，風霜稍息，方能脫難。正在勉強支持，恰遇你們二人趕到。我一向獨善其身，對於各派均無恩怨，此番經過數十年石災苦劫，益發悟徹因果，原不打算相助任何人。祗因自己道成，便即飛昇，那時冰蠶要它無用。因玉清師太再三相囑，與你二人相助脫險之德，情願用完以後，送至峨嵋，以備異日之用。」

說罷，將手一舉，道得一聲：「行再相見。」立刻周身起了一陣煙雲，騰空而去。

石生道：「這位仙長連話都不容人問，就走了。」

金蟬道：「他既和玉清師太相熟，雖是異派，也非敵人，所說想必是真。我們枉自辛苦了一場，冰蠶沒得到，真是冤枉。出來時久，恐笑師兄他們懸念，我們回去吧。」二人所採山果，

早在風霜之中失卻。天已傍晚，急於回去，祇得駕起劍光，空手而歸。剛剛飛落玄霜洞前，笑和尚、莊易也已飛到。原來二人照袁星所說神鵰昔日得朱果之處尋找，並無蹤跡。產果之地，原在靈玉崖左近，已被妖尸谷辰連用妖法倒翻地肺，成了一堆破碎石坑，更是無有。便隨意採了一些佳果回洞，久候金蟬、石生不回，知此山地方甚大，巖谷幽奇，多有仙靈窟宅，恐防出事，又往山南尋找，盤空下視，哪有蹤影。

笑和尚因金蟬劍光帶有風雷之聲，石生劍光飛起來是一溜銀雨，容易辨認，便同莊易飛身上空，盤空下瞰。直到天黑，才見金蟬、石生二人劍光自山陰一面飛來。跟蹤回洞一看，二人手上空無所有，一隻山果也未採到。問起原因，互說經過。

笑和尚一聽大驚道：「你二人真是冒昧，哪有見面不和人說話，就動手之理？聽師父說，各異派中，以百禽道人公冶黃為人最是孤僻，雖是異派，從不為惡。他因精通鳥語，在落伽山聽仙禽白鸚鵡鳴聲，得知海底珊瑚礁玉匣之內藏有一部道書，費了不少心力，驅走毒龍，盜至黑谷修煉，走火入魔，多年苦修，不曾出世。

「他的本領甚是驚人，而且此人素重情感，以愛憎為好惡。若論班行，照算起來，如果玉清師太不算，要高出你我兩輩。

還算他現在悟徹因果，飛昇在即，不和我們後生小輩計較，又有藉助之處，否則以你二人如何是他的對手？事已過去，下次見人，千萬謹慎些好。」

　　大家談了一陣，又將採來果子拿了，同出洞外，觀雲賞月，隨意分吃，言笑晏晏，不覺東方向曙。算計還有兩日，便是往百蠻山之時，又商量了一陣，才行回洞用功。第二日照樣歡聚。因為頭次走快一步，出了許多錯，這次決計遵照苦行頭陀柬上時日下手。直到第三日早上，才一同駕劍光直往百蠻山飛去。一入苗疆，便見下面崇山雜沓，岡嶺起伏，毒嵐惡瘴，所在皆有。石生第一次遠行，看了甚是希奇有趣，不住地問東問西，指長說短。

　　劍光迅速，沒有多少時候，便到了昔日金蟬遇見辛辰子，無心中破去五婬兜的山洞上面。笑和尚因為柬上說去時須在當日深夜子正時分，見天色尚早，那裡地勢幽僻，去陰風洞又近，石生、莊易均是初來，不可大意。雖說諸事業已商妥，必須先行覓地藏身，審慎從事。便招呼三人，一同落下。進洞一看，那幾面妖旛雖然失了靈效，依然豎在那裡，知道此地無人來過，更覺合用。四人重又商量一陣。笑和尚主張照柬上所說時刻，將四人分作兩起：由金蟬和自己打頭陣，冒險入穴；莊易、石生隨後接應。

金蟬說莊易、石生俱都形勢生疏，妖人厲害，現時縱然說準地方，到時一有變化失錯，反倒首尾不能相顧，還是一同入內的好。莊易凡事隨眾進退，祇石生初生犢兒不怕虎，既喜熱鬧，又不願和金蟬離開，便說他隨乃母陸蓉波在石內潛修，學會隱身法術，又有離垢鐘可避邪毒，兩界牌可以通天徹地，護身脫險，更是極力主張同去。笑和尚雖強不過二人，勉強應允，心裡總恐石生經歷太少，出了差錯，對不起人，便將以前去時情形和陰風洞形勢，再三反覆申說，囑咐小心。

那藏文蛛的地方，原有三個通路：一處便是綠袍老祖打坐的廣崖地穴；一處在主峰後面，百丈寒潭之上，風穴之內；還有一處是綠袍老祖的寢宮，與妖婦追魂娘子倪蘭心行淫之所。那第一處廣崖深穴，自從笑和尚、金蟬初上百蠻山，在穴底被困之時，已為綠袍老祖用妖法將地形變易，因防敵人捲土重來，除在穴內設下極惡毒的妖法埋伏，等人前去入阱外，文蛛業已不在原處。

第二處風穴和潭中泉眼，便是禁閉辛辰子和唐石凌辱受罪之所，旁有不少妖人看守。柬上說第一處廣崖深穴佈置妖法最密，不可前往，往必無倖。而對於二、三兩處，祇說俱可通至藏文蛛的地方，並未指定何者為宜。

　　笑和尚因為綠袍老祖厲害，業已嘗過，第三處既是他的寢宮，必然防備周密，進行較難；第二處風穴泉眼，縱有他的門下餘孽防守，既能居人，想必容易入內。四人既是同去，到時簡直俱在一起，不要分開，逕由第二處通力合作，不求有功，先求無過，以免重蹈覆轍。

　　各人到了以後，第一步先將護身隱跡的法寶緊持備用，稍有不利，即行隱身退出。最後一次商量決定，各人聚精會神，先做完了一番功課。挨到亥初光景，不用金蟬的霹靂劍，以防風雷之聲驚動敵人，各自運用玄功，附著莊易的玄龜劍，由最上高空中，直往百蠻山主峰飛去。

　　到了地頭，隱身密雲裡面，由金蟬運用慧眼穿雲透視。因為飛行甚高，如此高大一座主峰，在月光裡看下面周圍形勢，竟似一個盤盂中，端端正正豎著一個大筍一般。隱隱祇聽四圍洪濤飛瀑微細聲浪。留神曠觀三面，俱無動靜，祇有主峰後面，略有紅綠光影閃動。知道置身太高，縱使將劍光放出，也不易被人看破。彼此稍微拉手示意，便在距離主峰尚遠的無人之處落下，然後試探著往峰後風穴泉眼低飛過去。

　　那峰孤立平地，四面俱有懸崖飛瀑。四人落處，恰在主峰

以外十來里的一個斜坡上面。金蟬用目諦視，果然前面沒個人影，與空中所見彷彿。當下仍用前法同駕劍光，留神前飛，直飛到峰前不遠，仍是靜盪盪的。及至由峰側轉近峰後，才看出這峰是三面澗流的發源之所。

近峰腳處，峭壁側立千丈，下臨深潭。潭側危崖上有一深穴，寬約丈許，咕嘟嘟直冒黑氣。潭中心的水，時而往上冒起一股，粗約兩三抱，月光照去，如銀柱一般。那水柱冒有十餘丈高下，倏地往下一落，噴珠灑雪般分散開去。冒水柱處，平空陷落。四周圍的水，齊往中心匯流，激成一個大急漩，旋轉如飛。崖穴、潭面，不時有光影閃動，黑影幢幢。

四人定睛一看，原來是七個穿著一身黑衣，手執妖旛，形態奇特的妖人，正分向崖穴、潭心行使妖法。這七個妖人，周身俱有黑氣籠罩，身形若隱若現，口中喃喃不絕。每值旛頭光影一閃，潭心的水柱便直落下去，崖穴口的黑氣也隨著一陣陰風，直往穴內反捲回來。四人隱身僻處看了一會，正想不出該當如何下手。忽聽潭心起了一陣怪聲，那崖穴裡面也嗚嗚怪嘯起來，兩下遙為呼應，彷彿與那日笑和尚、金蟬在洞中所聽辛辰子來時發出的怪聲相類，聽去甚為耳熟。

這時潭面、崖穴兩處的妖人也忙碌起來，咒語誦不絕口。

倏又將身倒立，上下飛旋，手中妖旛搖處，滿天綠火。接著又是一片黃光，將崖、潭兩處上下數十畝方圓團團罩定。為首兩個妖人，各持一面小旛，分向崖穴、潭心一指。先是崖穴裡面一陣陰風過處，一團黑氣，擁著一個形如令牌、長有丈許開外的東西出來，飛到潭邊止住。上面用長釘釘著一個斷臂妖人，一手一足，俱都反貼倒釘在令牌之上，周身血污淋漓，下半截更是祇剩少許殘皮敗肉附體，白骨嶙峋，慘不忍睹。

笑和尚、金蟬認出那妖人正是辛辰子，雖受妖法虐毒，並未死去，睜著一雙怪眼，似要冒出火來，滿嘴怪牙，錯得山響，怪嘯不絕。接著又是一陣陰風，從潭心深穴裡，同樣飛起一個令牌，上面釘著唐石，身上雖沒血污，也不知受過什麼妖法荼毒，除一顆生相猙獰的大頭外，祇剩了一具粉也似的白骨架。飛近辛辰子相隔約有丈許，便即立定。

指揮行法的為首妖人，低聲說道：「再有一個時辰，師父醒來，又要處治你們了。我看你二人元神軀殼俱被大法禁制，日受金蠶吸血，惡蠱鑽心，煞風刺體，陰泉洗骨之厄，求生不得，求死不得，除了耐心忍受，還可少吃點苦，早點死去；不然，你們越得罪他，越受大罪，越不得死，豈不自討苦吃？我們以前俱是同門，並沒深仇，實在也是被逼無法，下此毒手。自從你們逃走，我們俱都受了一層禁制，行動不能隨心。

「聽說師父大法煉成以後，先去尋捉逃走的同門，祇要捉回來，便和你們一樣處治，越發不敢冒險行動。我們每日雖然被迫收拾你們二人，未嘗不是兔死狐悲，心裡難過，但是有何辦法？不但手下留情做不到，連說話都怕師父知道，吃罪不起。今日恰巧師父因為白眉針附體，每日須有幾個時辰受罪，上次又差點被辛師兄將金蠶盜走，晝夜用功苦煉，雖然尚未煉化，今日竟能到時減卻許多痛楚，心中高興。雅師叔想湊他的趣，特地從山外尋來了幾個孕婦胎兒，定在今晚子初飽飲生血，與淫婦倪蘭心快活個夠。

「這時他本性發動，與淫婦互易元精，必有一兩個時辰昏睡。我們知他除了將寢宮用法術嚴密封鎖外，不會外出，才敢假公濟私，趁你二人相見時，好言相勸。少時他一醒來，一聲招呼，我們祇得照往常將你二人帶去，由他凌遲處治了。」

唐石聞言，口裡發出極難聽的怪聲，不住口埋怨辛辰子，如不在相見時攔他說話，必然和那許多逃走的同門一般脫離虎口。就是見面，若聽他勸，先機逃走，也不致受這種慘劫。他祇管唸唸叨叨。

那辛辰子天生凶頑，聞言竟怒發如雷，怪聲高叫道：「你

286

們這群無用的孽障，膽小如鼠，濟得甚事！休看他老鬼這般荼毒我，我祇要有三寸氣在，一靈不昧，早晚必報此仇，勝他對我十倍。你們這群膿包，幾次叫你們祇要代拔了這胸前七根毒針，大家合力同心，乘他入定之時，害了金蠶，盜了文蛛，我拚著軀殼不要，運用元神，附在你們身上，投奔紅髮老祖，他記恨老鬼殺徒之仇，必然容留，代我報仇，也省得你們朝不保夕，如坐針氈。

「你們偏又膽小不敢，反勸我耐心忍受，不得罪他，希冀早死，少受些罪苦，真是蠢得可憐。實對你們說，受他荼毒，算得什麼！那逃走的峨嵋小輩必不干休，機緣一到，祇要外人到此，我便和他們一路，請他們代我去了禁制，助他們成功，報仇雪恨。一日不將我元神消滅，我便有一日的指望。我存心激怒老鬼，使他想使我多受折磨，我才可望遇機脫難。誰似你們這一干廢物，祇會打蠢主意。快閉了你們的鳥嘴，惹得老子性起，少時見了老鬼，說你們要想背叛，也叫你們嘗嘗我所受的味道！」

這夥妖人原都是窮凶極惡，沒有天良，無非因自己也都是身在魔穴，朝不保暮，時時刻刻提心吊膽，見了辛、唐二人所受慘狀，未免兔死狐悲，才起了一些同情之念。誰知辛辰子暴厲恣睢，憨不畏死，反將他們一頓辱罵，說少時還要陷害他們；

287

再一想起平時對待同門一味驕橫情形，又是這一次的禍首，不禁勃然大怒。

為首一人，早厲聲喝罵道：「你這不識好歹的瞎鬼！好心好意勸你安靜一些，你卻要在師父面前陷害我們。師父原叫我們隨時高興，就收拾你。我因見你毒針穿胸，六神被禁，日受裂膚刮骨，金蠶吮血，陰風刺體之苦，不為已甚，你倒這般可惡。若不叫你嘗點厲害，情理難容！」說罷，各自招呼了一聲，將手中旛朝辛辰子一指，一溜黃火綠煙飛出手去。

那辛辰子自知無倖，也不掙扎，一味亂錯鋼牙，破口大罵。火光照在那瞎了一隻眼睛的猙獰怪臉上面，綠陰陰的，越顯兇惡難看。眼看火花飛到辛辰子頭上，忽然峰側地底，起了一陣淒厲的怪聲。那些妖人聞聲好似有些驚恐，各自先將妖火收回，罵道：「瞎眼叛賊，還待逞兇，看師父收拾你。」說罷，七人用七面妖旛行使妖法，放起一陣陰風，將四圍妖火妖雲聚將攏來，簇擁著兩面妖牌，直往峰側轉去。

四人見形跡未被敵人發現，甚是心喜。妖人已去，崖穴無人把守，正好趁此機會，潛入風穴，去斬文蛛。互相拉了一下，輕悄悄飛近前去一看，哪裡有什麼穴洞，僅祇是一個巖壁凹處，妖氛猶未散盡。金蟬慧眼透視，看不出有什麼跡象，顯然無門

可入。要說苦行頭陀柬上之言必然不差，祇可惜來遲了一步，洞穴已被妖法封閉。

莊易自告奮勇，連用法術飛劍，照辛辰子現身所在衝入，沖了幾次，都被一種潛力擋回，知道妖法厲害，恐防驚動妖人，又不敢貿然用天遁鏡去照，祇率停手。

笑和尚猛想起師父柬上既然祇說廣崖地穴不可涉險，餘下兩處當然可去。不入虎穴，焉得虎子，何個逕往妖人寢宮一探？想到這裡，將手一招，逕往適才妖人去路飛去。月光之下，祇見前面一簇妖雲，擁著那兩面令牌，業已轉過峰側，繞向峰前而去。四人知道妖人善於聞辨生人氣息，雖在下風，也恐覺察，不敢追得太緊，祇在相隔百十丈以外跟蹤前往。兩下俱都飛得迅速，頃刻之間，四人已追離峰前不遠。

忽見正面峰腰上，現出一個有十丈高闊的大洞。這洞前兩次到此，俱未見過。遠遠望過去，洞內火光彩焰，變幻不定，景象甚是輝煌。前面妖雲已漸漸飛入洞內，不敢怠慢，也急速飛將過去。這時地底嘯聲忽止。前面妖人進洞之後，洞口倏地起了一陣煙雲，似要往中心合攏。笑和尚恐怕又誤了時機，事已至此，不暇再計及成敗利害，互相將手一拉，默運玄功，逕從煙雲之中衝進。兀自覺得奇腥刺鼻，頭腦微微有些昏眩，身

子已飛入洞內。

　　定睛一看，這洞竟和外面的峰差不多大小。就這一轉眼間，洞口業被妖法封閉。立腳處，是一個丈許寬的石臺，靠臺有百十層石階，離洞底有數十丈高下，比較峰外還深。洞本是個圓形，從上到下，洞壁上橫列著三層石穴，每層相隔約有二十餘丈。洞底正當中有一個鐘乳石凝成的圓形穹頂，高有洞的一半，寬約十畝，形如一個平滑沒有底邊的大琉璃盔，俯扣在那裡，四圍更沒有絲毫縫隙。洞壁上斜插著一排形如火把的東西，行隔整齊，火焰熊熊，照得合洞通明，越到下面越亮。

　　那琉璃穹頂當中，空懸著一團綠火，流光熒活，變閃不定。適才所見七個妖人，業已盡落洞底，在琉璃穹頂外面，簇擁著兩面令牌，俯伏在地。令牌上釘著的辛辰子，仍是怪嘯連聲。四人俱都不約而同，蹲身石上，探首下視。

　　笑和尚因為立處沒有隱蔽，易為妖人發現，地位太險，不暇細看洞內情景，先行覓地藏身。一眼瞥見近身之處石穴裡面，黑漆漆地沒有光亮。趁著一干妖人伏地，沒有抬首之際，打算先飛縱過去察看，能否藏身。心才轉念，石生已先見到此，首先飛縱過去。笑和尚覺得石生掙脫了手飛去，一想自己和金蟬俱都仗著莊易、石生二人行法隱形，石生前去，自然比較自己

親去還好。袛恐石生閱歷太淺，涉險貪功，不是尋覓藏身之處，就不好辦了。

正想之間，手上一動，石生業已飛回，各人將手一拉，彼此會意，悄悄往左近第二層第三個石穴飛去。金蟬先運慧眼，往穴內一看，那穴乃是人工關成石室，深有七八丈，除了些石床石几外，別無動靜。而且穴口不大，如將身伏在穴旁外視，暗處看明處，甚是真切。雖然不知此中虛實深淺，總比石臺上面強些，便決計在此埋伏，謹謹慎慎，相機行事。

也是合該四人成功，這一座峰洞，正是綠袍老祖和手下餘孽居處煉法之所。正中間琉璃穹頂，乃是綠袍老祖的寢宮，通體用鐘乳石經妖法祭煉而成。洞壁上石穴，便是他門人餘孽所居，每人一個，環著他的寢宮排列。

自從在玉影峰遭劫，青螺峪斷體續身，逃回百蠻山後，暴虐更甚於前，門人餘孽被傷害逃亡，兩輩三十六人，總共才剩了十一個。因他行為太狠毒，眾門人觸目驚心，一個個見了他，嚇得戰兢兢忘魂喪膽。他見眾心不屬，不怪自己惡辣，反覺這些門人都不可靠，越發厭惡，如非還在用人之際，又有雅各達苦勸，幾乎被他全數殺戮。雖然留了這十一個，他也時刻防著他們背叛，防備非常嚴密。每值與妖婦行淫，或神遊入定之際，

必將寢宮用妖法嚴密封鎖，連聲氣一齊隔絕，以防內憂，兼備外患。否則他嗅覺靈敏異常，添了四個生人，如何不被覺察？四人潛伏的石穴，恰巧穴中妖人又是早已死去，所以才能盡得虛實。這且留為後敘。

再說四人剛將身立定藏好，便聽嘯聲又隱隱自地下傳出。探頭往外一看，那琉璃穹頂當中那一團熒活綠火光倏地爆散，火花滿處飛揚，映在通體透明的鐘乳上面，幻成了千奇百怪的異彩，絢麗非常。一會又如流星趕月般往靠裡的一面飛去。

接著起了一陣彩焰，蹤跡不見。綠光收去，這才看清穹頂裡面，一個四方玉石床上，坐著那窮凶極惡、亙古無匹的妖孽綠袍老祖，大頭細頸，亂髮如茅，白牙外露，眼射綠光，半睜半閉。上半身披著一件綠袍，胸前肋骨根根外露，肚腹凹陷，滿生綠毛。下半截赤著身子，倒還和人一樣。右腳斜擱石上，左腳踏在一個女子股際。一條鳥爪般的長臂，長垂至地，抓在那女子胸前。另一隻手拿著一個下半截人屍，懶洋洋地搭在石床上面。斷體殘肢，散了一地。瑩白如土的白地，斑斑點點，盡是血跡。

餘外還有一兩個將死未死的婦女，尚在地上掙扎。祇他腳下踏定的一個女子，通體赤身，一絲不掛，並沒有絲毫害怕神

氣，不時流波送媚，手腳亂動，做出許多醜態，和他挑逗。衹急得穹頂外面令牌上面的辛辰子吼嘯連聲，啍啍惡詈。

那綠袍老祖先時好似大醉初醒，神態疲倦，並不作甚理會。待有半盞茶時，倏地怪目一睜，裂開血盆大口動了一動，便聽一種極難聽的怪聲，從地底透出。隨著縮回長臂，口皮微動，將鳥爪大手往地面連指幾指，立刻平地升起兩幢火花，正當中陷下一個洞穴，彩焰過處，火滅穴平。那七個妖人，早擁著兩面妖牌，跪在當地，四人俱沒有看清是怎樣進來的。估量那赤身女子，定是辛辰子當初失去的妖婦無疑。這洞雖有許多石穴，可是大小式樣如一，急切間看不出哪裡是通文蛛的藏處。綠袍老祖現身醒轉，更是不敢妄動，衹得靜以觀變，相機而動。

那妖婦一見辛辰子身受那般慘狀，絲毫沒有觸動前情，稍加憐惜，反朝上面綠袍老祖不知說了幾句什麼。倏地從綠袍老祖腳下跳起身來，奔向辛、唐二人面前，連舞帶唱。雖因穹頂隔斷聲息，笑語不聞，光焰之中，衹見玉腿連飛，玉臂忙搖，股腰亂擺，宛如靈蛇顫動。偶然倒立飛翔，墳玉孕珠，猩丹可睹。頭上烏絲似雲蓬起，眼角明眸流波欲活。妖婦原也精通妖法，倏地一個大旋轉，飛起一身花片，繽紛五色，映壁增輝。再加上姿勢靈奇，柔若無骨，越顯色相萬千，極妍盡態。雖說是天魔妖舞，又何殊仙女散花。

偏那辛辰子耳聽浪歌，眼觀艷舞，不但沒有憐香惜玉之心，反氣得目眥欲裂，獠牙咬碎，血口亂動，身軀不住在牌上掙扎，似要攫人而噬。招得綠袍老祖張開血盆大口，大笑不已。妖婦也忒煞乖覺，竟不往令牌跟前走近。見那七個妖人俱都閉目咬唇，裝作俯伏，不敢直立，知道他們心中難受，益發去尋他們的開心，不時舞近前去，胯拱股顫，手觸背搖。招得這些妖人欲看不敢，不看不捨，恨得牙癢筋麻，不知如何是好！

妖婦正在得意洋洋，不知怎地不小心，一個大旋轉舞過了勁，舞到辛辰了面前，媚目瞬處，不禁花容失色，剛櫻口大張了兩張，似要想用妖法遁了開去。那辛辰子先時被妖法禁制，奈何她不得，本已咬牙裂眥，憤恨到了極處。這時一見她身臨切近，自投羅網，如何肯饒，拚著多受苦痛，運用渾身氣力，一顆猙獰怪頭，平空從頸腔子裡長蛇出洞般暴伸出來，有丈許長短，咧開大嘴獠牙，便往妖婦粉光膩膩的大腿上咬去。

座上綠袍老祖見妖婦飛近辛辰子面前，知道辛辰子也是百煉之身，得過自己真傳，雖然元神禁制，身受荼毒，祇不過不能動轉，本身法術尚在，不能全滅，就防他要下毒手。還未及行法禁阻，妖婦一隻腿已被辛辰子咬個正著。綠袍老祖一看不好，將臂一抬，一條鳥爪般的手臂，如龍蛇天矯般飛將出去，

剛將辛辰子的細長頭頸抓住，血花飛濺，妖婦一條嫩腿業已被辛辰子咬將下來。同時辛辰子連下巴帶頭頸，俱被綠袍老祖怪手掐住，想是負痛難耐，口一鬆，將妖婦的斷腿吐落地面。

綠袍老祖自是暴跳如雷，將手一指，一道濃煙彩霧，先將辛辰子連頭罩住。嘴裡動了幾動，麥晃著大頭長臂，從座上緩緩走了下來，一手先將妖婦抱起，一手持了那條斷腿，血淋淋地與妖婦接上。手指一陣比劃，祇見一團彩煙，圍著妖婦腿上盤旋不定，一會工夫，竟自連成一體。妖婦原已疼暈過去，醒轉以後，就在綠袍老祖手彎中，指著辛辰子咬牙切齒，嘴皮亂動。

綠袍老祖見死婦回醒還原，好似甚為欣喜，把血盆大嘴咧了兩咧，仍抱妖婦慢騰騰地回轉座位。坐定以後將大口一張，一團綠火直往辛辰子頭上彩煙中飛去。那綠火飛到彩煙裡面，宛似百花齊放，爆散開來。彩煙頓時散開，化成七溜熒熒綠火，似六條小綠蛇一般，直往辛辰子七竅鑽去，頃刻不見。妖牌上面的辛辰子，想是痛苦萬分，先還死命在妖牌上掙扎，不時顯露悲憤的慘笑，末後連掙扎都不見，遠遠望去，祇見殘肢腐肉，顫動不息。

這原是邪教中最惡辣的毒刑「鎖骨穿心小修羅法」。本身

用煉就的妖法，由敵人七竅中攻入，順著穴道骨脈流行全身。那火並不燒身，祗是陰柔毒惡，專一消熔骨髓，酸人心肺。身受者先時祗覺懶洋洋，彷彿春困神氣，不但不覺難受，反覺有些舒泰。及至邪火在身上順穴道遊行了一小周天，便覺奇癢鑽骨穿心，沒處抓撓，比挨上幾十百刀還要難受。接著又是渾身骨節都酸得要斷，於是時癢時酸，或是又酸又癢，同時俱來。本身上的元精真髓，也就漸漸被邪火耗煉到由枯而竭。任你是神仙之體，祗要被這妖火鑽進身去，也要毀道滅身。

不過身受者固是苦痛萬分，行法的人用這種妖法害人，自己也免不了消耗元精。所以邪教中人把這種狠毒妖法非常珍惜，不遇深仇大恨，從不輕易使用。實因綠袍老祖大劫將臨，這次借體續身，行為毒辣，被師文恭在臨死之前暗運玄功使了一些魔法，回山以後，不但性情愈加暴虐，自得倪氏妖婦，更是好色如命。他因山外攝取來的女子，一見他那副醜惡窮凶長相和生吃人獸的慘狀，便都嚇死過去，即或膽子大一些的還魂醒來，也經不起他些須時間的躁蹭。雖然吸些生血，不過略快口腹，色慾上感覺不到興味。

祗有妖婦，雖然妖術本領比他相差一天一地，可是房中之術，盡有獨得乃師天謠娘子的真傳，百戰不疲，無不隨心。殘忍惡辣的心理，也和他差不許多，僅祗不吃生人血罷了。因此

綠袍老祖那般好惡無常，極惡窮凶的人，竟會始終貪戀，愛如性命。其實妖婦自從當年天嬈娘子被乾坤正氣妙一真人用乾天烈火連元神一齊煉化後，便結識上了妖道朱洪，原想一同煉成妖法異寶，去尋峨嵋派報殺師之仇。不想朱洪法未煉成，被秦寒萼撞來，身遭慘死。因自己人單勢孤，敵人勢盛，本不打算妄動。無奈天生奇淫之性，不堪孤寂，時常出山尋找壯男，回去尋樂。

無巧不巧，這一天回山時節，遇見辛辰子，見她生得美貌，已經大動淫心。所居洞內，深藏地底，更是隱蔽，可以藏身，便強迫著從他。妖婦見辛辰子獨目斷臂，猙獰醜惡，比朱洪還要難看。昔時嫁給朱洪，也是一半為事所迫，無奈的結合。好容易能得自由自在，事事隨心，如何又給自己安上一副枷鎖，當然不願，兩人便動起手來。妖婦雖然不是弱者，卻非辛辰子敵手，打了半天，被辛辰子破去許多法寶，末後還被辛辰子擒住。先前愛她，一半也為了這所居的洞府。天生淫凶，哪有憐香惜玉之念，一經破臉動手，已成仇敵。

辛辰子雖然佔了上風，自己法寶也損失了兩件，不由發了野性，當時便想活活將妖婦抓死。幸而妖婦見勢不佳，忙用天嬈娘子真傳——化金剛蕩魂邪法，媚目流波，觸指興陽，引起辛辰子淫心，才得保全性命，結為夫婦。本是萬般無奈，恨入

骨髓。如果隱居地底，原也無事。偏生辛辰子報仇心切，隱憂念重，盜了化血神刀，又盜文蛛。還未及與妖婦煉成邪法前去報仇，便被綠袍老祖派唐石率領許多妖人，將他二人擒住。

辛辰子幸遇紅髮老祖中途索刀，得逃活命。妖婦自己卻吃了苦頭，到了百蠻山陰風洞，一見綠袍老祖比辛辰子還要醜惡狠毒，心中自是越加難受。為了顧全性命，祇好仍用妖淫取媚一時。因為綠袍老祖喜怒不測，惡毒淫凶，毫無情義，門下弟子都要生吃，時時刻刻提心吊膽。但封鎖緊嚴，又無法逃走。便想了一條毒計，暗運機智，蠱惑離間，使他們師徒相殘，離心背叛。既可剪去綠袍老祖的羽黨，異日得便逃走，減些阻力；又可借此雪忿。

這種辦法收效自緩，每日仍得強顏為歡，不敢絲毫大意。追本窮源，把辛辰子當作罪魁禍首。因為唐石畏服綠袍老祖，被擒時，連施妖法蠱惑，都被唐石強忍鎮定，沒有放她，於是連唐石也算上。及至辛、唐二人被擒以後，每日身受妖刑時節，她必從旁取笑刻薄，助紂為虐。唐石自知魔劫，一切認命，祇盼早死，還好一些。辛辰子凶頑狠惡，反正不能脫免，一切都豁出去，能抵抗便抵抗，不能便萬般辱罵，誓死不屈。

綠袍老祖本來打算零零碎碎給他多些凌辱踐踏與極惡毒的

非刑，又見他將心愛的人咬斷一截嫩腿，越發火上澆油。因所有妖法非刑差不多業已給他受遍，恨到極處，才將本身煉就的妖火放將出來。還恐辛辰子預為防備，行法將身軀骨肉化成朽質，減去酸癢，先將妖霧罩住他的靈竅，然後施展那鎖骨穿心小修羅法，擺佈了個淋漓盡致。約有半個時辰，估量妖火再燒下去，辛辰子必然精髓耗盡，再使狠毒妖法，便不會感覺痛苦，這才收了回來。

嘴皮微微動了幾動，旁立七個妖人分別站好方位，手上妖旛擺動，先放出一層彩絹一般的霧網，將辛、唐二人罩定，衹向裡一面留有一個尺許大小的洞。那唐石早已觸目驚心，嚇得身體在妖牌上不住地打顫。這時一見要輪到他，越發渾身一齊亂動，望著綠袍老祖同那些妖人，帶著一臉乞憐告哀之容。辛辰子仍是怒眥欲裂，拚受痛苦。綠袍老祖衹獰笑了一下，對著懷中妖婦不知說了幾句什麼。妖婦忙即站起，故意裝作帶傷負痛神氣，肥股擺動，一扭一扭地扭過一旁，遠遠指著霧網中辛、唐二人，戟指頓足，似在辱罵。

那綠袍老祖早將袍袖一展，先是一道黃煙，筆也似直飛出去與霧網孔洞相連。接著千百朵金星一般的惡蠱，由黃煙中飛入霧網，逕往辛、唐二人身上撲去。雖然外面的人聽不見聲息，形勢亦甚駭人。半月多工夫，那些金蠶惡蠱已有茶杯大小，煙

光之下，看得甚為清晰。祇見這些惡蟲毒蠱展動金翅，在霧縠冰絹中，將辛、唐二人上半身一齊包沒，金光閃閃，彷彿成了兩個半截金人。也看不清是啃是咬。

約有頓飯時候。綠袍老祖嘴皮一動，地底又發出嘯聲，那些金蠱也都飛回，眾妖人俱將妖霧收去。再往兩面妖牌上面一看，辛、唐二人上半截身子已經穿肉見骨，但沒有一絲血跡。兩顆怪頭，已被金蠱咬成骷髏一般，白骨嶙峋，慘不忍睹。綠袍老祖也似稍微快意，咧開大嘴獰笑了笑。

妖婦見事已完，趕將過去，一屁股坐在綠袍老祖身上，回眸獻媚，互相說了兩句。在旁七個妖人，便趕過去，將兩面妖牌放倒，未及施為。辛、唐二人原都是斷了一隻臂膊，一手二足釘在牌上，有一半身軀還能轉動。辛辰子畢竟惡毒刁頑，勝過旁的餘孽，不知用什麼法兒，趁眾人不見，拚著損己害人，壓了一個金蠱蟲在斷臂的身後。那惡蠱受綠袍老祖妖法心血祭煉，辛辰子元神受了禁制，勉強壓住，弄它不死。及被金蠱在身後咬他的骨頭，雖然疼痛難熬，還想弄死一個是一個，略微雪仇，咬定牙關不放。

這時一見妖婦又出主意，要收拾他，來翻令牌的又是適才和自己口角的為首妖人，早就想趁機離間，害他一同受苦。這

時見他身臨切近，不由計上心來，暗施解法，忍痛將斷臂半身一抬。那惡蠱正嫌被壓氣悶難耐，自然慌忙鬆了口，飛將出去，迎頭正遇那翻牌的妖人。這東西除綠袍老祖外，見人就害，如何肯捨，比箭還疾，閃動金翅，直往那妖人臉上撲去。那妖人驟不及防，不由大吃一驚，想要行法遁避，已是不及，被金蠶飛上去一口，正咬了他的鼻梁。因是師父心血煉就的奇珍，如用法術防衛，將這惡蠱傷了，其禍更大，祇得負痛跑向綠袍老祖面前求救。

那辛辰子見冤家吃了苦頭，頗為快意。又見餘下六個妖人，也因惡蠱出現，紛紛奔逃，正是進讒離間機會，便不住口地亂叫，也不知制了些什麼讒言。綠袍老祖先見辛辰子偷壓金蠶，去害他的門下，正要將金蠶收去，再親身下來收拾辛辰子，經這一來，立時有了疑心。那受傷妖人飛身過來，未及跪下求饒，忽見綠袍老祖兩隻碧眼凶光四射，一張闊口朝著自己露牙獰笑，帶著饞涎欲滴的神氣，晃動著一雙鳥爪般的長臂，蕩悠悠迎面走來，便知中了辛辰子反間之計，情勢不妙。還未及出口分辯，一隻怪手已劈面飛來，將他整個身體抓住。

那妖人在鳥爪上祇略掙了一掙，一隻比海盌還粗的膀臂，早被綠袍老祖脆生生咬斷下來，就創口處吸了兩口鮮血。袍袖一展，收了金蠶。大爪微動，連那妖人帶同那隻斷臂，全都擲

出老遠。妖人趴伏地上，暈死過去。綠袍老祖這才慢悠悠走向兩面妖牌面前。

剩餘六個妖人，見同門中又有一人被惡師荼毒，恐怕牽連，個個嚇得戰戰兢兢，不敢仰視。綠袍老祖若無其事地一伸大爪，先將辛辰子那面妖牌拾起，闊口一張，一道黃煙過處，眼看那面丈許長的妖牌由大而小，漸漸往一起縮小。牌雖可以隨著妖法縮小，人卻不能跟著如意伸縮。辛辰子手足釘在妖牌上面，雖然還在怒目亂罵，身上卻是骨縫緊壓，手足由分開處往回裡湊縮，中半身脅骨拱起，根根交錯，白骨森列。

這種惡毒妖刑，任是辛辰子修煉多年，妖法高強，也難禁受。祇疼得那顆已和骷髏相似的殘廢骨架，順著各種創口直冒黃水，熱氣蒸騰，也不知出的是汗是血。這妖牌縮有二尺多光景，又重新伸長，恢復到了原狀。略停了停，又往小裡收縮。似這樣一縮一伸好幾次，辛辰於已疼得閉眼氣絕，口張不開。綠袍老祖才住了手，略緩了一會，一指妖牌上面釘手足前胸的五根毒釘，似五溜綠光，飛入袖內。辛辰子也乘這一停頓的工夫，悠悠醒轉。睜開那隻獨目怪眼一看，手足胸前毒釘已去，綠袍老祖正站在自己面前。大仇相對，分外眼紅，倏地似飛一般縱起，張開大嘴，一口將綠袍老祖左手咬住。

李善基 / Sanji Lee

書名：蜀山劍俠傳 第七卷

ISBN：978-1548920784

作者：李善基

封面設計：C.S. Creative Design

出版日期：2017 / 04 / 01

建議售價：US$ 17.99 / CDN$ 19.71

出版：C.S. Publish

www.ingramcontent.com/pod-product-compliance
Lightning Source LLC
Chambersburg PA
CBHW030420290526
45786CB00001B/69